STEVE HOLLASKY

NESTOR MACHNO

Eine politische Biographie

manifest.
geschichte des widerstands.

In der Edition **geschichte des widerstands.** veröffentlichen wir Bücher mit einem historischen oder biographischen Schwerpunkt.

1. Auflage, 2022

Manifest Verlag (Arnsburg, Koschitzki, Sol e.V. GbR)
Dieffenbachstr. 17
10967 Berlin
Telefon: (030) 24 72 38 02
Email: info@manifest-verlag.de
Internet: www.manifest-verlag.de

Satz und Umschlaggestaltung: René Arnsburg
Druck: Booksfactory

ISBN 978-3-96156-080-6

Inhaltsangabe

Projektionsfläche Nestor Machno 7

TEIL 1: Jugendjahre eines Anarchisten 10

Kindheit in Armut 10

»Propaganda der Tat«: Anarchismus in Guljajpole 17

Kleinkrieg 33

Alexander Semenjuta gibt nicht auf 42

Ausgeliefert 46

TEIL 2: Partisanenarmee 58

Rückkehr nach Guljajpole 58

Entmachtung der Kulaken 65

Raubfrieden 75

Machno und Lenin 77

Guerilla 83

TEIL 3: Die Machnowschtschina 93

Machnos Art Krieg zu führen 96

Kein Staat unter Nestor Machno? 116

Wirtschaft und Produktion 159

Minderheiten in der Machnowschtschina 175

Nestor Machno und Galina 191

Nestor Machno – Revolutionär oder Diktator? 198

TEIL 4: Bolschewiki und Machnowzy 212

Ein Gebiet für die Anarchisten 212

Machnos strategisches Verhältnis zu den Bolschewiki 217

Das Ende 227

EPILOG: Was bleibt von Nestor Machno? 243

Chronologie der Ereignisse 247

Literaturliste 249

Projektionsfläche Nestor Machno

Liest man anarchistische, aber auch so manche bürgerliche Darstellungen zu Nestor Machno und der Bewegung, die seinen Namen trägt, der Machnowschtschina, dann überrascht die Einhelligkeit der Aussage: Nestor Machno spielt die Hauptrolle in einem Revolutionsdrama, in dem er eine Unzahl von Feinden besiegt, liebenswürdig zu jedermann ist und Maßstäbe für die zu errichtende anarchistische Gesellschaft setzt. Die Beschreibungen der Person Machno haben sich seit dem Ende der Machnowschtschina so gut wie kaum verändert.

»Nur das energische kühn geschnittene Gesicht mit den düster blickenden Augen verriet, welche unbändigen und fabelhaften Kräfte in diesem Mann lebten«, schilderte Rudolf Rocker seine Eindrücke von Nestor Machno, nachdem dieser aus der Ukraine nach Deutschland geflohen war.[1] Dabei wählte er seine Worte noch zurückhaltend, verglichen mit anderen anarchistischen Autor*innen. Für diese Schriftsteller*innen ist der Mythos Machno auch noch heute ungebrochen. Rufe wie *»Revolution! Anarchie! Nestor Machno!«* gehört zum Repertoire ukrainischer Anarchist*innen. Syndikalismusforschung.info postuliert auf ihrer Seite: *»Die Machno-Bewegung steht für die grundsätzliche Möglichkeit zur Schaffung einer freien Gesellschaft, gleichzeitig aber auch für die Gefahren kommunistischer Herrschaft und deren menschenverachtende Praxis.«*[2] Mit die-

1 Rocker, Rudolf: »Auszug über Nestor Machno«, https://www.marxists.org/deutsch/referenz/rocker/19xx/xx/machno.htm, [Stand: 14.12.2018, nachfolgend: Rocker: »Machno«].

2 Döhring, Helge: »Rezensionen zu literarischen Veröffentlichun-

sen Zeilen wird Machno und seine Bewegung nicht nur als Held des Dramas um die Ukraine während der Revolutionszeit präsentiert, die Anti-Helden werden gleich mit benannt - die Bolschewiki. Nur scheinbar überraschen kann der Hang zahlreicher Anarchist*innen, den ukrainischen Revolutionär beinahe wie einen Heiligen zu vergöttern.

Selbst die bürgerliche Version der Nestor-Machno-Verehrung bringt anarchistische Gruppen nicht dazu, ihre positive Haltung zu den Ereignissen in der Ukraine zwischen 1917 und 1921 zu überprüfen. Im Finanzministerium in Kiew steht seine Büste. Anlässlich seiner Geburtstage werden Feste gefeiert und Seminare organisiert. Man verkneift sich noch nicht einmal Wagenrennen. Die schnellen, von Pferden gezogenen Tatschankas waren eine Art Markenzeichen Nestor Machnos und seiner Partisanen.

Natürlich wird Machno durch die Herrschenden in der Ukraine nicht wegen seines vorgeblichen Strebens nach einer befreiten, herrschaftslosen Gesellschaft zur ehrbaren Figur erhoben. Man stellt seinen Kampf gegen die Bolschewiki in den Mittelpunkt; sein Draufgängertum, welches auch in anarchistischen Kreisen immer wieder hervorgehoben wird, und seinen Kampf gegen jede Hegemonie von Moskau aus.

Der aktuelle Herr im Kreml, Wladimir Putin, tut sich mit dem Erbe eines Lenins oder eines Trotzkis weitaus schwerer. Die beiden Führer der Bolschewiki taugen nicht zu Helden der Mächtigen von heute. Zu sehr war die von ihnen geführte Revolution ein Bruch mit den Verhältnissen. Bei Nestor Machno ist das anders. Die Herrschenden in der Ukraine versuchen gern ihn zu vereinnahmen.[3]

Nestor Machno und die Machnowschtschina bilden in vielerlei Hinsicht eine Projektionsfläche für Wünsche und Vorstellungen. Machno dient den einen als nationalistischer Held

---

gen«, http://www.syndikalismusforschung.info/flamme.htm, [Stand: 13.12.2018].

3 Vgl.: Bedszent, Gerd (2019): «Bandit und Anarchist«, jungewelt.de, [Stand: 04.08.2022].

par excellence und den anderen als Paradebeispiel eines anarchistisch gesinnten Partisanen. Und immer ist er der entschiedene Gegenspieler der blutrünstigen Bolschewiki. Was steckt hinter Nestor Machno und seiner Bewegung? Lieferte das Zusammenleben der Machnowzy, wie seine Anhänger*innen genannt wurden, ein Beispiel für die zu erstrebende Gesellschaft? War es das von der anarchistischen Linken ersehnte Reich der Freiheit? Brachten die Bolschewiki wider besseren Wissens ein progressives Sozialexperiment zu Fall?

Wir werden versuchen diese Fragen zu diskutieren. Dabei stützen wir uns auf die Hauptwerke, die zu Nestor Machno erschienen sind ebenso wie auf neuere Studien und Darstellungen von Opfergruppen der Machnowzy. Wir werden, wo das für das Verständnis der Geschehnisse notwendig sein wird, versuchen anarchistische Diskurse über die Anwendung von Gewalt und Terror und über die Verfasstheit der anzustrebenden Gesellschaft nachvollziehen.

Eines sei jedoch vorab gesagt. Auch wenn wir jene anarchistischen Autor*innen, die zu Nestor Machno gearbeitet haben – Pjotr Arschinow, Volin, Skirda, Alexander Berkman – gelesen haben, wird die vorliegende Arbeit aus marxistischer Sicht verfasst sein. Und so versucht, die Ereignisse und Machnows Wirken aus diesem Blickwinkel zu analysieren.

TEIL 1: Jugendjahre eines Anarchisten

Kindheit in Armut

Guljajpole[4], in etwa zentral zwischen Dneprpetrowsk – das bis in die 1920er Jahre Jekaterinoslaw hieß -, Kriwoi Rog und Mariupol gelegen, hob sich wenig von den zahlreichen anderen Kleinstädten und Dörfern der südlichen Ukraine ab. Seit das Städtchen 1785 mit gut 150 Einwohnerinnen und Einwohnern gegründet worden war, schien es die Zeitenwenden verschlafen zu haben. Das hatte Guljajpole mit dem Rest des riesigen Zarenreichs durchaus gemein.

Russland war ein Reich der Widersprüche und der Eigenartigkeiten: Nomadisch lebende Stammesgesellschaften in den Weiten der asiatischen Steppe gehörten ebenso zur Normalität des russischen Lebens wie hochmoderne Industriebetriebe in der Hauptstadt Sankt Petersburg. Unermesslicher Reichtum und erschreckende Armut starrten einander an. Drei von vier Einwohner*innen des Reichs der Romanows waren Bäuerinnen und Bauern und wiederum drei Viertel konnten kaum oder gar nicht lesen und schreiben. Unterdessen genossen russische Hochschulen wie die Lomonossow-Universität in Moskau Weltruhm. Und obwohl Wissenschaftler in diesen Bildungsstätten auf internationalem Niveau forschten und lehrten, hörten die Romanows auf die Einflüstereien von Hellsehern und Wahrsagern. Kleinbäuerinnen und -bauern kämpften täglich mit ihrer Hände Arbeit um das Überleben ihrer Familien und Großbauern gingen zur Pediküre. Erfolgreiche Unternehmer

4 Guljajpole entspricht der russischen Schreibweise. Ukrainisch lautet der Name Huljajpolje.

ließen sich in protzigen Kutschen durch die Straßen chauffieren und Arbeiterkinder rannten bettelnd neben den Wagen daher. In immer wiederkehrenden Hungerkrisen starben Millionen Menschen, doch das Getreide der Ukraine, der Kornkammer Europas, wurde exportiert, um Geld für die Hofhaltung des Zaren oder die aufgeblähte Armee in die Kassen zu spülen.

Zukunft und dunkelste Vergangenheit; Armut und Reichtum, Kultur und Kulturlosigkeit reichten einander im Russland vor der Revolution die Hand. Guljajpole schien ein Mikrokosmos dieser Gesellschaft zu sein. In der Endphase des 19. Jahrhunderts hatte das kleine ukrainische Städtchen gut 30.000 Einwohnerinnen und Einwohner. Die meisten von ihnen arme und landlose Bauernfamilien, gezwungen für Großgrundbesitzer zu arbeiten. In der Handvoll kleiner Industriebetriebe schufteten die wenigen Arbeiterinnen und Arbeiter. Und obwohl deren Leidensgenossinnen und -genossen sich in den größeren russischen Städten – selbst unter den Bedingungen der Illegalität - vermehrt in marxistischen Gruppierungen zusammenschlossen, war in der weitgehend agrarisch geprägten Ukraine die politische Vertretung der Arbeiter*innenklasse schwach. Welche Stärke sie jedoch entfalten konnten, zeigten die Arbeiter*innen von Kiew, Odessa und anderen ukrainischen Städten während der Streikwelle von 1903, an der sie sich in großer Zahl beteiligten.

Und in dieses Nest mit seinen gepflasterten Haupt- und schlammigen Nebenstraßen, seinen klammen Holzhütten in den Randbezirken und den opulenten Steingebäuden im Zentrum wurde am 27. Oktober 1889 Nestor Machno geboren.

Die Eltern des kleinen Nestor hatte wahrscheinlich wenig Interesse an einem weiteren Maul, was zu stopfen war. Es darf bezweifelt werden, dass die bereits aus Mutter, Vater und drei Brüdern bestehende Familie Nestors die Ankunft des weiteren Essers gefreut haben dürfte. Nestor Machno selbst schweigt sich später darüber aus.[5]

5 Zu den Geschwistern Nestor Machnos finden sich in der Literatur verschiedene Angaben. Während Peters von drei größeren Brüdern ausgeht,

Sicher ist nur, dass sich die Kleinbauern durchs Leben kämpfen mussten. Es ging ihnen nicht anders als Millionen anderer Menschen im Reich der Romanows. Bereits ein einfaches Fieber konnte in einer Familie, der es an Essen und medizinischer Versorgung andauernd mangelte, das Todesurteil für eines der Kinder bedeuten. Mehrarbeit, Fleiß, Unterordnung – nichts von all dem versprach eine Besserung der Situation. Und die Gesetze, die der Zar im weit entfernten Sankt Petersburg erließ, interessierten die Großgrundbesitzer nur dann, wenn sie ihnen nutzten.

Wen kümmerte es denn, dass 1861 die Leibeigenschaft in Russland gesetzlich untersagt wurde? Nestors Eltern blieben noch lange Eigentum ihres Großbauern. Besonders seine Mutter hatte unter dessen Willkür zu leiden.

Als sie von der Gutsherrin geohrfeigt wurde und sich daraufhin weigerte das Anwesen der reichen Herren sauber zu machen, misshandelte man sie mit Stockschlägen.[6] Ebenso verfuhr man mit ihr, als sie sich über die zu geringe Bezahlung beschwerte.[7] Der Verwalter des Besitzes bestellte Nestors Mutter ein und verpasste ihr auf der Vortreppe des herrschaftlichen Hauses fünfzehn Stockhiebe.[8] Im Russland der Zaren waren diese Gewalttaten selbst nach ihrem offiziellen Verbot an der Tagesordnung. Erst die Oktoberrevolution im Jahre 1917 würde diese Art der Strafen aus der Welt schaffen. Doch die war damals noch weithin, wohl unvorstellbar, gerade in dem verschlafenen Guljajpole.

---

spricht Skirda von drei größeren Brüdern und einem kleineren Bruder. Skirda stützt sich jedoch fast ausschließlich auf Machnos eigene Erinnerungen. Vgl.: Skirda, Alexandre: »Nestor Mackno. Anarchy's Cossack. The struggle for free soviets in the Ukraine 1917 – 1921«, Edinburgh: AK Press, 2004; S. 17 [nachfolgend: Skirda].

6 Vgl.: Tschepego, Valentin [Hrsg.]: »Machno – Zeugnisse einer Bewegung. Band 2: Aus Machnos Feder«, Lich/Hessen: Verlag-Edition AV, 2016, S. 9 [nachfolgend: Tschepego: »Machno«].

7 Vgl.: Ebd.

8 Vgl.: Ebd.

Nestors Vater arbeitete für denselben Grundherren, wo er allerdings kurz nach der Geburt seines jüngsten Sohns die Arbeit hinwarf und in die Dienste eines reichen jüdischen Industriellen wechselte.[9] Dort war er Stallmeister und Kutscher. Das Leben der Familie Machno wurde damit nicht leichter und doch gab es Hoffnung. Wie auch immer es Nestors Mutter geschafft hatte, aber sie hatte Baumaterial für ein Steinhaus gesammelt. An den wenigen freien Tagen und nach der Arbeit, in der so knapp bemessenen Freizeit der Eltern, setzten diese, gemeinsam mit den ältesten Söhnen, mühsam Stein auf Stein. Das kleine Häuschen wuchs, die gemauerten Außenwände verkündeten den Traum der Eltern das Leben der Machnos wenigstens etwas angenehmer zu gestalten.

Doch dann, Nestor war noch nicht einmal ein Jahr alt, elf Monate nur, der ukrainische Winter klopfte eisig an die Tür des unfertigen Hauses, als der Vater eines Tages nicht von der Arbeit heimkehrte.[10] Fortan musste Nestors Mutter die Kinder als Witwe allein durchbringen – staatliche Hilfe gab es nicht. Das fiel ihr zunehmend schwerer: Ein gewalttätiger Herr, der ihr im Nacken saß; ein halbfertiges Haus; vier Söhne, der kleinste noch nicht einmal ein Jahr alt. Nestors Mutter war nicht selten der Verzweiflung nahe. Sie trank – wie auch ihre ältesten Söhne – weit mehr als sie vertragen konnte.

Nestor gab sie nach längeren Debatten an dessen Patin ab, weil es im Hause Machno selbst am Nötigsten fehlte. Doch konnte sie sich nicht von ihm lösen. Täglich besuchte sie den kleinen Jungen, der entweder still in der Küche der reichen Verwandten saß oder aber weinend auf den Besuch der Mutter wartete. Dieses Martyrium ertrug Nestors Mutter nur ein paar Wochen, dann holte sie den Jungen zurück nach Hause.

9 Vgl.: Ebd.

10 Eine Angabe über die Todesursache des Vaters ließ sich in der gesamten über Nestor Machno und die Machnowschtschina zugängige Literatur nicht ermitteln.

Die Armut der Machnos war weithin bekannt.[11] Trotz aller Versuche vom hart erarbeiteten Geld auch nur etwas für den Kauf von Hühnern oder eines Schweins, einer Ziege oder einer Kuh zurückzulegen, um auf diese – damals sehr übliche Art – das Leben der Familie etwas aufzubessern, blieb die Lage der Witwe und ihrer Kinder prekär und der Hunger ihr Vertrauter an den langen Winterabenden.

Dennoch meldete die Mutter Nestor an der Schule des Ortes an, als er acht Jahre alt war. Und er wurde ein vorzüglicher Schüler. Allerdings war Nestors Drang nach Abenteuern übermächtig. Schlittschuhlaufen auf einem gefrorenen Fluss, eine Balgerei mit anderen Kindern – Nestor war für alles zu haben, wenn es nur dazu taugte die engen Räume der Schule hinter sich lassen zu können.

Der Preis der so erkauften Freiheiten war hoch. Als an einem kalten Wintertag der Eispanzer unter ihm und seinen Freunden krachend brach, stürzten die Kinder ins fast Null Grad kalte Wasser. Sie schrien und paddelten um ihr Leben. Der Fluss zog sie mit und tauchte ihre kleinen Körper bis zum Hals unter. Die Freunde am Ufer – starr vor Angst – schauten mit weit aufgerissenen Augen zu wie die Unglückseligen um ihr nacktes Überleben kämpften. Einzig das beherzte Eingreifen einiger Erwachsener, die durch Zufall in der Nähe waren, rettete Nestor und den anderen das Leben.

Als die Mutter den durchgefrorenen Sprössling bei einem Verwandten vorfand und die ganze Geschichte, angefangen vom nun schon dauerhaften Schulschwänzen bis zum täglichen Schlittschuhlaufen aus dem Mund ihres Kleinsten zu hören bekam, schlug sie derart auf ihn ein, dass er nicht mehr sitzen konnte.[12]

Während sein Gesäß ebenso wie der angeknackste Stolz irgendwann verheilten, blieben Nestor von seinem Abenteuer im kalten Wasser zwei enorm krankheitsanfällige Lungenflü-

11 Vgl.: Peters, Viktor: »Nestor Machno. Das Leben eines Anarchisten«, Winnipeg, Echo Books, o. J., S. 14 [nachfolgend: Peters].

12 Vgl.: Tschepego: »Machno«: S. 11.

gel.[13] Zu lange war der kleine Junge im eisigen Fluss gewesen und viel zu lange in klatschnasser Kleidung durch die Kälte gelaufen. Fortan würde er alles tun, um sein körperliches Gebrechen zu verbergen und sich seine Lebensweise nicht von einer kranken Lunge vorschreiben zu lassen.

Zu einer anderen Gelegenheit prügelten sich Nestor und seine Freunde mit den Schülern der Pfarrschule.[14] Selbstredend war der Blick der Kontrahenten für etwas anderes als einen günstigen Treffer im Gesicht des Gegners verstellt. Und so interessierten sie sich auch nicht für einige frisch eingepflanzte Bäume, die das Umfeld eines städtischen Verwaltungsgebäudes verschönern sollten und im Eifer des Gefechts schwer in Mitleidenschaft gezogen wurden.

Insbesondere für anarchistische Nestor-Machno-Fans ist dieses Ereignis der Beleg für das - wenn man so will - instinktive Verständnis der Klassengesellschaft, welches ihr Held schon von Kindesbeinen an in sich gespürt habe. Die armen Kinder der Schule von Guljajpole gegen die reichen Kinder der Pfarrschule: Alles scheint in dieser Begegnung mitzuschwingen. Klassenkampf von unten; Antitheologismus à la Bakunin und revolutionärer Rigorismus eines Johann Most. Nur vergessen diejenigen, die Machno schon in früher Jugend zum Götzenheiligen des anarchistischen Evangeliums erklären wollen, dass Nestor während der Aufarbeitung des Vorfalls nicht besonders glänzte.

Der Direktor seiner Schule leitete umgehend Nachforschungen ein, um herauszufinden, wer so dreist gewesen sein könnte, den Kindern der Pfarrschule eine Abreibung verpasst zu haben. Zunächst schwiegen alle. Doch Nestor wird später einräumen, dass er es sein wird, der unter den ständigen Verhören des Direktors irgendwann klein beigeben und die Namen der Beteiligten ausplaudern wird.[15]

13 Vgl.: Skirda: S. 17.
14 Vgl.: Tschepego: »Machno«, S. 11.
15 Vgl.: Ebd.: S. 11f.

Es ist nichts Ehrenrühriges an diesem Verhalten: Dem furchteinflößenden Direktor, der die ganze Machtmaschine der zaristischen Bildungslandschaft hinter sich wusste und der ganz gern auch zum Rohrstock griff, stand ein kleiner Junge gegenüber, dem von eben diesem Bildungswesen antrainiert worden war, Autoritäten zu achten und ihre geradezu mystische Macht zu fürchten. Nestor hatte von seinen Aussagen keine Vorteile zu erwarten. Man schlug ihm mit dem Lineal auf seine kindlichen Finger und verdammte ihn dazu im Klassenraum zur Abschreckung der anderen in der Ecke zu knien. Schwer zu sagen, was den Jungen mehr traf, die Schmerzen in den malträtierten Händen und Beinen oder die seelischen Qualen, die man ihm verpasst hatte.

Schule vermittelt nicht einfach nur Bildung. In Klassengesellschaften reproduziert sie vorrangig Herrschaftsverhältnisse. Das tat sie auch damals in Guljajpole. Und im Angesicht dessen Nestor sein Verhalten vorzuwerfen, wäre es ebenso unangemessen, wie ihn für die Prügelei zum frühen Helden aller Unterdrückten zu stilisieren.

Nestors Verhältnis zur Schule war spätestens seit diesen Erlebnissen bleibend belastet. Selbst der Wechsel auf eine Schule in einem Nachbarort, wo ein Verwandter unterrichtete, konnte daran wenig ändern.[16] Seine Zeit in der Schule ging ohnehin schnell zu Ende. Die Familie brauchte Geld und Nestor begann als Ochsentreiber für einen Großgrundbesitzer zu arbeiten.[17] Seine Aufgaben erledigte er zur Zufriedenheit seines Herren und so stieg er bald zum Pferdeknecht auf. Und er erlebte mit, wie selbstgefällig der Herr und seine Kinder leben konnten. Sie schlugen auf die Pferde und gleichermaßen die Knechte ein, aus Wut, Erbitterung oder purer Lust.

Einmal rannte Nestor zu Iwan, dem erfahrensten der Knechte, weil die Kinder des Herren im Bunde mit dem Verwalter mal wieder auf einen der Bediensteten eindroschen. Völlig außer Atem platzte Nestor in den Stall und schrie Iwan

16 Vgl.: Ebd.: S. 12f.
17 Vgl.: Ebd.: S. 12.

das Geschehen entgegen. Als Iwan davon hörte, rannte er kurz entschlossen, noch die Schere in der Hand, in die Küche und lieferte sich mit den Kindern und dem Gutsverwalter eine wüste Schlägerei, in die nun auch die anderen Knechte einfielen. Der Sieg in dem Scharmützel mochte unerwartet gewesen sein, total war er allemal: Die Aggressoren mussten blutend unter den wütenden Spottrufen des Personals weichen und der herbeieilende Gutsherr sicherte den aufgebrachten Untergebenen sogar zu, es werde sich so etwas nicht wiederholen. Man kann sich die Feierstimmung, die die bis zur Erschöpfung arbeitenden unglücklichen Seelen bei diesen Worten erfasste, vorstellen. Damals sagte Iwan jenen Satz zu dem noch kleinen Nestor, der für diesen zu einer Art Lebensmotto werden sollte: »*Und falls irgendwann, mein kleiner Nestor, jemand von den Herren versucht, dich zu schlagen, dann packe die erste dir unter die Hand kommende Mistgabel und erstich ihn.*«[18] Wie mag dieser Satz auf den kleinen Jungen gewirkt haben? Erschrak er sich? War er beeindruckt? Sollte er sich damals noch geängstigt haben, würde sich das später ändern.

»Propaganda der Tat«: Anarchismus in Guljajpole

Die Bourgeoisie, die Besitzer der Produktionsmittel, der Fabriken, der Maschinen, die sich an der Arbeit anderer bereichern, produzieren *»ihre[] eigenen Totengräber«*, schrieben Karl Marx und Friedrich Engels im »Manifest der Kommunistischen Partei.«[19] Das sei gesetzmäßig, denn jene, die unter den Auswirkungen des Kapitalismus leiden, werden nach Auswegen suchen und sie werden erkennen, dass es nur einen Ausweg geben kann, den gemeinsamen Kampf gegen Armut, gegen niedrige Bezahlung und gegen die Ursache dieser gan-

18 Zit. nach: Ebd.: S. 15.

19 Engels, Friedrich; Marx, Karl: »Manifest der kommunistischen Partei«, https://www.marxists.org/deutsch/archiv/marx-engels/1848/manifest/1-bourprol.htm [Stand: 13.02.2018].

zen Übel. Ihr Kampf würde sie über kurz oder lang in Stellung gegen das kapitalistische System als solches bringen.

Gerade organisierte sozialistische Kräfte haben dabei entscheidende Aufgaben: Sie geben Hilfe, organisieren Solidarität und versuchen Kämpfe miteinander zu vernetzen; sie stellen Programme auf und versuchen auf diese Weise Kämpfe und Bewegungen voranzubringen, indem sie die nächsten Schritte aufzeigen.

Die Verzweiflung und die Wut über die erschreckende Lage in der Ukraine war um die Wende vom 19. zum 20. Jahrhundert bei den armen Bäuerinnen und Bauern und innerhalb der Arbeiter*innenklasse enorm. Nestor selbst war der beste Beleg: Schon als Jugendlicher hasste er alle Reichen. Was er erlebt hatte, was er tagtäglich durchmachte, reichte aus, um ihn dieses Gefühl zu lehren. Sein Hass war berechtigt. Die zum Himmel schreiende Armut des Großteils der Bevölkerung in Guljajpole war das Ergebnis der im Zarenreich herrschenden Verhältnisse.

Leo Trotzki hat einmal geschrieben, dass die Massen wie der Dampf seien, der den Kolben bewegt; der jedoch wiederum ohne den Zylinder verfliegen würde.[20] In der Ukraine, in Guljajpole gab es viel Dampf, sehr viel Dampf; doch es gab keinen Zylinder, der den Dampf hätte bündeln können.

Doch während in den russischen Industriestädten langsam aber sicher eine organisierte Arbeiter*innenbewegung entstand, machte sich die Rückständigkeit der Ukraine mehr und mehr bemerkbar. Zahlenmäßig war die Arbeiter*innenklasse in der Ukraine extrem schwach, noch schwächer als in Russland.[21] Organisatorisch hatte das vor allem zur Folge, dass innerhalb der Unterdrückten, die sich zu organisieren

20 Vgl.: Trotzki, Leo: »Geschichte der russischen Revolution. Band 1: Februarrevolution«, Berlin: Manifest Verlag, 2021, [nachfolgend: Trotzki: »Revolution«],S. 8.

21 Vgl.: Dahlmann, Dittmar: »Land und Freiheit. Machnovscina und Zapatismo als Beispiele agrarrevolutionärer Bewegungen«, Stuttgart: Franz Steiner Verlag, 1986, [nachfolgend: Dahlmann], S. 50ff.

begannen, marxistische Ideen kaum eine Rolle spielten. Aus verschiedenen Gründen würde sich das verhängnisvoll auswirken.

So war es auch in Guljajpole. Die anarchistischen Gruppen, die sich hier bildeten, gingen im Grunde alle auf eine Person zurück, Wolodja Antoni. Der Junge lebte an einem der zentralen Plätze der Kleinstadt. Er lernte viel deutlicher als viele andere kennen, was es bedeutete im Zarenreich aufzuwachsen und nicht Teil der russischen Bevölkerung zu sein. Er konnte dem Hass derer, die ihn wegen seiner Herkunft ablehnten, nicht entkommen, egal was er tat - ob er nun sein Verhalten oder seine Kleidung änderte. Für die, die ihn verachteten, würde er immer der bleiben, der er war.

Wolodja Antoni war Tscheche.[22] Und er blieb es, was immer er auch tat und versuchte. Für die, die ihn hassten, war er immer nur ein Tscheche. Dieses Schicksal teilte Wolodja Antoni mit Millionen Einwohner*innen des russischen Riesenreiches, die unter den Hammer des großrussischen Nationalstrebens gerieten. Die Ukraine selbst wurde auf diese Weise behandelt. Nur heißt das leider nicht, dass die Menschen der Ukraine die schrecklichen Auswirkungen des Nationalismus durchstiegen und sich nationalistischer Angriffe enthalten hätten. Ganz im Gegenteil: Teile und herrsche. Der Nationalismus im Reich des Zaren hetzte gerade die unterdrückten Nationen aufeinander. Wenn es jemanden gibt nach dem man treten kann, dann steht man wenigstens nicht am unteren Ende der Hackordnung.

Wolodja Antonis Leben war durchsetzt von Demütigungen: In der Schule oder auf der Straße, bei Polizeikontrollen und beim Rumlungern mit seinen Freund*innen vermittelten ihm Sprüche, Ohrfeigen oder Geschimpfe, dass man ihn nicht für gleichberechtigt hielt.

Die Bierstube seines Vaters war täglich gut besucht. Arme Teufel trugen ihre letzten Rubel dorthin, um zu vergessen,

22 Vgl.: Peters: S. 16.

was man nicht vergessen konnte: Armut, die schmerzte; die manches Mal die eigenen Kinder sterben ließ und aus der es keinen Ausweg gab. Nicht wenige der Gäste machten auch die Besitzer der kleinen Kneipe für ihr Elend verantwortlich, zogen sie ihnen doch für ein kurzes Benebeln der Sinne den letzten Rest Geld aus der Tasche. Und so erlebte der kleine Wolodja, dass dieselben Leute sich gern an die klebrigen Tische in Vaters kleinem Gasthaus setzten und dennoch zur gleichen Zeit die Familie als schmutzige Tschechen beschimpften.

Wolodja zog sich in sich zurück und wurde stiller. Als er die Qualen in der Volksschule von Guljajpole durch seinen Abschluss endlich beendet hatte, wunderte es nicht einmal seine engeren Bekannten, dass er aus ihrem Gesichtskreis verschwand.

Während Wolodja Antoni nirgends zu finden war, brauste die Revolution durch Russland wie ein Feuer, dass mit unstillbarem Hunger jede alte Fessel und jede Unterdrückung zu vertilgen gedachte. In Sankt Petersburg, der Hauptstadt, waren im Januar 1905 Arbeiterinnen und Arbeiter, die es gewagt hatten, ihre unerträgliche Lage dem Zaren kundzutun, vor dessen Winterpalais zu hunderten erschossen worden. Doch die Reaktion war nicht Angst und Flucht, sondern Wut. Barrikaden wurden errichtet; Arbeiter*innen wählten Räte, Sowjets, die ihre Interessen vertreten sollten. Am besten vernetzt waren diese Komitees in der Hauptstadt, wo Leo Trotzki, Marxist und Revolutionär, die Arbeit des Sowjets leitete.

Der Zar machte Zugeständnis um Zugeständnis: Grundrechte, Verfassung, Parlament, freie Wahlen. Es gab kaum Flecken, die diese gewaltige Bewegung aussparte. Guljajpole, Nestors Heimatstadt, gehörte unglücklicherweise dazu. In Guljajpole gab es keine marxistische Gruppierung, die eine Vorstellung davon gehabt hätte, was zu tun sei. Und so erlebten die Einwohner*innen der kleinen ukrainischen Stadt anstatt der Macht des subjektiven Faktors der Arbeiter*innenbewegung, anstatt der Bedeutung sozialistischer Organisationen; die Macht und die Kraft des bewusstesten Ausdrucks der Klassenherrschaft: Die Armee.

Obwohl es während der Revolution 1905/06 in Guljajpole ruhig blieb, sandte die Zentralmacht das Militär.[23] Zarentreue Truppen, an anderer Stelle durch die Revolution vertrieben, biwakierten in der Kleinstadt. Den Arbeiter*innen und Bäuerinnen und Bauern gegenüber benahmen sie sich wie eine Besatzungsmacht in einem bezwungenen Land. Sie lachten die schmutzigen Gestalten, die sich auf dem Weg von ihrer Arbeit nach Hause an ihnen vorbeistahlen aus, machten billige Witze über deren abgerissene Kleidung und führten ihnen bei jeder Personenkontrolle das bestehende Machtgefälle vor. Die armen Teufel hingegen, die täglich ihre Arbeitskraft verkaufen mussten, ertrugen zähneknirschend die verletzenden Späße.

Schon das Zusammenstehen von Gruppen armer Bauern oder einfacher Arbeiter*innen galt als verdächtig.[24] Einheiten der zaristischen Armee jagten sie kurzerhand durch die Straßen. Hausdurchsuchungen waren an der Tagesordnung.[25] Vielfach vollkommen unmotiviert stürmten Soldaten private Wohnungen und stellten alles auf den Kopf. Der ohnehin schon kleine Hausrat armer Familien litt unter den Stiefeltritten übereifriger Uniformierter. Wer bei einer dieser Gelegenheiten festgenommen wurde, den führte man unter dauernden Schlägen mit Gewehrkolben zum Gefängnis von Guljajpole.[26]

Wochenlang demonstrierte das Zarenregime den Arbeiter*innen und Bäuerinnen und Bauern von Guljajpole, dass sie den irren Launen der Offiziere schutzlos ausgeliefert waren. Erst als die Revolution überall verloren war, kehrten die Truppen in ihre Heimatstützpunkte zurück. Man kann sich

23 Vgl.: Palij, Michael: »The anarchism of Nestor Machno. 1918 - 1921. An aspect of the ukrainian revolution«, Seattle, London: University of Washington Press, 1976, S. 68 [nachfolgend: Palij].

24 Vgl.: Ebd.

25 Vgl.: Ebd.

26 Vgl.: Ebd.

die Wut über diese Wochen, die die Armen in Guljajpole erfasste, kaum vorstellen. Nicht wenige wünschten sich den Tod von Repräsentanten des zaristischen Staats. Das Fehlen einer Organisation, die auf kollektive Abwehr gesetzt hätte, statt auf individuelle Racheakte, ließ diese Stimmungen schrankenlos gedeihen.

Und während man in Guljajpole die Kraft der revolutionären Massenbewegung nicht zu spüren bekam, fühlte man die Kraft der siegreichen Konterrevolution dafür umso mehr. Die Revolution wurde niedergerungen, die Sowjets zerschlagen, der Petrograder Arbeiter*innen- und Soldatenrat auseinandergejagt und seine Protagonist*innen festgenommen. Trotzki wurde der Prozess gemacht. Revolutionäre, marxistische Gruppen – während der Revolution unter schwersten Belastungen aufgebaut – zerfielen wieder. Manchem schien alles wieder verloren.

In Guljajpole machte sich die Niederlage der Revolution durch ein noch forscheres Auftreten der Armee bemerkbar. In diesen Tagen - die Revolution war vorbei, die Ratlosigkeit ungeheuer und die Wut auf die so mächtig erscheinenden Eliten und ihre Vertreter war ungehemmt - kehrte Wolodja Antoni nach Guljajpole zurück. Er verlor keine Worte darüber, wo er gewesen oder weshalb er nun zurückgekehrt war. Plötzlich war er wieder im Ort, so als sei er nie weg gewesen. Nur wirkte er verändert. Der Schuljunge, der so oft Opfer bösartigen, rassistischen Gespötts geworden war, ließ sich von niemandem mehr etwas sagen. Seine Freundinnen und Freunde von einst lud er zu eigentümlichen, nächtlichen Gesprächen an geheime Orte ein: Wut und Entrüstung über die selbstherrliche Herrschaft der Reichen; das Gefühl endlich etwas tun zu müssen; Aktionen, die die Menschen aufrütteln, sie wecken, sie zum Nachahmen anregen und die Herrschenden und ihre Helfer persönlich zur Verantwortung ziehen sollten. Man redete sich die Köpfe heiß.

Das politische Bekenntnis Wolodjas zum Anarchismus ließ die Gruppe nicht zerfallen, ganz im Gegenteil, sie wuchs weiter. Und mehr und mehr machten die Debatten um die unerträgliche Situation den Debatten darum Platz, was man in dieser Situation tun solle. Unglücklicherweise hatte gerade zu dieser Zeit, innerhalb der sich in Guljajpole die Gruppe zusammenschloss, in der internationalen anarchistischen Bewegung eine verhängnisvolle Strategie Bahn gebrochen: Die »Propaganda durch die Tat«[27], oder auch der Tat.

Ursprünglich war die Idee dieses Vorgehens sogar höchst sinnvoll gewesen. Ideen, so hatten auch Anarchist*innen durchaus verstanden, entstehen nicht im luftleeren Raum, sie kommen nicht aus dem Nichts, sondern sind das Ergebnis von Erfahrungen. Wer sich mit seiner Umwelt, mit den herrschenden Verhältnissen auseinandersetzt, in dessen Kopf formen sich Gedanken über das, was zu tun sei, um Unterdrückung abzuschaffen. Und so drangen viele Anarchist*innen darauf ihre Ideen durch Taten zu verbreiten, um sie quasi anschaulicher zu machen. Ein erfolgreicher Streik – durchgesetzt gegen eine aktionsunwillige Gewerkschaftsbürokratie – das konnte schon »Propaganda der Tat« sein. Man demonstriert, dass Kämpfen möglich ist und das man gewinnen kann und man zeigt, wie man Streiks mit Aussicht auf Erfolg führen kann.

Nachdem 1871 die Herrschenden in Frankreich, im Bunde mit den Herrschenden im damals gerade erst entstandenen Deutschen Reich, den ersten sozialistischen Aufstand der Welt, die Pariser Kommune nach 72 Tagen in einem blutigen Massaker niederschlugen, entfernte sich die anarchistische Bewegung mehr und mehr von der marxistisch orientierten Arbeiter*innenbewegung.

Und während jene, die sich an den Ideen von Marx und Engels orientierten, auch in der Niederlage weiterhin versuchten, Massen zu organisieren, siegte innerhalb der anarchistischen Bewegung die Erbitterung angesichts der unfassbaren

27 Eine Darstellung der inhaltlichen Auseinandersetzung um die »Propaganda durch die Tat« findet sich in Kellermann, Philippe [Hrsg.]: »Propaganda der Tat. Standpunkte und Debatten«, Münster: UNRAST-Verlag, 2016 [nachfolgend: »Propaganda der Tat«].

Zahl von bis zu 40.000 ermordeten Kommunard*innen in der französischen Hauptstadt. Man wollte die herrschende Klasse, in deren Namen dieser Massenmord geschehen war, nicht einfach so davonkommen lassen! Sie sollte dafür bezahlen. »Auge um Auge, Zahn um Zahn, Hand um Hand, Fuß um Fuß« - unweigerlich fühlt man sich an das biblische Dogma erinnert, wenn man die Aufsätze führender Anarchist*innen jener Jahre liest. Treffpunkte der Bourgeoisie; Staatsanwälte, die Vertreter*innen der Arbeiter*innenbewegung drakonische Strafen auferlegten; religiöse Moralapostel, die die Gerechtigkeit im Jenseits versprachen, aber über Aufstände der Unterdrückten im Diesseits die Hände über dem Kopf zusammenschlugen; Polizisten, die Revolutionäre jagten; Staatsoberhäupter, die Streiks und Demonstrationen in Blut ertränken ließen - sie alle wurden zum Ziel anarchistischer Attentate. Johann Most, der ehemalige Sozialdemokrat, der – inzwischen dem Anarchismus zugewandt – in die USA emigrierte, resümierte, man sei noch nicht in der Lage »*[...] gleich die ganze reaktionäre Brut mit Kind und Kegel wie giftiges Unkraut auszumerzen, allein vorläufig sind auch vereinzelte Hinrichtungen nicht ohne Nutzen.*«[28] Die Anwendung »*rücksichtsloser Gewalt*« sei unabdingbar für das Gelingen einer Revolution.[29]

Ab der zweiten Hälfte der 1870er Jahre verging kaum ein Jahr ohne Attentatsversuche, ausgeführt von Anarchist*innen. Die Gewalt, so die durchaus verständliche Rechnung vieler anarchistischer Theoretiker*innen, sei das Kind der Klassengesellschaft, die unsagbare Ungerechtigkeiten hervorgebracht hat. »*Das gesamte gesellschaftliche System beruht auf brutaler Kraft*«, schreibt der bekannte italienische Anarchist Errico Malatesta in dieser Zeit, »*zu Diensten gestellt einer kleinen Minderheit, die die große Masse ausnutzt und unterdrückt; alle Erziehung, die man den Jungen angedeihen lässt, zelebriert*

28 Most, Johann: »Die freie Gesellschaft. Eine Abhandlung über Prinzipien und Taktik der kommunistischen Anarchisten«, in: »Propaganda der Tat«, S. 39.
29 Ebd.: S. 38.

letzten Endes unablässig die brutale Kraft, unsere gesamte Umgebung ist fortwährend Beispiel für und Verleitung zur Gewalt.«[30] Die kapitalistische Gesellschaft zeichne den Soldaten und den König aus und damit jene, die im Namen dieser, der Herrschenden, Gewalt ausüben. Nun werde Gewalt gegen Gewalt gesetzt.[31]

Der bombenlegende Anarchist wurde – anders als von den Protagonist*innen und Theoretiker*innen der »Propaganda der Tat« gewünscht – weniger zum Schreckbild der Herrschenden, dafür aber mehr und mehr zur Legitimation restriktiver Maßnahmen gegen die gesamte Arbeiter*innenbewegung. Als August Reinsdorf, von Johann Most schwer gelobt, 1884 einen erfolglosen Anschlag auf Wilhelm I. unternahm, bezahlte er das nicht nur mit seinem Leben; der Anschlag musste auch als Begründung für die Verlängerung des »Sozialistengesetzes« herhalten, welches seit 1878 die organisierte Arbeiter*innenbewegung im Deutschen Reich in die Illegalität drängte und 1884 erneut zur Abstimmung im Reichstag stand.

In Frankreich rächte Ravachol 1892 mit Bombenanschlägen 14 Demonstrant*innen, die dem Einsatz von Maschinengewehren durch die Polizei zum Opfer gefallen waren. Ravachols Terror traf jedoch auch Unbeteiligte. Bis heute bleibt die wirkliche Motivation Ravachols umstritten. So tötete er auch einen Bettler, weil dieser sich – laut Ravachols Meinung - geweigert hätte zu arbeiten und sich an der Gutmütigkeit französischer Arbeiter*innen bereichert habe.

Im selben Jahr versuchte Alexander Berkman den US-amerikanischen Industriellen Henry Clay Frick zu töten, weil der mittels eines privaten Wachdienstes versucht hatte einen Streik niederzuschlagen. Das Attentat schlug fehl, es wurde von den Arbeiter*innen nicht gutgeheißen, diente in der Folge jedoch der Delegitimierung der Streikaktionen. Selbst

30 Malatesta, Errico: »Die Tragödie von Monza«, in :«Propaganda der Tat«, S. 196.

31 Vgl.: Ebd.

Johann Most wendete sich von Berkman und seiner Tat ab.[32] Berkman hingegen wurde rechtswidrig zu 22 Jahren Gefängnis verurteilt.[33]

Neben der Hoffnung die herrschenden Eliten mit Angst zu erfüllen und die Menschen aufzurütteln, trat bald schon ein ganz anderes Motiv: Ein Attentat diente bald dazu, sich innerhalb der anarchistischen Gemeinschaft einen Namen zu machen oder wenigstens Ernst genommen zu werden. Fehlgelenkter Mut machte egoistischen Antrieben und Gruppendruck Platz. Leon Czolgosz, ein US-Amerikaner mit polnischen Eltern, ermordete 1892 den Präsidenten der Vereinigten Staaten McKinley, weil dieser Streiks hatte niederschlagen lassen und die Philippinen – ganz imperialistischer Politiker – besetzen ließ.

Czolgosz war von den Anarchist*innen in seinem persönlichen Umfeld stets belächelt und auf grobe Art verstoßen worden. Die Tat, so schien er zu hoffen, sollte ihm Anerkennung verschaffen. Er bezahlte sie mit seinem Leben. Sozialist*innen und Anarchist*innen wurden verfolgt und – wurde man ihrer habhaft – nicht selten schwer misshandelt. Sein Attentat war erfolgreich, doch der Nachfolger im höchsten Staatsamt der USA war mit Theodore Roosevelt ein Mann, der die innen- und außenpolitischen Grundlinien seines Vorgängers konsequent weiter verfolgte.

Es mangelte selbst innerhalb des Anarchismus nicht an warnenden Stimmen. John William Lloyd, ein individualistischer Anarchist, schrieb 1888 an die Anarchist*innen Chicagos, die ihre Genoss*innen, die während einer Demonstration auf dem Haymarket 1886 durch die Polizei getötet oder aber, weil sie sich gegen den massiven Übergriff zur Wehr ge-

32 Eine Darstellung der Ereignisse um das Attentat von Berkman, die Reaktionen innerhalb anarchistischer Gruppen und die Beweggründe Berkmans findet sich in Berkman, Alexander: »Die Tat. Gefängniserinnerungen eines Anarchisten«, Münster: UNRAST-Verlag, 2001.

33 Vgl.: Ebd.

setzt hatten, verhaftet worden waren, rächen wollten[34]: »*Der Mörder vermag gegen sie [die Herrschenden – S.H.] nur einen Schlag zu führen und dieser, wie die Statistik lehrt, ist gewöhnlich ein Fehlschlag, welcher ihn jedoch selbst tötet. Es ist zu viel gutes Material in dem Tyrannenmörder, als dass dasselbe auf diese Weise verschwendet werden sollte. Er ist zu wertvoll als ein Lehrer und Agitator der stillen radikalen Revolution, als dass er sein Leben wegwerfen sollte in dem Versuch, eine einzige der gesellschaftlichen Pestbeulen zu öffnen.*«[35] Lloyd fürchtete nicht allein den ungeheuren Blutzoll innerhalb der anarchistischen Reihen. Ihn quälte auch der Gedanke an die Folgen solcher Anschläge: Die zunehmende Verfolgung[36] und die abstoßende Wirkung solcher Handlungen auf Menschen, die man eigentlich gewinnen könnte, zu denen man sich jedoch auf diese Weise den Weg verbaute.[37]

Und auch Errico Malatesta erkannte, dass die »Propaganda der Tat« die anarchistische Bewegung eher von den Kämpfen der Arbeiter*innenbewegung isolierte, als sie ihr näher zu bringen. Auch der russische Anarchist Pjotr Kropotkin lehnte Attentate als Mittel zur Verbreitung anarchistischer Ideen ab.

Doch während die anarchistische Bewegung weltweit im Angesicht der unerwünschten Folgen der »Propaganda der Tat« an dieser Strategie langsam zu zweifeln begann, erschien in der von der Entwicklung der europäischen Arbeiter*innenbewegung weitgehend abgeschnittenen Ukraine

34 Die marxistisch orientierte Arbeiter*innenbewegung reagierte anders als die anarchistische auf das Massaker auf dem Haymarket: Als 1889 in Paris im Beisein Friedrich Engels die Zweite sozialistische Internationale ins Leben gerufen wurde, erklärten sie den 1. Mai, den Tag des Massakers, zum allgemeinen Aktionstag der Arbeiter*innenbewegung. Bis heute wird der 1. Mai von linken Parteien und Organisationen und den Gewerkschaften als Kampf-, Aktions- und Feiertag begangen. Die anarchistische Bewegung hingegen verübte an diesem Datum in den darauffolgenden Jahren zahlreiche Anschläge und nur selten Massenaktionen.

35 Lloyd, John William: »Rache. Ein offener Brief an die kommunistischen Anarchisten Chicagos«, in: «Propaganda der Tat«, S. 66.

36 Vgl.: Ebd.: S. 67.

37 Vgl.: Ebd.

der Gruppe um Wolodja Antoni dieses verhängnisvolle Vorgehen als Verheißung.

Antoni schaffte aus Jekaterinoslaw illegale Broschüren und Bücher heran.[38] Die Mitglieder der Gruppe, etwa zehn an der Zahl[39], verschlangen sie scheinbar ohne Müdigkeit. Wer wenig oder gar nicht lesen konnte, der lauschte den Stimmen der anderen, die ihm den Inhalt zu Gehör brachten. Und immer spürbarer wuchs der Drang endlich etwas zu tun, aktiv zu werden. Doch sie übersetzten diesen verständlichen Drang in die Sprache der anarchistischen Bewegung jener Jahre: »Propaganda der Tat«, individueller Terrorismus!

Vielleicht wäre es ja nie soweit gekommen, wenn nicht ein Ereignis die Anarchist*innen Guljajpoles in Richtung illegaler Aktionen gedrängt hätte. Alexander Semenjuta, neben Antoni die tonangebende Person, wurde zum Militärdienst eingezogen. Schon als er den Einberufungsbefehl in seinen Händen hielt und voller Abscheu die Zeilen las, die ihn zum Dienst im Waffenrock des Zaren verpflichten sollten, war ihm als ukrainischem Anarchisten klar, dass er sich diesem Zwang nicht zu unterwerfen gedachte.[40]

Er legte sich einen anderen Namen zu, lebte an ständig wechselnden Wohnsitzen, zeitweise in Russland, dann wieder im Ausland. Nach Guljajpole kam er im Wesentlichen noch nachts, um sich mit seiner Ehefrau oder seinen Brüdern zu treffen oder um an Zusammenkünften der Gruppe um Antoni teilzunehmen. In diesen Tagen hielten die Mitglieder ihren ersten illegal erworbenen Revolver in den Händen.[41] Sie ließen das kalte Stück Metall durch die Reihen gehen. Noch war es ein Einzelstück.

Doch schon bald erhielten alle Gruppenmitglieder Gewehre und kurzläufige Pistolen, Revolver, Messer und selbst Sprengstoff. Nachts übten sie in den Wäldern um Guljajpo-

38 Vgl.: Peters, S. 16.
39 Vgl.: Ebd.: S. 17.
40 Vgl.: Ebd.: S. 16.
41 Vgl.: Ebd.: S. 17.

le den Umgang mit ihren Waffen. Man kann sich vorstellen, dass sie sich dabei enorm gefährlich vorkamen, wann immer sie im dunklen Mondschein auf das Arsenal schauten, wann immer sie ihre Repetiergewehre in ihre Einzelteile zerlegten und wieder zusammensetzten. Hofften sie, man werde vor ihnen zittern? Und musste man sie denn nicht auch fürchten? Zu allem entschlossen; unberechenbar; ohne jede Angst vor den Folgen ihres Tuns, sahen sie sich so? Waren sie nicht Revolutionär*innen, die handeln würden und nicht einfach nur zusehen?

Und als revolutionäre Gruppe, brauchte man da nicht einen klangvollen Namen? Nur welchen? Irgendwer beendete die zahlreichen glücklosen Versuche einen solchen zu finden und machte den Vorschlag, der auf allgemeines Kopfnicken stieß: »Union der armen Landwirte.«[42] Das klang beinahe nach Gewerkschaft. Nur war die Größe der Gruppe bei Weitem geringer als es der schwülstige Titel glauben machen wollte.

Alexander Semenjuta war es, der eines Nachts den Anwesenden vorschlug, man solle mit Expropriationen beginnen.[43] Ein holpriges Wort: Expropriation. Enteignungen hatten schon Marx und Engels gefordert. Die »Expropriation der Expropriateure«, die Enteignung derer, die sich fremde Arbeitskraft aneignen und es auf diese Weise zu enormem Reichtum bringen. Marx' und Engels' Vorstellung war, dass eine Massenbewegung von Arbeiter*innen und Unterdrückten den Besitzern der Produktionsmittel, den Kapitalisten, diese wegnehmen und den gesellschaftlich erwirtschafteten Reichtum künftig gemeinsam demokratisch verwalten sollte. Semenjutas Vorstellung von Expropriationen war hingegen eine ganz andere.

In einer dunklen Septembernacht stand er gemeinsam mit zwei Gleichgesinnten im Schlafzimmer eines stinkreichen Ge-

42 Vgl.: Cinnella, Ettore: »Machno in der ukrainischen Revolution von 1917 bis 1921«, in: »Archiv für die Geschichte des Widerstandes und der Arbeit. Nr. 17«, Fernwald: Germinal Verlag, 2002, [nachfolgend: Cinnella], S. 311-357, S. 313.
43 Vgl.: Peters: S. 17.

schäftsmannes namens Pleschiner. Als die drei ihn aus dem Schlaf rissen, sah der plötzlich in die matt schimmernden Läufe von sechs Revolvern, die drei schwarz gekleidete junge Männer mit dunkel geschminkten Gesichtern vor seine Nase hielten und wenig freundlich nach den Bargeldreserven im Haus fragten.[44] Pleschiner war derart verstört, dass er alles verraten hätte, um die drei ungebetenen Gäste loszuwerden. Irgendwo in einer Schublade fanden die Anarchisten 500 Rubel. Die drei krümmten Pleschiner kein Haar und verließen siegestrunken sein Anwesen.[45]

Pleschiner machte der Vorfall eher ideell als materiell zu schaffen, er war zu reich, als dass ihn der Verlust von 500 Rubel wirklich beschäftigt hätte. Entrüstet verlangte er von der Polizei vor Ort die Heimsuchung aufzuklären und die Täter der Bestrafung zu überführen.

Der Gruppe um Semenjuta und Antoni hingegen ermöglichte das erbeutete Geld den Kauf eines Hektographen mit dem anarchistische Flugblätter in einer beachtlichen Auflage hergestellt werden konnten. Der Wind wehte die des Nachts verbreiteten Flugblätter über Guljajpoles Straßen und Plätze. Das Geld, das nicht dafür verwendet wurde, gab Alexander Semenjuta für seinen Lebensunterhalt aus. Da er sich als Fahnenflüchtiger versteckt hielt, musste er sich auch illegal finanzieren. Und so entwickelten er und mit ihm die Gruppe ein materielles Interesse an der anarchistischen Version der Expropriation. Kaum war die eine erfolgreich, war das Geld auch schon wieder alle und die Gruppe geriet unter Druck, die Aktion an anderer Stelle zu wiederholen.[46] Die Geschäftsmänner und Großbauern der Stadt standen Schlange bei der Polizei, beklagten deren Untätigkeit und ihre Unfähigkeit für Ordnung und Schutz zu sorgen.

44 Vgl.: Skirda: S. 22.

45 Vgl.: Peters: S. 17.

46 Eine Liste der von der Gruppe begangenen Überfälle findet sich bei Skirda: S. 22.

Die staatlichen Organe gerieten unter Druck endlich Erfolge vorzuweisen. Die Präsenz von Polizei und Militär auf den Dorfstraßen wuchs. Die Schikane wuchs. Aber genau das war ja Teil der Idee der »Propaganda der Tat.« Der Staat soll herausgefordert werden, in seinem Streben die Täter dingfest zu machen trifft er Unschuldige, die würden dadurch erkennen, welch Ungetüm der Staat war und dadurch selbst aktiv werden.

In Guljajpole ging dieses Kalkül nicht auf. Dafür brüstete sich manch armer Alkoholiker mit angeblichem Wissen über die Anarchist*innengruppe. Hatte der Wodka die Zunge gelöst, erzählten sie viel von Anarchist*innen, die nachts durch den Ort stiegen, um Reiche zu überfallen. Die Gruppe antwortete mit drakonischen Strafen. Wenigstens einer der Polizeizuträger wurde durch einen der jungen Anarchisten auf offener Straße erschossen. Abschreckung war Teil des Katz-und Maus-Spiels.

Dem jungen Nestor entgingen die Aktivitäten der Gruppe nicht. Er wollte ein Teil von ihr sein... dazugehören. Doch die Gruppe misstraute dem jungen Mann, der so sehr ein Kämpfer werden wollte, der es aber lediglich zu einem der Unterstützer brachte. Er las anarchistische Werke und diskutierte sie mit den anderen, aber an Expropriationen ließ man ihn nicht teilhaben. Die Guljajpoler Anarchist*innen fürchteten Nestors Alkoholkonsum. Nach ein paar Gläsern Wodka zu viel schien er in Redelaune zu verfallen. Verschwiegenheit, Konspiration, Unauffälligkeit gehörten nicht zu den Tugenden Nestors. Stattdessen benahm er sich derart auffällig, dass er für die Polizei kaum zu übersehen war.

Er stolzierte mit illegal erworbenen Schusswaffen durch den Ort und freundete sich mit allerlei eigentümlichen Menschen an, erfreute sich an der Gefährlichkeit seiner Pistole und verborgte sie auch hin und wieder. Einer der Männer, die ihn um diesen Gefallen baten war Sozialrevolutionär.[47] Irgend-

47 Vgl.: Tschepego: »Machno«, S. 18f.

wann als Nestor mit ihm durch die Straßen des Ortes Schau lief, und sein Freund voller Hingabe die geliehene Waffe unter seiner Kleidung betastete, begegnete das Duo der Freundin des Sozialrevolutionärs. Zu Nestors großer Verwunderung begannen beide ohne große Vorrede einander anzuschreien und sich Vorwürfe zu machen.

Für Nestor reichte der kurze Wortwechsel lediglich, um zu verstehen, dass sich beide in einer sehr unschönen Beziehungskrise befanden. Dann hörte der schockierte Nestor zwei Schüsse und sah seinen Freund mit vorgehaltener Waffe auf seine Freundin feuern. Die brach mit von Kugeln durchbohrter Lunge auf der Straße zusammen, während Nestors Freund die Waffe gegen sich selbst richtete und das Magazin leer schoss.[48]

Entsetzt hastete Nestor zwischen den beiden blutend auf der Straße liegenden Leibern hin und her und versuchte ihnen so gut er eben konnte zu helfen. Während er erste Hilfe leistete, traf die Polizei ein und verhaftete ihn.[49] Nestors Bemühungen retteten den zwei das Leben, doch sie brachten ihn geradewegs in Haft. Als Antoni mit ihm Kontakt aufnehmen wollte, endete auch er hinter Schloss und Riegel.[50]

Täglich wurden sie aus ihren feuchten Zellen in das Verhörzimmer geführt, in dem der Polizeichef des Ortes, Karatschenzew, bereits auf die Anarchisten wartete. Er machte nicht lange Federlesens und begann auf die einzeln zu ihm gebrachten Gefangenen einzuprügeln.[51] Doch trotz endloser Verhöre konnte Karatschenzew keine Informationen aus den beiden herausprügeln. Machno und Antoni machten keinerlei Aussagen gegenüber Karatschenzew. Nach einigen bangen Wochen entließ er Antoni und Nestor aus der Haft.

Karatschenzews Gewalt gegen die beiden jungen Männer, war die Gewalt der herrschenden Klasse gegen jene, die der

48 Vgl.: Ebd.: S. 19.
49 Vgl.: Ebd.
50 Vgl.: Ebd.
51 Vgl.: Ebd.

Ordnung im Zarenreich feindlich gesonnen waren, die Elend und Unterdrückung ablehnten und sich aufzulehnen gedachten. Allein schon ihre Insubordination machte die zwei Anarchisten für Karatschenzew zu »gewöhnlichen Verbrechern«, mit denen er fertig zu werden gedachte. Doch mit den beiden war nun die gesamte Gruppe um Antoni und Semenjuta auf dem Radarschirm des eifrigen Staatsdieners gelangt. Doch andersrum hatten auch die »Propagandist*innen der Tat« den Guljajpoler Polizeichef im Visier.

Kleinkrieg

Zunächst ging alles so weiter wie bisher. Die Anarchist*innen lasen und diskutierten anarchistische Literatur; putzten ihre Waffen und färbten sich nachts ihre Gesichter schwarz, um in Häuser von reichern Unternehmern oder Großgrundbesitzern einzusteigen. Was sie erbeuteten gaben sie aus, um ihre politische Arbeit zu finanzieren, Bücher und Zeitungen oder Gewehre und Bomben zu beschaffen. Und eine nicht zu unterschätzende Anzahl Rubel wanderte in die Tasche von Alexander Semenjuta, der als Illegaler auf diese Weise seine Existenz finanzierte.

Auch der für den inneren Kreis der Gruppe sehr ärgerliche Umstand, dass ihre Kontaktfrauen und -männer zu viel und zu oft redeten, blieb unverändert. War es nicht auch verführerisch von all den Held*innentaten zu berichten? Die landarmen und landlosen Bauern der Umgebung waren wie der Humus, auf den die Samen dieser unterhaltsamen Geschichten fielen. Bei einem Wodka in irgendeiner der Schänken des Ortes lauschten sie mit schmutzigen Händen wie elektrisiert in einer Ecke den wahren und halbwahren Berichten.

Der Hass auf das reiche Establishment war riesig und niemand war da, der den Kampf hätte entfachen können. Die russische Sozialdemokratie war in Bolschewiki, den revolutionären Flügel um Lenin, und die Menchewiki, den reformistischen Teil um Martow und andere gespalten. Beide hatten in der Ukraine im Allgemeinen und in Guljajpole im Besonderen kaum Einfluss.

Der bolschewistische Revolutionär Sinowjew legte lange nach der Oktoberrevolution 1917 in einer Auseinandersetzung mit dem Anarchismus dar, dass die Marxist*innen nicht auf den individuellen, sondern den kollektiven Terror setzen; was letzten Endes bedeutet, dass sie es ablehnen die Herrschenden zu erschrecken, aber sehr wohl das Ziel haben, die Herrschenden durch Massenaktionen zu stürzen.[52] Demnach ist es das Ziel der marxistischen Arbeiter*innenbewegung, das System, welches für all das Elend verantwortlich ist zu beseitigen, nicht einzelne Aushängeschilder desselben zu bestrafen.

Nur fehlte diese Alternative als greifbare Möglichkeit zur Zeit Nestors in der Ukraine vollkommen und so freuten sich die landlosen Bauernfamilien, die ohne Aussicht auf eine Besserung ihrer Lage schuften mussten ebenso wie die Arbeiter*innen Guljajpoles; über jede erfolgreiche Expropriation eines reichen Unternehmers durch die anarchistische Gruppe in ihrem Ort. Diese verdiente sich dadurch wiederum eine Menge Anerkennung bei jenen, die im Reich Nikolaus II. immer auf der untersten Stufe standen.[53]

Klammheimlich freuten sie sich über jede erfolgreiche »Ex«, wie sie die Diebstähle der Anarchist*innen kurz nannten. Auf den Feldern, in den Fabriken flüsterten sie einander zu, wen es in der letzten Nacht wieder erwischt hatte. Auch diese Herren waren also antastbar![54] Die Geschichten verselbstständigten sich, sie lösten sich vom wahren Geschehen und kreisten in den Gedanken jener, die für ein paar dreckige Rubel den Rücken auf den Feldern eines Kulaken krumm machen mussten. Wenn sich ihr Leben durch das Handeln der Anarchist*innen, durch die »Propaganda der Tat« schon nicht

52 Sinowjew, Grigori: »Geschichte der KPdSU(B). Schulungsmaterial«, Erlangen: Politladen GmbH, 1972, S. 37f.

53 Vgl.: Tschepego: »Machno«, S. 18.

54 Vgl.: Ebd.

verbesserte, so spürten sie doch wenigstens in den Momenten, in denen sie daran dachten wie einem stinkreichen Unternehmer die Brieftasche und die Schmuckschatulle geleert wurden, für einen kleinen, flüchtigen Augenblick die Genugtuung, die ihnen sonst verwehrt blieb.

Doch an ihren Lebensbedingungen änderte sich nichts. Kein geändertes Gesetz; kein kleines Stück eroberte Freiheit; keine Gewerkschaftsgruppe, die gestärkt aus der Auseinandersetzung hervorgegangen wäre und den Kampf in Zukunft mit vergrößerter Energie und von einer besseren Ausgangsposition aus hätte ausfechten können.

Einschränkend jedoch muss man zugeben, dass auch die marxistische Taktik jener Jahre nicht viel Greifbares bewirkte. Der erfolgreiche Aufbau größerer Gruppen gelang erst wieder in den Jahren von 1911 und 1912, also kurz vor dem Ersten Weltkrieg. Die »Propaganda der Tat« hinterließ im besten Fall mehr anarchistische Flugblätter, die der Wind auf der Straße Guljajpoles durcheinanderwirbelte. Doch die Wahrheit war, dass das Vorgehen der Anarchist*innen den zaristischen Staatsapparat auf den Plan rief.

Karatschenzew verhörte einfache Bäuerinnen und Bauern; Arbeiter*innen wurden seinen Befragungen zugeführt, die nichts mit all dem zu tun hatten. Der Polizeichef beherrschte die gesamte Tonleiter des polizeilichen Vorgehens: Er drohte, schmeichelte, machte Witze und drohte von Neuem.

Unterdessen sorgte die Gruppe um Antoni und Semenjuta dafür, dass sich die Schlinge um ihren Hals immer fester zuzog. Irgendwann kam sie dahinter, dass regelmäßig eine Postkutsche voller Geld von Guljajpole in die nächstgrößere Stadt fuhr, um die ungeheuren Mengen an Rubeln dort in sichere Verwahrung zu geben.[55] Die Anarchist*innen konnten nicht widerstehen.

In irgendeiner kalten Neumondnacht legten sich die »Propagandist*innen« schwarzgekleidet in einem der Wälder

55 Vgl.: Peters: S. 17.

ringsum Guljajpole auf die Lauer. Als der mit Geld gefüllte Pferdewagen nahte, hielten auch die ihn begleitenden Polizisten die Gruppe nicht davon ab, den Überfall zu wagen. Der Schusswechsel war kurz und intensiv, schon nahmen die Bewacher Reißaus. Die enormen Summen im Inneren der gut bewachten Kutsche fielen in die Hände der Anarchisten. Deren Jubel erstarb, als sie feststellten, dass neben dem Pferdegespann ein toter Polizist lag, der selbst unter den Armen in Guljajpole als absolut tadellos galt.[56] Eine Ausnahme – sicher, ohne Zweifel – aber es gab eben diese Ausnahme.

Als Entschädigung für den Toten warfen die Anarchist*innen seiner Witwe und seinen Kindern einen Umschlag mit 500 Rubeln darin durch den Briefschlitz der Haustür.[57]

Karatschenzew verzeichnete das alles. Auf seiner Karte im Kopf bildeten die Einschläge der anarchistischen Überfälle langsam ein Muster. Wer wusste schon, wo dieser Polizist wohnte? Wer würde seine Hinterbliebenen entschädigen? Bald würde es für sie kein Entkommen mehr geben!

Es waren der Staatsapparat und das Gesellschaftssystem für die Karatschenzew stellvertretend stand, die die Gewalt in die Welt brachten. In Form von verhungernden Bäuerinnen und Bauern; Arbeiter*innen, denen man den Weg zur geringsten Bildung verweigerte; in Form von Kriegen und unsagbarem Elend, dem der unsagbare Reichtum einer kleinen Minderheit gegenüberstand. Doch die Taten der Anarchist*innen waren keine Hilfe dabei, diese Welt und all die Karatschenzews in ihr zu bezwingen.

Bemerkte die Gruppe, dass es langsam eng wurde? Dazu ist wenig überliefert. Aber natürlich rechneten sie mit ihrer Enttarnung – früher oder später. Nur taten sie eine Menge dafür, damit dieser Termin eher früher denn später nahen würde.

Karatschenzew seinerseits wandte sich mit den gesammelten Informationen, die ganze Aktenordner zu füllen begannen, mit all den Aussagen und Protokollen von Tatorten, mit

56 Vgl.: Ebd.
57 Vgl.: Ebd.

all den Listen verdächtiger Personen an den zaristischen Geheimdienst Ochrana. Der war für seine absolute Skrupellosigkeit bekannt. In seinen Kellern verschwanden wirkliche und vermeintliche Revolutionär*innen ohne Gerichtsurteile. Die Ochrana sandte Karatschenzew einen Agenten, der sich in die Gruppe oder wenigstens in ihr Umfeld einschmuggeln sollte. Man fand ihn tot in seiner Wohnung. Die unmissverständliche Botschaft der Gruppe war eine Kugel in seinem Kopf.

Woher kannten sie seine Identität? Hatte er sich verraten? Gab es einen Spitzel der Anarchist*innen im Staatsapparat? Was die einen zur Verzweiflung trieb, verzeichnete Karatschenzew mit der Ruhe eines Beamten, der die Bestuhlung in einem Schulhaus protokollierte. Jede neue Frage war für ihn ein Stück im Puzzleteil. Er kam seinen Feinden näher und näher.

Die Täter mussten ortskundig sein, ihnen mussten Guljajpole, seine Polizei, seine Unternehmer, seine Großgrundbesitzer – sie alle mussten ihnen bekannt sein. Sie wussten wie man zu fliehen hatte. Sie beschränkten ihre Taten auf diesen kleinen Ort und seine nähere Umgebung. Sie waren naiv genug zu glauben, dass die toten Uniformträger, die sie produzierten, Karatschenzew zum Einlenken bewegen, ihn aufhalten würden. Doch ihm war die Zahl der Gefallenen ebenso gleichgültig wie der Hunger im Riesenreich der Romanows. Und der Polizeichef legte Schnipsel zu Schnipsel. Und endlich flatterte an einem namenlosen Morgen die entscheidende Nachricht auf Karatschenzews Schreibtisch: Alexander Semenjuta, der fahnenflüchtige Halunke, war in Guljajpole gesehen worden.[58]

Das war es, worauf der Polizeichef gewartet hatte. Sofort füllten sich seine Gedanken mit dem was nun zu tun sei: Die Brüder Semenjuta beobachten, inklusive der früheren Freunde. In Wochenfrist war die Gruppe, die hoffte durch ihre isolierten Aktionen eine Revolution zu entfesseln, von der sie nicht wusste wie sie aussehen könnte, von zwei Spitzeln unterwandert.[59]

58 Vgl.: Ebd.
59 Vgl.: Ebd.

Alles andere war nun lediglich noch ein Abwägen: Wann hatte man genug Beweise gegen die Anarchist*innen gesammelt? Wie und wo sollte der Zugriff erfolgen? Man musste das gut überlegen, sich Zeit lassen.

Iwan Lewadnijs[60] Haus war einer der geheimen Treffpunkte der Gruppe, eine alte, ärmliche Hütte am Rande der Kleinstadt.[61] Antoni, Semenjuta samt seiner Brüder und die anderen besprachen dort die nächsten Überfälle, als Geschrei von der Straße her zu hören war: Sie sollten mit erhobenen Händen das Gebäude verlassen. Die Polizei habe es umstellt, Flucht sei ausgeschlossen.

Sofort entflammte eine hitzige Debatte: Die Mehrheit wollte alles auf eine Karte setzen, sich den Weg frei schießen, vielleicht das große Finale provozieren, über das man in Guljajpole noch lange würde sprechen. Mag sein, dass romantische Vorstellungen von einem Ende als Held*in die Motivation zu diesem Entschluss bildeten; die Angst vor den brutalen Verhörmethoden oder das Wissen darum, dass die Klassenjustiz des Zarenreichs den Anarchist*innen kaum etwas anderes bescheren würde als ein Todesurteil - in jedem Fall stürmte die Gruppe wild entschlossen vor die Tür.

Die nun folgende Szene erinnert an die schlechten Hollywoodschinken über das Chicago der Prohibitionszeit: Wüst um sich schießend griff die Gruppe die Polizei an. Die war mit der unerwarteten Situation gänzlich überfordert; versteckte sich hinter Bäumen und Mauervorsprüngen, erwiderte ab und an das Feuer, war aber eher damit beschäftigt das eigene Leben zu schützen.

Die Anarchist*innen rannten – unablässig feuernd - in Richtung der Straße, die sie aus dem Ort führen sollte. Ein glücklicher Schuss streckte den Leiter des Polizeieinsatzes nieder, zahlreiche seiner Untergebenen wurden verletzt. Die

60 Nach der Darstellung von Alexander Skirda handelte es sich bei Lewadnij um einen Polizeispitzel, der u.a. Nestor Machno schwer belastete. Vgl.: Skirda: S. 25.

61 Vgl.: Peters: S. 17.

frische Nachtluft trug die Geräusche der Schlacht durch den ganzen Ort. Polizisten schrien um Hilfe; Anarchist*innen bedienten ihre Waffen und hasteten über die Straße und plötzlich brach Prokop Semenjuta, der Bruder des Anführers verletzt zusammen. Alexander Semenjuta kehrte sofort zu ihm um und warf ihn unter dem Feuerschutz der anderen über seine Schulter.

Als sie außerhalb der Reichweite der Polizei waren, legte er Prokop in einem Hauseingang ab. Der Verletzte verlangte von ihm und der ganzen Gruppe, den Ort ohne ihn zu verlassen, sie seien schneller, wenn sie ihn nicht mitnehmen würden.[62] Der Morgen graute, die Verstärkung der Polizeieinheit würde sicher schon auf dem Weg sein. Also, willigte man ein sich zu trennen. Als die Sonne wieder auf das Schlachtfeld schien, galoppierte eine berittene Polizeitruppe heran. Semenjutas Bruder setzte seinem Leben in diesem Moment selbst ein Ende.[63] Kommentarlos ließen die schwer bewaffneten Ordnungshüter den Leichnam vor der Haustür, vor der er lag, zurück. Es war ja lediglich ein toter Anarchist – also warum Aufhebens veranstalten?

Die Reiterstaffel jagte aus dem Ort hinaus in die ukrainische Steppe, in der sich gerade die wärmenden Strahlen der Sonne über die Getreidefelder ergossen und Flüchtenden jeden dunklen Flecken zum Verstecken stahlen. Die Gruppe, abgehetzt und vollkommen erschöpft, hungrig und ohne Wasser, kletterte hinter die Holzverkleidung einer Windmühle, wo sie sich verbarg, die Waffen im Anschlag.

Den ganzen Tag suchte die Reiterstaffel nach ihnen, doch sie fanden niemanden. Als der Abend graute, stiegen die »Propagandist*innen der Tat« aus ihrem Versteck, eilten zum nächsten Bahnhof und fuhren von dort mit dem Zug nach Jekaterinoslaw, wo sie im Meer der armen Teufel aus Arbeiter*innen und eben erst aus den Dörfern und Kleinstädten abgewanderten ehemaligen Bäuerinnen und Bauern unterzugehen hofften.

62 Vgl.: Skirda: S. 24.
63 Vgl.: Ebd.

Es bestehen ernsthafte Zweifel daran, dass Nestor an dieser Schlacht beteiligt war. Er selbst suggeriert es in seiner Autobiografie.[64] Doch es sprechen zahlreiche Indizien dagegen. Weder war er Teil des inneren Kreises der Gruppe, noch zeigen die nach der Schlacht folgenden Polizeimaßnahmen eine Beteiligung an der nächtlichen Schießerei.

Unzweifelhaft ist, dass die ganze Angelegenheit für Karatschenzew ein übles Nachspiel hatte. Er wurde zum Gouverneur der Region in Jekaterinoslaw einbestellt.[65] Vor dem Schreibtisch seines Vorgesetzten stehend, hörte er sich nicht enden wollende Beschimpfungen an. Wieso der polizeiliche Überfall auf die Versammlung so stümperhaft ausgeführt worden sei? Wieso sogar einer der Polizisten sterben musste? Weshalb er nicht den Bahnhof überwacht habe, über den die Anarchist*innen sehr wahrscheinlich nach Jekaterinoslaw entkommen seien?

Es zählten keine Ausflüchte: Zu wenige Männer, unklare Situation, Unübersichtlichkeit, Zeitdruck – der Gouverneur wollte nichts davon wissen.

Der Polizeichef von Guljajpole verließ den Amtssitz des Gouverneurs mit der unmissverständlichen Order die flüchtigen Anarchist*innen endlich zu schnappen und er wusste scheinbar auch, wo er sie zu suchen hatte.

Er dampfte mit der Eisenbahn zurück nach Guljajpole und verpflichtete zwei der verdeckten Ermittler, die für ihn gearbeitet hatten, mit nach Jekaterinoslaw zu kommen.[66] Sie hatten sich im Umfeld der Gruppe bewegt und kannten die Gesichter der Anarchist*innen. Zwei Wochen lang trieben sie sich an Orten herum, an denen Menschen wie Karatschenzew für gewöhnlich wohl kaum anzutreffen waren: Dunkle Gassen, Kneipen, Hinterhöfe - jedes nur erdenkliches Versteck wurde überprüft. Und dann wurde man doch noch fündig, vier der sechs Gesuchten gingen Karatschenzew ins Netz.

64 Vgl.: Tschepego: »Machno«: S. 20f.

65 Vgl.: Peters: S. 18.

66 Vgl.: Ebd.

Der Polizeichef packte die vier in den Zug nach Guljajpole.[67] Das war im Grunde unsinnig, würde man den Vieren doch den Prozess ohnehin in Jekaterinoslaw machen. Doch Karatschenzew hatte mit den Anarchist*innen noch Pläne und niemand sollte ihm dazwischenfunken können. So brachte er sie in »seine« Stadt. Sie sollten ihm sagen, wer noch hinter der Sache steckte. Die Verhöre waren brutal: Blaue Augen, gebrochene Finger, zertrümmerte Nasenbeine – Karatschenzew war jedes Mittel recht. Kein Gesetz begrenzte ihn, keine öffentliche Kontrolle hielt diesen vom Ehrgeiz zerfressenen Mann im Zaum.

Irgendwann begannen die vier Verhafteten unter der Folter zusammenzubrechen: Sie nannten Namen und Adressen.

Karatschenzews Polizisten, die Häscher des Zarenregimes, traten Türen ein und lauerten ahnungslosen Leuten auf, die sich nun ihrerseits in einer Zelle wiederfanden. Zu diesen Menschen gehörte auch Nestor.[68] Schon zu Beginn dieses Martyriums dürfte ihm klar gewesen sein, dass es diesmal nicht so glimpflich abgehen würde. Dass er aber in Guljajpole verhaftet wurde, legt den Schluss nahe, dass er an der Schlacht vor dem Haus von Lewadnij nicht teilgenommen haben dürfte. Denn die Überlebenden dieser Schlacht waren allesamt nach Jekaterinoslaw geflohen und dort von der Polizei aufgegriffen worden. Keiner war zuvor nach Guljajpole zurückgekehrt.

Wie auch immer: Für Nestor begann ein schier endlos anmutendes Martyrium in den Gefängnissen des zaristischen Russlands.

---

67 Vgl.: Ebd.

68 Vgl.: Palij, Michael: The Anarchism of Nestor Makhno. 1918-1921. An espect of the ukrainian revolution«, Seattle and London: University of Washongton Press, 1976, [nachfolgend: Palij], S. 69. Zum Hergang der Verhaftung Nestor Machnos und den genauen Gründen bestehen verschiedene Theorien. Er selbst behauptet, man habe ihn wegen eines geplanten Sprengstoffanschlags auf eine »Ochrana«- Zentrale verhaftet. Peters setzt Machnos Festnahme in Verbindung mit der Schlacht um das Lewadnij-Haus.

Alexander Semenjuta gibt nicht auf

Für Karatschenzew war der Fall noch immer alles andere als erledigt. Die Demütigung, die man ihm beigebracht hatte, die Unverschämtheit, dass gerade in seiner Stadt Anarchist*innen ihr Unwesen trieben... Er war nicht bereit das zu vergessen!

Alexander Semenjuta – ihn hatte man nicht gefunden und Karatschenzew wollte ihn unbedingt in seine Finger bekommen. Himmel und Hölle wurden in Bewegung gesetzt. Geld schien in einer Stadt, in der es unzählige Menschen gab, die nicht wussten wie sie über den Tag kommen sollten, bei der Suche nach Semenjuta keine Rolle zu spielen.

Im Hochsommer 1909 erreichte Karatschenzew ein Brief, den der Polizeichef wenig erfreut zur Kenntnis genommen haben dürfte. *»Ich habe gehört, sie suchen nach mir«*[69], Karatschenzew war sofort klar, wer ihm da geschrieben hatte. Alexander Semenjuta verkündete dort derart süffisant, als grinse er aus den Briefzeilen heraus den Polizeichef persönlich an, dass dieser doch zu ihm nach Belgien kommen könne, da sei die Freiheit des Wortes per Gesetz garantiert und daher werde er sich dort gern mit Karatschenzew streiten.[70]

Der gab den Brief zur angeschwollenen Akte des Falls der An archist*innengruppe. Hatte sich der Feigling also doch verdrückt! Karatschenzew sah die ganze Sache nun doch als für sich erledigt an. Was hätte er auch tun können? Die gefassten Anarchist*innen und ihre Helfer würden bald vor einen Richter in Jekaterinoslaw treten und dann wäre die Menschheit von ihnen erlöst und Semenjuta war weit weg.

Karatschenzew wähnte ruhigere Zeiten auf sich zukommen. Und die galt es zu genießen. Er hielt sich für einen Kulturmenschen und so beschloss er ins Theater zu gehen und dort in der Menge der dankbaren bürgerlichen Kleinstadtbewohner*innen zu baden. Als Karatschenzew das Theater verließ, sprang ein groß gewachsener, hager wirkender Mann

69 Zit. nach: Skirad: S. 25.

70 Vgl.: Ebd.

hinter diesem hervor. Die Kleidung abgetragen und dreckig; zwei Colts schussbereit in seinen Händen; das Gesicht nur halb verhüllt, so dass man ihn erkennen konnte – Alexander Semenjuta! Karatschenzew wird ihn wohl noch erkannt haben, während die Menschen kreischend davonstoben und ein unübersichtliches Chaos hinterließen. Und vielleicht wird er auch die Assoziation zwischen dem, was ihm nun blühte und dem Tod von Semenjutas Bruder, damals vor Lewandnijs Haus, hergestellt haben. Er versuchte noch sich durch allerlei hastige Körperbewegungen den Schüssen des Attentäters zu entziehen und immerhin schaffte er das mehrmals. Doch Semenjuta feuerte aus beiden Waffen auf den verhassten Chef der Guljajpoler Polizei, bis ihn drei Treffer, die seine wichtigsten Organe zerfetzten zusammensinken ließen.[71] Dann stieg Semenjuta gelassen über den Körper, aus dem das letzte Bisschen Leben kroch und ging einfach weg.

Die impulsive Tat Semenjutas mag nachvollziehbar sein. Ja, vielleicht sogar verständlich. Doch was war nun eigentlich von all den hehren Zielen der Anarchist*innen geblieben? Der Druck der staatlichen Repressionsbehörden auf alles, was zur Arbeiter*innenbewegung gehörte nahm andauernd weiter zu. Die Legitimation dafür bildeten die Anschläge der Gruppe um Semenjuta und Antoni. Und während sie sich einen beinahe schon selbstverliebten Kleinkrieg mit der Polizei lieferten, schufen sie keine Strukturen, die in Zukunft hätten Streiks in den Guljajpoler Betrieben organisieren können; keine Gruppen, die in der Lage gewesen wären Demonstrationen abzuhalten; ja noch nicht einmal kleine Zirkel, die revolutionäre Literatur diskutierten. Geschweige denn, dass der – unzweifelhaft mutig geführte – Kampf das unerträgliche Los der armen Bäuerinnen und Bauern oder der Arbeiter*innen gebessert hätte.

Und noch etwas taucht Semenjutas Erschießung des Polizeipräsidenten in ein trübes Licht: Die Polizei war gewarnt.

71 Vgl.: Ebd.

Für das, was er nun vorhatte, hatte sich Semenjuta selbst in eine unhaltbare Ausgangslage gebracht. Strategisch und taktisch war die Anarchist*innengruppe gescheitert, so wie viele andere dieser Gruppen vor und auch nach ihr. Und so wie in anderen Fällen bekamen nicht nur sie, sondern auch andere die Auswirkungen dieses Scheiterns zu spüren.

Es war bereits Winter geworden, die ersten Tage des Januar 1910 erlebten die klirrende Kälte des ukrainischen Winters. Die meisten Anarchist*innen aus der Gruppe und mit ihnen der noch so junge Nestor waren wegen Verbrechen gegen die Obrigkeit, Überfällen und Morden an Polizisten angeklagt, ob sie nun im Einzelnen bei diesen Taten anwesend waren oder nicht. Man hatte sie von Guljajpole nach Alexandrowsk überführt, von wo aus sie jetzt wiederum zu ihrer Verhandlung nach Jekaterinoslaw transportiert werden sollten.[72]

Eine Kolonne ungewaschener politischer Häftlinge aller Schattierungen stolperte durch die in Schnee eingehüllten Straßen von Alexandrowsk. Ihre verwanzten Lumpen schützten sie kaum vor der Kälte, die in jede kleine Ritze kroch. Die geschundenen Kreaturen, mit ihren von Schlägen und Hunger gezeichneten Leibern, wurden dauernd angetrieben von hektisch um sich schauenden Polizisten. Sie strengten ihre Augen an, um im Halbdunkel des aufziehenden Morgens Anhaltspunkte für einen Überfall zu finden. Sie waren gewarnt, Semenjuta war am Leben und nicht – wie er geschrieben hatte – in Belgien. Er hatte Karatschenzew erschossen – auf offener Straße! Er würde sicher auch versuchen seine einstigen Weggenossen, die mit in diesem Zug durch den höher werdenden Schnee stapften, zu befreien. Und wann, wenn nicht heute, würde er kommen? Waren sie erst in Jekaterinoslaw, zur Verhandlung, würden die Aussichten auf eine erfolgreiche Befreiungsaktion wesentlich schlechter sein.

Und so spähten die Wachen, die Hände schussbereit an ihren Waffen, in den dämmrigen Morgen und versuchten im

72 Vgl.: Tschepego: »Machno«, S. 23ff.

Gewirr aus vom Wind gejagten Schneeflocken ein Zeichen für das Herannahen eines Befreiungstrupps zu erkennen: Das Aufblitzen eines Gewehrlaufs; ein aufgerissenes Fenster. Doch nichts geschah. Sie erreichten den Bahnhof und alles blieb ruhig. Hatte Semenjuta doch das Weite gesucht? Traute er sich nicht? Die Wachen bezogen Posten. Unterdessen ließen sich die Gefangenen auf den Bänken der Bahnhofshalle nieder.[73]

Die Halle war schon so früh am Morgen mit Menschen gefüllt, meist Arbeiter*innen, die in den nächstgelegenen Ort fuhren, um dort in einer der wenigen Fabriken zu arbeiten. Der Anblick der ausgemergelten Gestalten, in Lumpen gehüllt, auf Bänken herumlungernd, weckte in ihnen Mitleid. Trotz Bewachung reichten sie den Gefangenen Brot und Wasser[74], als plötzlich wüstes Geschrei durch die hohen Gewölbe des Alexandrowsker Bahnhofsgebäudes hallte. Alexander Semenjuta war hinein gestürmt und begann mit zwei Pistolen um sich zu feuern. Das Durcheinander war perfekt: Frauen und Männer rannten wild umher, Kinder weinten, Eltern warfen sich schützend vor ihre Söhne und Töchter. Die Polizisten erwiderten das Feuer, ebenso ungezielt wie vor ihnen Semenjuta. Doch sein Attentat auf den Guljajpoler Polizeipräsidenten hatte die Bewacher gewarnt. Es waren ihrer zu viele und die Gefangenen waren zu erschöpft, um die Gelegenheit, die ihnen Semenjuta bot, zur Flucht zu nutzen. So zog sich Semenjuta schießend zurück, verließ den Bahnhof und rannte um sein Leben.[75] Für die gefangenen Anarchist*innen gab es nun kein Zurück mehr, keine Aussicht auf Hilfe, keine Perspektive der Befreiung. Was ihnen bevorstand war allen vollkommen klar, die in Ketten in den Zug nach Jekaterinoslaw steigen mussten.

Im dortigen Gefängnis begann für Nestor ein jahrelanger Leidensweg: Die Wachen waren von erschreckender Dumpfheit und unbändiger Brutalität: Jedes noch so kleine Wider-

73 Vgl.: Ebd.
74 Vgl.: Ebd.
75 Vgl.: Ebd.

wort, eine als falsch empfundene Geste oder einfach die Laune der Wärter führten zu absurden Strafen und nicht enden wollenden Schlägen mit Fäusten, Knüppeln und allem, was gerade in der Reichweite der Täter lag.

Schon wurden die ersten Anarchisten verurteilt. Das Strafmaß war allzu leicht zu erraten: Tod durch Erhängen.

Auch Nestor wurde einem erbarmungslosen Richter vorgeführt. Aus der Angst, es könnte zu weiteren Befreiungsversuchen kommen, wurden zahlreiche Sicherheitsvorkehrungen getroffen. Rausholen war unmöglich! Der Handlanger des Zarenregimes empfand für die Opferlämmer vor ihm nur blanken Hass. Einen nach dem anderen verurteilte er mit lauter Stimme zum Tode, auch Nestor.

Ausgeliefert

Man sperrte die ganze Gruppe in eine zwei mal fünf Meter große Zelle; einen Raum, der stickig nach Moder roch; übersät von Abschiedsgrüßen ermordeter Revolutionäre, die in der Hoffnung, ihre Geliebten, ihre Kinder, Frauen, Mütter und Väter mögen irgendwann diese Worte lesen, in den porösen Putz Nachrichten und Grüße geritzt hatten. In diesem Vorhof des Todes, in dem die Stunden sich dahinschleppten, in dem die Kälte der Jahrzehnte in Stein gespeichert schien, immer bereit sie an jene abzugeben, die in dieser Grabkammer im Keller des Jekaterinoslawer Gefängnisses auf ihre Hinrichtung warteten, saß der junge Nestor voller Angst und Verzweiflung.

Privatsphäre gab es nicht. Links und rechts hockten dicht an dicht die anderen Verdammten. Einige kauerten apathisch in den Ecken,unfähig sich zu äußern, andere weinten den ganzen Tag oder stolperten rastlos über die anderen hinweg durch die Zelle, wie wilde Tiere, die man eingesperrt hatte. Tag und Nacht lösten einander ab, und die Insassen warteten auf das Ende.

Wärter öffneten von Zeit zu Zeit die Tür, ließen die politischen Gefangenen aller couleur antreten und schlugen sie zusammen, wenn sie diese für zu langsam hielten oder wenn sie glaubten, dass sie sie zu frech anschauten. Irgendein nichtiger Grund fand sich immer. Mancher träumte von Flucht, aber diese Hoffnung geriet zur Qual angesichts der lückenlosen Überwachung.

Und nun begann ein widerwärtiges Spielchen: Wann immer die Gefängniswärter wollten, holten sie einen der Insassen, rissen ihn aus der Mitte seiner Genossen und schleiften ihn zur Hinrichtung. Freunde Nestors und gänzlich Unbekannte wurden von jetzt auf dann vom Leben zum Tod befördert, ohne jede Vorwarnung. Wann immer die Zellentür sich öffnete, schoss den Insassen die Furcht in die Glieder: Holten sie einen von den ihren oder kamen sie, um sie zu misshandeln? Brachten sie vielleicht nur essen? Sicher konnte man sich nie sein.

Häufig kamen die Angehörigen der Hingemordeten nichtsahnend am Tag nach der Exekution, in der Hoffnung den zum Tode Verurteilten noch einmal lebendig sehen, sich von ihm verabschieden zu dürfen. Mancher glaubte tief im Innern an ein Wunder. Vielleicht hatte man den Bruder, den Sohn, den Ehemann, den Freund ja begnadigt? Und dann übergab einer der stumpfen Schergen, die die unglückseligen politischen Gefangenen - die Marxisten ebenso wie die Anarchisten - bewachten, mit einem schmierigen Lächeln die persönlichen Sachen ihres toten Familienmitglieds. Was an diesen Wachen einst menschlich war, hatte die Umgebung aus Brutalität und Mord abgetötet.

Mancher Genosse hielt dem Irrsinn, der sich in die Farben zaristischer Gerechtigkeit kleidete, nicht stand. Mancher wollte wenigstens die letzte Entscheidung für sich allein fällen. Doch da die Häscher ihnen nicht einmal diese Freiheit lassen wollten, war der selbstgewählte Weg in den Tod von allerlei Hürden beinahe verbaut. So erdachten die Gefangenen wahnsinnige Methoden, um ihrer Pein ein Ende zu setzen. Machno schilderte später den Fall eines Anarchisten, der seine Decke mit dem Öl aus der Zellenlampe tränkte, sich fest in sie einwickelte und sie dann in Brand setzte.[76]

76 Vgl.: Ebd.: S. 39f.

An niemandem ging diese Behandlung spurlos vorüber und auch wenn Nestor Machno in seinen Erinnerungen den Eindruck erwecken wollte, es wäre bei ihm so gewesen, kann man sicher sein, dass diese Tage in der Todeszelle erschütternd für den noch nicht einmal 20 Jahre alten jungen Mann waren. Nach 52 Tagen holte man Nestor aus der Zelle und verkündete ihm, dass seine Todesstrafe in lebenslange Zwangsarbeit verwandelt worden war. Noch eben hatte er zu den Toten gezählt und mit dem Überschreiten der Schwelle, war er durch die Gunst derer, die er doch abgrundtief hasste, wieder zum Leben erweckt worden. Als sich die schwere Holztür hinter Nestor schloss, begrub sie all seine Kameraden – er würde sie nie wieder sehen.

Man verfrachtete Machno nach Moskau ins Butyrka-Gefängnis, wo ausschließlich Schwerverbrecher und politische Gefangene inhaftiert waren. Die Schikanen dort waren kaum zu beschreiben. Den Großteil seiner Haftzeit zwang man Nestor Machno in Ketten herumzulaufen. Das Gefühl vollkommener Hilflosigkeit war allgegenwärtig.

Er selbst erklärte späterhin häufig während seiner Haftzeit viel gelesen zu haben.[77] Es ist schwer zu sagen inwieweit diese Angaben zutreffend sind. Zwar besaßen auch zaristische Gefängnisse Büchereien, dass Machno jedoch Kropotkins Hauptwerke »Die Französische Revolution« und »Die Eroberung des Brotes« gelesen haben will, ist eher unwahrscheinlich, befanden sich in den zaristischen Bibliotheken doch im Grunde lediglich religiöse Bücher und eine Handvoll russischer Klassiker. Das ihm das eine oder andere revolutionäre Pamphlet durch Mitgefangene zugesteckt wurde, ist hingegen sehr wahrscheinlich. Der sich politisch unablässig belesende Nestor ist wahrscheinlich eher ein Stück anarchistischer Romantik, als wirkliche Lebensgeschichte.

Die schlechte Ernährung; die Nässe in den Räumen; die Schläge; die Ketten, die jede Bewegung zur Qual werden

77 Vgl.: Arschinow, Pjotr: »Geschichte der Machno-Bewegung (1918-1921)«, Münster: UNRAST-Verlag, 1998 [nachfolgend: Arschinow], S. 55.

ließen; die ohnehin seit Kindheit an geschwächte Lunge... Nestor Machno wurde krank. Was mit leichtem Husten und Fieber begann, wuchs sich zu einer feuchten Rippenfellentzündung aus. Die Gefängnisärzte kümmerte das selbst dann noch wenig, als Machnos Krankheit einfach nicht vergehen wollte. Nach drei Monaten dann die niederschmetternde Nachricht: Lungentuberkulose. Vollkommen geschwächt wurde Nestor Machno, noch in Ketten, auf die Krankenstation getragen. Monatelang kämpfte er zwischen Leben und Tod um jedes kleine Stück Gesundheit. Die Pflege war denkbar schlecht und kaum zur Genesung geeignet und seine Vorbelastung tat ihr Übriges. Warum hätte das zaristische Gefängnis auch einem Politischen helfen sollen sich zu erholen? Menschlichkeit für die Armen durfte man vom Russland des Zaren kaum erwarten.

Doch Machno gewann das ungleiche Ringen. Als man ihn wieder in seine Zelle zurückbrachte, war er noch immer nicht bei Kräften. Doch die Wachen kannten kein Erbarmen. Sie schlugen selbst auf den nur Halbgesunden ein, wenn ihnen danach zumute war. Widerworte bedeuteten Karzer. Die feuchten, dunklen Isolierzellen, riefen die kaum überwundene Krankheit von Neuem hervor. Im Grunde war Nestor haftunfähig, aber das interessierte in einem Strafsystem, welches dazu da war, den politischen Widerstand gegen Unterdrückung zu brechen, niemanden. Der Zar schickte ganze Familien in die kalte Einöde der Verbannung. Leo Trotzki, einer der führenden revolutionären Marxisten Russlands, wurde dazu verurteilt, weil er während der Revolution von 1905 der Vorsitzende des Arbeiter*innen- und Soldatenrats von Sankt Petersburg gewesen war.

Ein System, welches sich zwar dauernd mit den heiligen Insignien der Kirche schmückte, aber tagtäglich gegen »du sollst nicht töten« verstieß, machte sich um die Gesundheit seiner Gegner*innen logischerweise keine Sorgen.

Das Nestor diese Zeit überlebte war nicht zuletzt dem Kontakt zu anderen politischen Häftlingen zu verdanken. Dabei ragte besonders eine Person heraus: Pjotr Andrejewitsch Arschinow. Sein Leben war das eines Abenteurers. Der Zufall wollte es, dass er zeitgleich mit Nestor im Butyrka inhaftiert war. Arschinow hatte seine politische Laufbahn als Bolschewik, also in Lenins Flügel innerhalb der Sozialdemokratischen Arbeiterpartei Russlands, begonnen. Die Niederlage der Revolution von 1905 hatte ihn verändert: Die anfänglichen Siege der Revolution hatten ihn und viele andere Revolutionär*innen beflügelt. Doch die alsbald einsetzenden Schläge des Zarismus; das erst langsame und dann schnell spürbare Zurückweichen der Massen; ihre einsetzende Furcht und Verzweiflung; das Gefühl der Revolutionär*innen auf kleine Gruppen zurückgeworfen zu sein, die sich klammheimlich, in Angst vor Festnahme durch die zaristische Geheimpolizei, verstecken mussten; das alles ließ Arschinow an der Richtigkeit der marxistischen Strategie und Theorie vom Massenkampf zweifeln.

Die Macht der Klasse, die Stärke der Massen wurden ersetzt durch die Stärke des Individuums, durch den Terror des Einzelnen. Auf einmal ging es Arschinow nicht mehr um die historische Rolle der Unterdrückten, sondern um die Rolle des Einzelnen, des Auserwählten, der – zweifellos mutig – individuelle Stärke das Fehlen der Kollektiven kompensieren lässt. Und schon war Arschinow bei anarchistischen Ideen gelandet. Während eines Eisenbahnerstreiks erschoss er den Leiter der Eisenbahnwerke in Aleksandrowsk, weil der sich dem Arbeitskampf der Belegschaft entgegengestellt hatte.[78] Dem Streik half diese Tat nicht, ganz im Gegenteil musste seine Tat zur Legitimation verschärfter Repressionen von Staats wegen herhalten. Arschinow selbst wurde gefasst und zum Tode verurteilt. Im Zuge eines Gefängnisaufstands, den er selbst anzettelte, befreite er sich und zahlreiche andere politische Gefangene – und wurde von Neuem geschnappt. Nun saß er im Butyrka.[79]

78 Vgl.: Höller, Ralf: »Der Kampf bin ich. Rebellen und Revolutionäre aus sechs Jahrhunderten«, Berlin: Aufbau Taschenbuch Verlag GmbH,[nachfolgend: Höller], S. 261.

79 Die Biografie Pjotr Arschinows wird sowohl von Peters (s. 22f.), als

Und dort musste er auffallen. Seine Taten waren bekannt, sein Selbstvertrauen nicht zu erschüttern und seine ganze Erscheinung kaum zu übersehen. Nur zwei Jahre älter als Nestor Machno, aber bei Weitem belesener als dieser, hatte er dem auf seine Art rebellischen Ukrainer etwas zu bieten, wonach dieser gesucht hatte: Eine politische Begründung für das, was Nestor zu tun gedachte, wenn er jemals wieder in Freiheit käme.

Die beiden freundeten sich an. Arschinow erzählte Nestor all das, was dieser nicht unbedingt in Büchern lesen wollte. Rundgänge auf dem Hof; die wenige gemeinsame Zeit, die man den Häftlingen einräumte; Arschinow nutzte sie, um Nestor eine vage Ahnung von anarchistischer Theorie zu geben. Er redete und Nestor lauschte... Auf diese Weise gelangte dieser zu einer rudimentären anarchistischen Ausbildung.[80]

Und während die beiden gemeinsam jeden Winkel des Butyrka durchmaßen, der ihnen zu betreten erlaubt war; während Arschinow unablässig sprach; während Nestor ohne Unterbrechung zuhörte; spielten sich außerhalb der Mauern dieses Gefängnisses weitreichende Ereignisse ab.

Die stärksten Wirtschaftsmächte Eurasiens - das Deutsche Reich, Österreich-Ungarn, das Osmanische Reich, Frankreich, Großbritannien und Russland - verwandelten Europa in ein Schlachthaus. Zwei imperialistische Blöcke, die Mittelmächte mit Berlin an der Spitze und Wien, sowie Konstantinopel als Verbündete und die Entente kämpften um die Verteilung der Pfründe: Kolonien und Rohstoffe, Zugänge zu Meeren und strategisch bedeutsame Regionen. Die Herrschenden aller Länder schienen sich einig darin zu sein, dass es Zeit war die Meinungsverschiedenheiten militärisch auszutragen. Und Millionen Menschen mussten für deren Prestige und die Profite einiger Konzernherren durch die Hölle eines Krieges gehen.

---

auch im Nachwort der UNRAST-Ausgabe der »Geschichte der Machno-Bewegung« (1918-1921) dargelegt (S. 265ff).

80 Vgl.: Peters: S. 22f.

Diese historisch so dunkle Stunde sollte ebenso zu einer der finstersten der internationalen Arbeiter*innenbewegung werden. Jahrelang hatte man sich auf diesen Krieg vorbereitet. Er hatte sich angekündigt in allerlei Krisen seit den 1890er Jahren.

Man hatte den Krieg gefürchtet und doch war man entschlossen ihn – entgegen der Propaganda der Herrschenden, die das ebenfalls versprachen – wirklich zum letzten Krieg der Menschheit werden zu lassen. International wollte gegen den Krieg kämpfen und die politische Krise nutzen, um eine Revolution zu beginnen. Den Kapitalismus stürzen, Armut, Elend und Krieg in die Vergangenheit verbannen und gemeinsam an einer lebenswerten Zukunft bauen.

Stattdessen schwenkten nun die Führungen der großen sozialistischen Parteien – allen voran die der SPD mit Friedrich Ebert und Philipp Scheidemann – auf den Kriegskurs ihrer nationalen Regierungen ein. Die II. Sozialistische Internationale, in der alle sozialistischen Parteien der Welt vereint waren, stellte ihren Betrieb für die Zeit des Krieges ein. In Deutschland nannte man das »Burgfriedenspolitik.« Ein Gleichnis, welches suggerieren sollte, dass sich eine von Feinden überfallene Festung nur wehren könne, wenn alle in ihr gemeinsam die Mauern schützen würden. Kaiser, Militärs, Arbeiter, Unternehmer… Hand in Hand schossen sie auf die Arbeiter anderer Nationen – eine erschreckende Absage an den Internationalismus der Arbeiter*innenbewegung. Doch auch die Führung der französischen Sozialist*innen nahm für sich in Anspruch das überfallene Vaterland verteidigen zu müssen und schmiedeten gegen die Deutschen gemeinsam mit den Herrschenden ihres Landes die »Union sacrée«, die »Heilige Union.« Die Herrschenden aller Länder behaupteten die Opfer einer Aggression der anderen Seite zu sein und die Parteiführungen der II. Internationale spielten mit.

Nur wenige wehrten sich innerhalb der Internationale gegen diesen Kurs. In Deutschland allen voran Rosa Luxemburg, Karl Liebknecht und Clara Zetkin. In Russland, wo die beiden Hauptströmungen der Sozialdemokratie – Lenins Bolschewiki und die Menschewiki – im Parlament, der Duma, gegen die Bewilligung der Kriegskredite stimmten, war es Lenin, der dazu aufforderte den Weltkrieg in eine Weltbürger*innenkrieg umzuwandeln, in dem die Beherrschten, die als Soldaten in den imperialistischen Krieg gezwungen werden, die Waffen gegen die Herrschenden zu wenden.

Nestor Machno und Pjotr Arschinow schien diese Auseinandersetzung, die die Geschicke der Menschheit entschied, nicht weiter zu interessieren. Es waren eben Marxist*innen, die da gegen die abgehobene Bürokratie in ihren Organisationen kämpfen mussten. Aber weder Arschinow noch Machno wollten vergleichbare Organisationen aufbauen – wenigstens nicht offiziell.

Das war kaum überraschend. Was jedoch einigermaßen verstörend wirkt, ist, dass beide auch zum Verhalten so mancher anarchistischer Vordenker schwiegen. In Deutschland trommelte Erich Mühsam für den Krieg, zumindest zeitweise. Seine Begründung dafür glich der der SPD-Führung bis aufs Haar: Man müsse den reaktionären zaristischen Staat in Russland bekämpfen.

Und selbst die, wenn man so will, »Heilige Kuh« des weltweiten Anarchismus, Pjotr Kropotkin, der russische Anarchist, der als Verfolgter des Zarismus so viel erlitten hatte, der so oft über »gegenseitige Hilfe« zwischen den Menschen weltweit und Solidarität gesprochen und geschrieben hatte, erklärte öffentlich:

> *»Die wahren Friedensfreunde müssen nunmehr, seit dem Augenblick, dass sie diese Tragödie nicht verhindern konnten – und ich für meinen Teil habe seit Jahren getrachtet, das zu tun, indem ich stets auf die deutsche Gefahr hinwies – mit aller Kraft für die vollkommene Zerschmetterung des preußischen Militarismus kämpfen, dessen Sieg den Frieden für mindestens ein Jahrhundert unmöglich machen würde.«*[81]

81 »Peter Kropotkin und der Erste Weltkrieg«, in: www.anarchismus.at

Mit diesen Worten war er inhaltlich nicht weit entfernt von den Aussagen der SPD-Reichstagsfraktion nur unter, gewissermaßen, umgekehrten Vorzeichen, denn die Mehrheit der sozialdemokratischen Abgeordneten machte den Zarismus als den zu schlagenden Gegner aus. Gleichzeitig nahm sie für sich in Anspruch in den Jahren vor 1914 entschieden gegen den Krieg gekämpft zu haben.

Kropotkin stellte alles infrage, was er selbst als anarchistische Grundtheoreme formuliert hatte. Seine »*[...] Idee der gegenseitigen Hilfe zwischen den Nationen [...]*« stünde ohnehin dem Kosmopolitismus entgegen, dessen »törichte« Grundannahme das Verschwinden der Nationen sei[82]. Das sei Unsinn. Viel mehr gäbe es »*[...] nur zwei Heerlager: das der Barbaren und das der Kulturmenschen. Und ich will nur für letztere Sympathie fühlen.*«[83] Eine bittere Anleihe aus rassistischer Rhetorik.

Während der linke und revolutionäre Flügel der europäischen Sozialdemokratie ganze Bände mit Schriften füllte, um sich von dem ganzen chauvinistischen Irrsinn der Führung der II. Internationale zu distanzieren; während sich Rosa Luxemburg, Leo Trotzki und Wladimir Lenin die Finger wund schrieben, Fehler benannten, Lehren formulierten und versuchten für ihre Ideen Mitglieder zu gewinnen und die Antikriegsopposition organisatorisch zu stärken; während sich auch eine Reihe anarchistischer Gruppen wütend von Kropotkin lösten, der nur noch den Kampf gegen die preußischen Imperialisten kannte, nicht mehr aber den gegen die russischen, vernahm man von Machno und seinem Lehrer Arschinow dergleichen nie. Sie drehten weiter ihre Runden im Hof der Anstalt und sprachen über Kropotkin anhand seiner Schriften, die er lange vor dem Desaster 1914 verfasst hatte – ganz so als sei nichts verändert.

[Stand: 06.02.2018].

82 Vgl.: Ebd.

83 Ebd.

Die Resolution der »Zimmerwalder Konferenz«, eines Treffens der internationalistischen, marxistischen Kriegsgegner*innen, hat Nestor wohl nie gelesen. Formuliert von Leo Trotzki beschrieb das »Zimmerwalder Manifest« in mitnehmender Form all das Elend und das Leid und erklärte, wo der Krieg seine Wurzeln hatte. Im System imperialistischer Konkurrenz zwischen den Großmächten; im Kapitalismus mit seinem Profitstreben, seinen skrupellosen Unternehmern und seiner mächtigen Kirche. Doch Arschinow und Nestor sprachen weiter über Bakunins »Die revolutionäre Frage. Sozialismus, Föderalismus, Antitheologismus.«

Jahrzehnte nach den Ereignissen, die wir hier beschreiben, formulierte der chilenische Dichter Pablo Nehruda den Satz: *»Sie können alle Blumen abschneiden, aber den Frühling können sie nicht aufhalten.«* Jahrelang hatten die Herrschenden aller Nationen alle Blumen abgeschnitten, auf das das millionenfache Töten kein Ende finden sollte. Wer sich gegen den Krieg wehrte, den warf man in einen der Kerker, die sich in jedem Land zahlreich fanden. Wer in einem Anflug von Selbsterhaltungstrieb von der Front desertierte oder sich weigerte einen Angriff bis zum Schluss auszuführen, den stellte man vor ein Standgericht; Frauen, die sich in der Heimat gegen die Hungerrationen zur Wehr setzten, wurden von Polizisten hoch zu Ross erbarmungslos weggeknüppelt. Deutsche Munitionsarbeiter*innen, die streikten, stellte man vor Gericht und der Reichstagsabgeordnete und Kriegsgegner Karl Liebknecht wurde zwangsweise an die Front geschickt.

Doch den Frühling konnten die Herrschenden trotz allem nicht aufhalten. Er kündigte sich an, durch viele Sonnenstrahlen; durch Streiks, die trotz der harten Strafen erfolgreich waren und durch die Tatsache, dass sich Liebknechts Einheit an der Front unter seinem Einfluss weigerte zu kämpfen.

Und dann brach sich der Frühling Bahn: Die Petrograder Arbeiterinnen gingen wegen der katastrophalen Versorgungslage anlässlich des Frauentages 1917 in Petrograd auf die Straße. Polizei und Militär stellte sich ihnen entgegen. Stahlarbeiter reihten sich tags darauf in die Demonstrationen ein und legten die Arbeit nieder: Die Abdankung des Zaren und das Ende des Krieges wurden gefordert. Gefängnisse wurden gestürmt und sogar die Zentrale der verhassten Geheimpolizei »Ochrana.« Komitees, gewählt von den Arbeiter*innen eines Betriebes oder den Soldaten einer Einheit - übernahmen überall die Macht. Nach nur wenigen Tagen musste sogar der verhasste Zar seine Ämter an den Nagel hängen.[84]

Im Eiltempo breitete sich die Revolution in ganz Russland aus. Ein paar Tage nachdem sie Petrograd eroberte, fiel auch Moskau in die Hände der Aufständischen. Und nun endlich öffneten sich die Türen der Butyrka und Tausende zu Unrecht Inhaftierte, vor allem politische Gefangene, kamen frei. Mit ihnen verließen auch Pjotr Arschinow und Nestor das Gefängnis. Beide hatten bereits ihre Pläne: Arschinow wollte in Moskau bleiben und innerhalb der anarchistischen Gruppen arbeiten. Nestor Machno hingegen setzte alles daran in die Ukraine zurückzukehren. Nichts hielt ihn in Moskau, es zog ihn wieder nach Guljajpole.[85]

Als sich die beiden Freunde voneinander vor dem Tor der Butyrka inmitten jubelnder Menschenmassen verabschiedeten, war aus Machno ein anderer Mensch geworden. Er war nicht mehr der kleine Jugendliche mit allerlei Träumen und Flausen im Kopf; mit verständlicher Wut über all die Ungerechtigkeiten und mit dem Traum von einer anderen Gesellschaft, von der er nicht wusste wie er sie hätte errichten sollen oder wie sie aussehen könnte.

Nestor Machno war wie eine gespannte Feder, die darauf wartete nach vorn zu schnellen: Er hatte nicht vergessen, was man ihm angetan hatte - so oft, ohne jedes Pardon. Alles, was nach Establishment und Elite roch hasste er. Jedes Widerwort

---

84 Eine kurze und spannende Darstellung der Ereignisse im Jahre 1917 in Russland liefert Klein, Wolfram: »Die Russische Revolution«, Berlin: Manifest-Verlag, 2017 [nachfolgend: Klein].

85 Vgl.: Palij: S. 70.

versetzte ihn in Rage. Das Alte ließ seine Wut entbrennen. Wie das Neue aussehen sollte, wusste er hingegen kaum zu formulieren. Der Hass auf das dem Untergang Geweihte hatte sich bei ihm geformt durch verständnislose Schulleiter und Lehrer; durch herrschsüchtige Großgrundbesitzer und gefühlskalte Unternehmer, durch erbarmungslose Richter und prügelnde Polizisten und durch die Gesellschaft für die sie alle standen.

»*Revolutionen*«, schrieb Leo Trotzki einmal so polemisch wie zutreffend, *»pflegten sich stets durch Unhöflichkeit auszuzeichnen; wohl deshalb, weil die herrschenden Klassen sich nicht rechtzeitig die Mühe gaben, das Volk an gute Manieren zu gewöhnen.«*[86] Doch bei Nestor Machno ging es nicht um »Unhöflichkeit«, der Terror der Herrschenden hatte ihn erbarmungs- und vielfach vollkommen gefühllos werden lassen, wie der spätere Verlauf seines Lebens noch zeigen würde. Und anders als es bei den Bolschewiki, von denen so viele ebenfalls die Hölle der zaristischen Verfolgung hatten durchschreiten müssen, war Machno nicht Teil einer Partei, die ihn hätte im Zaum halten, sein Handeln korrigieren können. Der Anarchismus gab ihm die theoretische Fundierung dafür, sich jeder Kontrolle durch solch eine Organisation zu entziehen und damit würden sich bei erster Gelegenheit seine menschlichen Mängel bemerkbar machen. Und einer davon war vielleicht schlimmer als jeder andere: Nestors maßloser Ehrgeiz. Die widerwärtige zaristische Verfolgung und die geringe Bereitschaft anderer Anarchist*innen ihn in den Kern ihrer Gruppe zu integrieren, hatten diesen noch nicht in vollem Maße zum Ausbruch kommen lassen. Noch nicht!

86 Trotzki, Leo: »Geschichte der russischen Revolution«, Manifest, 2021, S. 103.

TEIL 2: Partisanenarmee

Rückkehr nach Guljajpole

Nestor Machno kehrte nach Guljajpole als eine Art unfreiwilliger Celebrity zurück.[87] Er war der einzige politische Gefangene, der aus einer der großen Städte zurückgekehrt war. Das verschaffte Machno eine Menge Gespräche und den Status einer regionalen Berühmtheit.[88] Wann immer er die schmutzigen Straßen entlangstiefelte sprachen ihn Menschen an. Sie wollten mehr wissen über die Situation in den großen Zentren, über Petrograd – wie die Hauptstadt Sankt Petersburg seit Kriegsbeginn hieß – und über Moskau.

Doch auch Machnos Wissen über und sein Verständnis von den Vorgängen war eher begrenzt. Zudem war die Situation enorm unübersichtlich. Allerorten hatten die unterdrückten Massen Russlands Vertreterinnen und Vertreter gewählt: Die Arbeiterinnen und Arbeiter in einem Betrieb; die Soldaten einer Einheit; die Bäuerinnen und Bauern eine Dorfes. Diese Räte waren noch lose miteinander vernetzt. Sie bildeten so etwas wie einen zweiten Staat, neben dem bürgerlich-kapitalistischen Staatsapparat. An dessen Spitze stand nicht mehr der Zar, den die Revolution vom Februar/März aus dem Amt gejagt hatte, sondern die provisorische Regierung unter Fürst Lwow, einem Großgrundbesitzer.

Doch wieso hielt sich diese Regierung eigentlich im Amt? Das Kuriosum der Situation war, dass die Räte - die Ausschüsse der Revolution - eine Regierung stützten, die den Krieg –

87 Vgl.: Höller: S. 262.

88 Vgl.: Ebd.

nach eigenem Bekunden - fortsetzen wollte; das Land nicht an landlose Bauernfamilien verteilen und die Fabriken den Kapitalisten nicht wegnehmen und den Arbeiter*innen übergeben wollte. Im Grunde hatte man also eine Doppelherrschaft, einen doppelten Staat: Einen bürgerlichen, der aus dem Zarenreich herübergewachsen war, mit der provisorischen Regierung an der Spitze und den Arbeiter*innenstaat, der durch die Räte symbolisiert wurde. Eigentlich hätten sie sich vom ersten Moment an unversöhnlich gegenüberstehen müssen. Doch die innerhalb der Räte, der Sowjets, die Mehrheit haltenden Parteien, die Rechten Sozialrevolutionäre und die Menschewiki, dachten nicht daran sozialistische Forderungen in den Mittelpunkt ihres politischen Programms zu stellen. Sie wollten die Revolution einhegen, sie stoppen. Bürgerliche Revolution ja, sozialistische Revolution nein. Und daher stützten sie die provisorische Regierung, weil deren Interessen ganz ähnlich waren. Da sie die Revolution mit den Interessen des Bürgertums versöhnen wollten, nannten die Revolutionär*innen diese Parteien verächtlich die »Versöhnler.«

Mit ihrer Politik übernahmen die Rechten Sozialrevolutionäre und die Menschewiki auch die politische Verantwortung dafür, dass weder die Situation der Arbeiter*innen und der Bäuerinnen und Bauern sich besserte, noch der Krieg beendet wurde. Diese komplexe Situation den Menschen in Guljajpole zu erklären vermochte Machno kaum. Machno ging es weit mehr um den Effekt, den er mit seinem Auftritt zu erzielen erhoffte. Er legte sich einen dicken langen Mantel zu, den er auch im Sommer nur selten abzulegen pflegte, ließ sein Haar länger und länger werden und behängte seinen von Haft und Hunger geschwächten Körper mit einer Unmenge von Waffen, die er auch zu gebrauchen gedachte.

Kaum, dass er in seinem Heimatort eingetroffen war, begab er sich solcherart ausstaffiert zum Polizeipräsidium der Stadt, dessen Tore durch die Revolution nun weit offen standen. In dessen Archiv suchte er die Akte heraus, die Karatschenzew einst über die Gruppe angelegt hatte. Er musste nicht lange suchen, bis er fand, was ihn interessierte: Fein und säuberlich gelistet waren hier die Namen der Spitzel in der Gruppe um Antoni und Semenjuta.

Mit der Liste in der Hand durchstreifte er den Ort, klopfte an den entsprechenden Türen und streckte die Verräter auf der Schwelle nieder. Wer da eine Kugel aus dem Lauf von Machnos Waffe empfing, hatte nicht selten unendliches Leid über die Unterdrückten des zaristischen Regimes gebracht. Die Aburteilung von Verrätern und Spitzeln gehörte zur Revolutionszeit, nur bedienten sich die Bolschewiki zumindest eilig einberufener Gerichte. Machno traf die Entscheidungen über Leben und Tod weitgehend allein. In einigen Fällen war der Verdacht durchaus angebracht, dass Machno persönliche Antipathien zurate zog.[89]

Diese Taten waren nicht unbedingt ausschließlich das Ergebnis von Machnos aufbrausendem Wesen. Seine Bereitschaft ohne Bedenken zu töten, brachte ihm in den Kreisen der Guljajpoler Anarchist*innen, die die Säuberungsaktionen Karatschenzews überstanden hatten, spürbare Achtung ein und verängstigten Gegner*innen. Antoni war unerreichbar weit weg geflohen und Semenjuta bei einer Schießerei mit der Polizei getötet worden. Andere waren von den Häschern des Zarismus abgeschlachtet worden. Wenn es Machno jetzt richtig anstellte, konnte er die Führung im Kreis der Anarchist*innen in Guljajpole übernehmen. Und da er wenig inhaltliche Ideen zu bieten hatte, musste er sich eben mit Kaltblütigkeit einen Namen machen.

Auch in Guljajpole hatten Arbeiter*innen und Bäuerinnen und Bauern einen Sowjet gebildet und Machno entschloss sich nach der Unterredung mit einigen Genoss*innen zu einer der Tagungen in den Treffpunkt des Komitees hineinzuspazieren.[90]

---

89 Vgl.: Schnell, Felix: »Räume des Schreckens. Gewalt und Gruppenmilitanz in der Ukraine 1905-1933«, Hamburg: Hamburger Edition, 2012 [nachfolgend: Schnell], S. 291.
90 Vgl.: Peters: S. 24.

»*Er kam, er sah, er siegte*«, wenigstens gedachte Machno sich so zu präsentieren. Doch der Sowjet nahm von dem wichtigtuerischen kleinen Mann in Stiefeln und Mantel kaum Notiz. Der Sowjet hatte echte Probleme zu lösen: Die Versorgung der Bevölkerung, die Frage der Umverteilung von Land. Für all das war mehr nötig, als die rebellische Attitüde, die sich Machno gern in der Öffentlichkeit gab. Und während Machno wiederholt versuchte sich Gehör zu verschaffen, diskutierten die Anwesenden fleißig weiter.[91]

Machno war sich sicher, dass man ihn – den ehemaligen politischen Gefangenen, der inzwischen stark ausgeschmückte Geschichten über seine anarchistischen Heldentaten vor seiner Festnahme zu erzählen wusste – zum Vorsitzenden des Sowjets wählen müsse. Etwas anderes schien ihm ganz abwegig. Nur schenkte man ihm noch nicht einmal Gehör und nach einer Weile komplementierte man den verdutzten Revoluzzer vor die Tür.

Die Demütigung saß sicherlich tief. Doch offenbarte Machnos Auftreten eine erschreckende Einfalt im Umgang mit demokratisch gewählten Revolutionsorganen. Nicht nur, dass man ihn ohne Wahl zum Mitglied des Sowjets ernennen sollte, Machno verlangte auch dessen Vorsitz. Die Sowjetmitglieder schüttelten nur gelangweilt den Kopf. Die Anmaßung kommentierten sie nicht einmal.

Als er an jenem Abend geschlagen nach Hause trabte, stellte dies auf einmal alles infrage: Seinen Führungsanspruch innerhalb der anarchistischen Szenerie in Guljajpole; seinen Traum vom politischen Aufstieg und zudem hatte sein Selbstbild einen gewaltigen Knacks bekommen. Es musste ein Plan her, wenn er nicht riskieren wollte in den Augen der anderen Anarchist*innen übertölpelt dazustehen.

Noch in der gleichen Nacht trommelte er seine Leute zusammen. In irgendeiner ärmlichen Hütte hockten seine Anhänger*innen zusammen und lauschten dem, was ihr An-

91 Vgl.: Ebd.

führer zu sagen hatte: Machno - die schweren Stiefel klumpig vom nassen Lehm der Straßen, den Mantel aufgeknöpft, behängt mit Pistolen und Patronen - beschwerte sich ausdrucksstark über das Verhalten des Sowjets.[92] Er sei ein bürgerliches Gremium, welches man mit Missachtung strafen müsse.[93] Man dürfe sich den Anweisungen dieses Sowjets nicht unterwerfen. Doch zu Machnos verdutztem Erstaunen wollten die anwesenden Anarchist*innen nicht recht in Begeisterung verfallen. Warum sollte man denn zu den gewählten revolutionären Gremien parallele Strukturen etablieren? Wäre das nicht irgendwie kontraproduktiv? Die ganze Nacht redete Machno auf die anderen ein. Mal impulsiv und mal überzeugend und im nächsten Moment bestechend logisch, legte er ihnen dar, dass jetzt gehandelt werden müsse.

Dabei unterschieden sich die Forderungen der meisten anarchistischen Gruppen zu Beginn der Revolution nicht von denen der Versöhnlerparteien in den Sowjets. Die Petrograder Föderation der anarchistischen Gruppen (PFAG), ebenso wie die Moskauer gaben Erklärungen ab, die im Grunde auf eine Unterstützung der Sowjetmehrheit aus Menschewiki und Rechten Sozialrevolutionären genauso wie der provisorischen Regierung hinausliefen.[94] Selbst die Agitation für einen sofortigen Friedensschluss stellte die Mehrheit der Anarchist*innen ein.[95] Und ausgerechnet Machnos Lehrer aus der Gefängniszeit, Pjotr Arschinow, steckte hinter einer Erklärung von aus der Butyrka befreiten Anarchisten, in der der bezeichnende Satz fiel:

> *»Wir [...] erkennen, ohne unsere sozialistischen Ideale aus dem Blick zu verlieren, an, dass der Sowjet der Arbeiter-*

92 Vgl.: Schnell: S. 291.

93 Vgl.: Peters: S. 24.

94 Vgl.: Rublew, Dimitri: »Die politische Position der Anarchisten in der russischen Revolution 1917 – 1918«, in: Kellermann, Philippe [Hrsg.]: »Anarchismus und russische Revolution«, Berlin: Karl Dietz Verlag GmbH, 2017, [nachfolgend: Rublew], S. 13f.

95 Vgl.: Ebd.

deputierten das autoritäre Organ der werktätigen Massen ist, und wir [stellen ihm] deshalb […] alle unsere Kraft zur Unterstützung der Provisorischen Regierung zur Verfügung […], solange diese nicht zur Reaktion neigt, damit die vom Volk errungenen Rechte gestärkt und die Einberufung der Konstituierenden Versammlung erfolgen kann.«[96]

Nestor Machnos politischer Mentor hatte damit eine Erklärung verfasst, in der er einer Regierung von Großunternehmern und Großgrundbesitzern, einer Regierung der Reichen, die von Anfang an nur damit beschäftigt war die ungleichen Besitzverhältnisse und den kapitalistischen Staat vor der Revolution zu retten, die Gefolgschaft der Anarchist*innen zugesagt. Und anstatt die Sowjets als organisatorische Grundlage der neuen Gesellschaft anzuerkennen, bevorzugte Arschinow die Einberufung einer konstituierenden Versammlung, eines bürgerlichen Parlaments also, ähnlich dem Bundestag in Deutschland, nur mit dem Auftrag eine, dann kapitalistische, Verfassung für Russland zu entwerfen.

Nicht nur, dass Arschinow die politische Praxis der Anarchist*innen in ganz Russland auf die programmatischen Grundlagen von Menschewiki und Rechten Sozialrevolutionären festlegte, die die sozialistische Revolution auf den Sankt Nimmerleinstag verschoben. Für die Anarchist*innen in Guljajpole stellte sich in der durchwachten Nacht im März 1917 die Frage, weshalb sie auf Machno hören und den gewählten Sowjet ausschalten sollten, wenn doch die Politik und Praxis der anarchistischen Genoss*innen in Russland so aussah wie Arschinow das umrissen hatte.

Wahrscheinlich platzte deshalb eine Idee aus Machno heraus: Die Bauern wollen Land. Der existierende Sowjet würde die Übernahme von Land von Seiten der landarmen und landlosen Bäuerinnen und Bauern nicht organisieren. Deshalb müsse man das selbst in die Hand nehmen. Das Argument zog. Man musste nur rausgehen, um zu sehen, dass es

96 Zit. nach: Ebd.: S. 15.

stimmte. Die Landarmen und Landlosen forderten die Verteilung von Land, welches den Großgrundbesitzern gehörte. Diese Stimmung gab es überall in Russland.

Der Morgen graute, die Aktivist*innen waren deutlich übernächtigt, ob nun überredet, übermüdet oder überzeugt… sie stimmten Machnos Plan letzten Endes doch zu. In den darauffolgenden Tagen fanden sich überall Plakate und Flugblätter für die Einberufung einer Bauernversammlung, Arbeiter*innen interessierten Machno zu diesem Zeitpunkt weniger. Die Propaganda zeigte Wirkung und bewies, dass es Machno ernst meinte. Als zudem noch die Leiche eines Mitglieds des Sowjets, der Machnos Ansinnen zum Vorsitzenden ernannt zu werden besonders stark abgelehnt hatte, auftauchte und Machno zufrieden grinsend durch Guljajpole spazierte, war endgültig allen klar, dass mit diesem Mann nicht gut Kirschen essen war.[97]

Und so gelang ihm eine wahrhaft pharaonische Ämteranhäufung in seiner Person: Das Landkomitee wählte ihn zu seinem Vorsitzenden, ebenso der Rayon-Bauernverband und später auch die Metall- und Holzarbeitergewerkschaft. Dass er diese Ämter jemals wirklich ausfüllte, ist alles andere als wahrscheinlich. Schon die schiere Menge an Aufgaben machte das unmöglich. Zudem legte Machno wenig Eifer an den Tag irgendetwas zu tun. Er war der Herr von Guljajpole, das reichte zunächst, um den eigenen Ehrgeiz abzukühlen. Monatelang sonnte sich Machno in seinem Ruhm und tat rein gar nichts, um das erschütternde Los der Bäuerinnen und Bauern oder der Arbeiter*innen zu lindern. Damit spielte er und unter seiner Führung die Anarchist*innen Guljajpoles, die Rolle der »Versöhnlerparteien« in den Sowjets der russischen Großstädte. Im Grunde war Machno am Ziel: Er war geachtet, ja gefürchtet. Entweder man verneigte sich vor ihm und dem größer werdenden Tross, der ihn umgab, oder man wechselte besser die Straßenseite. Machno war eine Art kleiner Autokrat

97 Vgl.: Schnell: S. 292.

geworden und hätte an seiner Art zu herrschen kaum etwas geändert, wäre nicht, an anderer Stelle, ein Ereignis aufgetreten, das ihn zum Handeln zwingen würde.

Entmachtung der Kulaken

In Petrograd, dem Herz der Revolution, traf am 16. April ein kleiner, glatzköpfiger Mann in einem schäbigen Anzug ein. Die Partei, die er vertrat, die »Bolschewiki«, war vergleichsweise klein und politisch hatte sie ihm in den letzten Wochen zu viele Fehler gemacht. Im Gepäck brachte Lenin daher ein Kampfprogramm mit, welches die Politik seiner Partei vom Kopf auf die Füße stellen würde.[98] Die Punkte, die er am Abend seiner Ankunft von einem Panzerwagen herab und tags darauf vor dem Petrograder Sowjet verkündete, schockten viele seiner Genoss*innen: Verteilung des Großgrundbesitzes an die landlosen Bäuerinnen und Bauern; Arbeiter*innenkontrolle in den Betrieben; sofortiger Friedensschluss; alle Macht den Arbeiter-, Bauern- und Soldatenräten. Bislang lief die Politik der Bolschewiki, durchgesetzt von Stalin und Kamenew, auf eine Unterstützung der Sowjetmehrheit aus den Versöhnlerparteien hinaus. Nun trommelte Lenin für eine Fortsetzung der Revolution. Kein Halt machen bei bürgerlichen Forderungen![99]

Unterstützt wurde er dabei von Leo Trotzki. Der gewaltige Redner mit dem unbändig gelockten Haarschopf, der bei seinen öffentlichen Auftritten zu einer weit ausschweifenden Gestik neigte, kam im Mai 1917 in Petrograd an. Er hatte während der Revolution von 1905 die »Theorie der permanenten Revolution« formuliert. Nach der würde es die Schwäche des russischen Bürgertums notwendig machen, dass die Arbeiter*innenklasse die Ziele der bürgerlichen Revolution – Landverteilung an arme Bäuerinnen und Bauern; Lösung der nationalen Frage; Durchsetzung demokratischer Rechte –

98 Vgl.: Klein, S. 61.
99 Vgl.: Ebd.

verwirklichen musste. Doch selbst um diese Maßnahmen zu sichern, würde die Weiterentwicklung hin zu einer sozialistischen Revolution Notwendigkeit werden.

Nicht wenige witterten daher in Lenins »Aprilthesen«, die dieser nur wenige Wochen vor Trotzkis Ankunft in Petrograd präsentiert hatte, eine Art Übertritt zum »Trotzkismus.« Und – wenn diese Formulierung auch bei weitem zu einfach war – Lenin und Trotzki begannen schon sehr bald eine enge Zusammenarbeit, die aus Sicht der Revolution enorm erfolgreich sein sollte, was nicht zuletzt auch Trotzkis Autorität aus der Revolution von 1905 geschuldet war, in der er dem Sowjet in der Hauptstadt vorgestanden hatte.

Schnell eroberten Lenins Aprilthesen gegen den Widerstand Stalins und anderer die Partei und ebenso rasant eroberten die Bolschewiki Mehrheiten innerhalb der Bäuerinnen und Bauern und Arbeiter*innen. Schon im Juni demonstrierten Zehntausende in Petrograd unter bolschewistischen Losungen und forderten die Sowjets, in denen noch immer Menschewiki und Rechte Sozialrevolutionäre die Mehrheit hielten, zur Übernahme der Macht auf. Lenin warnte vor diesem Schritt. Er käme zu früh, noch seien die Mehrheiten im ganzen Land längst nicht so eindeutig. Doch es gab kein Halten mehr.[100]

Die Warnungen waren berechtigt: Die Menschewiki und Rechten Sozialrevolutionäre weigerten sich den von den Demonstrationen angemahnten Schritt zu gehen. Stattdessen wurde vielerorts das Feuer auf die Demonstrant*innen eröffnet. Die provisorische Regierung nutzte diese Ereignisse, um die Bolschewiki zu verfolgen und in die Illegalität zu drängen.[101] Verleumdungen und wüste Anschuldigungen begleiteten die Verfolgungsmaßnahmen und Festnahmen. Die Bolschewiki hätten deutsches Geld genommen und seien Spione Wilhelms II.[102] Lenin musste nach Finnland fliehen und

100 Vgl.: Ebd.

101 Vgl.: Ebd.

102 Vgl.: Rabinowitch, Alexander: »Die Sowjetmacht. Die Revolution der

Trotzki wurde in die Peter-und-Pauls-Festung verschleppt. Und dennoch – trotz der Verfolgung im Juli und August 1917 - war der Stimmungsumschwung spürbar. Als der reaktionäre General Kornilow einen Putsch versuchte, organisierten die Bolschewiki, noch aus dem Untergrund, den Widerstand gegen diesen konterrevolutionären Angriff. Wer es mit der Sowjetmacht und der Revolution Ernst meinte, der sympathisierte mit den Bolschewiki.

Auch an Guljajpole gingen diese Stimmungen nicht vorbei. Die Bolschewiki blieben zwar eine Minderheit, doch ihre Forderungen wurden von mehr und mehr Menschen geteilt.

Auch Machno versuchte in dieser Zeit Boden gut zu machen. Ohne großartige vorherige Absprache verlangte er von den Mitgliedern seiner anarchistischen Gruppe Informationen über die Einberufung eines Bauernkongresses nach Jekaterinoslaw in Städte, Kleinstädte, Dörfer und kleine Bauernstellen zu verteilen. Kaum hatte ihr Anführer gesprochen, schwärmte eine Armee anarchistisch gesinnter Boten aus. Wer reiten konnte schnappte sich ein Pferd und galoppierte von Guljajpole aus los. Andere machten sich zu Fuß auf. Sie verlasen an den Zielorten den Aufruf zu dem Kongress und erklärten den Bäuerinnen und Bauern, dass sie nun Delegierte zu wählen hätten. Doch es gab keinerlei Informationen worum genau es ging. Niemand sollte sich vorbereiten, gar alternative oder weitergehende Anträge stellen können und so verriet man weder Thema noch Tagesordnung. Ein Vorgehen, das die Anarchist*innen des Nestor Machno schon bald zum Prinzip erhoben.

Als die Gerufenen endlich zusammengetreten waren, stampfte Machno in den voll besetzten Saal und verkündete effektvoll zwischen ungeduldig Wartenden sein Vorhaben. Der Großgrundbesitz an Boden solle enteignet werden, so Machno. Um dieses Vorhaben zu ermöglichen, sollten kurzerhand die Sowjets umgebildet werden.[103]

Bolschewiki«, Essen: Mehring-Verlag GmbH, 2002, S. 79.

103 Vgl.: Höller: S. 263.

Die gewählten Abgesandten der Dörfer und Kleinstädte waren einigermaßen ergriffen von diesem Schauspiel. Zwar mochte sich der eine oder andere die Frage stellen, weshalb die Landreform nun ausgerechnet eine anarchistische Idee sein sollte, hatten sich diese Idee doch bereits die Spatzen von den schilfbedeckten Dächern der Bauernkaten zugezwitschert und es war eher kurios, dass die Anarchist*innen, die seit ihrem Coup vom März nun einmal die Machtmittel in ihren Händen hielten, erst jetzt aktiv wurden, doch wenigstens schien nun endlich etwas zu passieren.[104]

Während die Bolschewiki unter Lenin und Trotzki immer wieder das Bündnis zwischen Arbeiter*innen und Bäuerinnen und Bauern beschworen und auch wirklich versuchten sie im Kampf gegen die alte Ordnung zu formieren, zeigte Machno sich als Anwalt der Bauernschaft. Wir werden noch sehen, dass er beileibe nicht alle Bäuerinnen und Bauern im Blick hatte und das die von ihm immer wieder forcierten Spaltungslinien System hatten. Vielleicht war er sich dessen zunächst noch nicht einmal selbst bewusst.

In den Tagen danach verlangten unsanft in Häuser von Großgrundbesitzern eindringende Abgesandte der Bauernsowjets eine Aufstellung der Ländereien, sowie der toten und lebendigen Besitzgüter der Großgrundbesitzer und schleppten diese Listen dann zu Machno persönlich. Der gab die ganze Sache nicht aus der Hand. Die Enteignungen und Landverteilungen sollten oberste Priorität besitzen und die lag bei ihm, ausschließlich bei ihm!

Wenige Tage nachdem Machno die Inventarlisten erhalten hatte, platzte er mit einer kleinen Schar Auserlesener in die herrschaftlichen Wohnhäuser der Großbauern der Umgebung. Machno, der sein martialisches Äußeres um ein weiteres Accessoire – eine dunkle Sonnenbrille, die er fortan fast zu jeder Tages- und Jahreszeit zu tragen pflegte – erweitert hatte,

104 Vgl.: Danyluk, Roman: »Freiheit und Gerechtigkeit. Die Geschichte der Ukraine aus libertärer Sicht«, Lich/Hessen: Verlag Edition AV, 2010, [nachfolgend: Danyluk], S. 94.

ließ sich auf die Eckbänke in den großen Küchen fallen, um fürstliche Bewirtung zu verlangen. Da machte es ihm dann auch wenig aus, dass es die Hausangestellten der Großgrundbesitzer waren, die ihn zu bekochen hatten. Derweil machten seine Mannen Jagd auf die Töchter der Landlords und vergewaltigten sie. Womit auch immer sie ihre Taten legitimierten, die Töchter wurden für die unerträgliche Herrschaft ihrer Väter über landlose und landarme Bäuerinnen und Bauern bestraft.

Machno kümmerten die Übergriffe seiner Soldateska so gut wie nicht. Er hatte Anderes – Besseres – zu tun. Ihn interessierten die gefederten Pferdewagen, die »Tatschankas.« Vorerst dienten sie ihm zu wilden Spazierfahrten durch die nähere Umgebung, später würden sie das Rückgrat seiner Armee werden. Wenn Machno gerade nicht Buch über die Vermögenswerte der Kulaken führte oder sich von deren Diener*innen beköstigen ließ, dann nahm auch er schon einmal teil an Vergewaltigungen von Kulakentöchtern.[105]

Derartige Heimsuchungen konnte man kaum mit der mehr als nur verständlichen Wut der Unterdrückten über die Jahre der Ausbeutung und Qualen entschuldigen. Selbst ein Revolutionär wie Leo Trotzki, der sich – angesprochen auf Übergriffe von Bäuerinnen und Bauern oder Rotarmisten auf die ehemaligen Herrschenden – stets vor die so häufig verteufelten Unterdrückten stellte, der sie verteidigte und die Anwendung von Gewalt als Erbe des kapitalistischen Irrsinns begriff, selbst dieser Revolutionär, versuchte so oft es nur ging das Leben auch der Feinde der Revolution zu retten. Als während der Erhebung vom Juli 1917 eine wütende Menge von Arbeiter*innen den Landwirtschaftsminister der provisorischen Regierung, Viktor Michailowitsch Tschernow, umringte und drohte ihn zu lynchen, legte Trotzki seine revolutionäre Autorität, seinen Bekanntheitsgrad und seine Beredsamkeit in die Waagschale, um Tschernow zu retten. Es sollte ihm gelingen

105 Vgl.: Ebd.: S. 27f.

und zum Dank würden eben diese Minister, eben dieser Regierung die Bolschewiki nur wenige Tage später unbarmherzig verfolgen.[106]

Weder Lenin, noch Trotzki zielten auf einen Kompromiss mit den Herrschenden ab. Sie erhofften sich durch derartige Gesten nicht deren Wohlwollen. Es ging ihnen darum zu zeigen, dass die Revolution nicht blutrünstig sei. Sie wollten Menschen für die Revolution gewinnen, sie nicht von ihr abstoßen. Wann welche Maßnahmen in der entsprechenden Härte angebracht waren, machten die Revolutionär*innen von der konkreten Situation abhängig.

Machno waren solche Erwägungen ganz gleich. Er hauste wie und wo er nur konnte, legte sich in den Küchen der Kulaken schlafen und verteilte tags darauf deren Reichtümer. Und er band damit die Bäuerinnen und Bauern an sich, die nach dem Besitz von Land strebten.

Und genau darin lag das eigentliche Problem: Lenin hatte einmal über Bäuerinnen und Bauern vielleicht etwas unsanft geäußert, mit *»dem Sieg der bürgerlich-demokratischen Revolution«*, sei *»endgültig ihr revolutionäres Wesen als Bauernschaft erschöpft.«*[107] Damit meinte er nicht jeden einzelnen von ihnen und er wusste auch sehr gut um die Unterdrückung auf dem Land, um das dramatische Schicksal armer Bäuerinnen und Bauern. Doch ihre ganze Lebensweise determinierte ihre Problemlösungsstrategien. Und diese waren mitunter simpel. Ging es dem Bauern schlecht, dann rief er nach Land. Und ja, die Monopolisierung dieses Besitzes in den Händen einiger weniger Großgrundbesitzer war die Voraussetzung für die ungeheure Armut und die materielle Grundlage der Unterdrückung auf dem Land. Aus diesem Grund verteidigten auch die Bolschewiki die Verteilung von Land an arme Bäuerinnen

106 Vgl.: Trotzki, Leo: »Geschichte der russischen Revolution«, S. 438ff.

107 Lenin, Wladimir: »Der Sieg der Kadetten und die Aufgaben der Arbeiterpartei«, in: »W. I. Lenin: Werke. Band 10«, Berlin: Dietz, 1970, S. 258.

und Bauern und legalisierten die »wilden« Landbesetzungen sobald sie an der Macht waren.

Doch während Bäuerinnen und Bauern damit stärker dazu neigen ihr im vorrevolutionären Russland nicht selten unerträgliches Schicksal individuell zu lösen, strebten Arbeiter*innen – aufgrund ihrer Stellung im Produktionsprozess – zu kollektiven Lösungsstrategien. Eben deshalb beanspruchten die Bolschewiki im Bündnis zwischen Arbeiter*innen einer- und Bäuerinnen und Bauern andererseits die Führung der Arbeiter*innenklasse.

Machno bereiteten derlei Überlegungen kaum Kopfzerbrechen, wenn er sich in den prall mit Essen gefüllten Küchen der Großbauern schlafen legte. Er hatte zu viel damit zu tun seine unsinnige Art der Expropriation durchzuziehen. Tagsüber zwangen er und seine Leute die Kulaken dazu ihren ganzen Besitz auf der Mitte ihres Hofes zusammenzutragen und dort auf große Haufen zu legen. Er selbst und seine Leute packten da und dort mit an. Dann riefen sie die Bäuerinnen und Bauern der Umgebung herbei und versammelten sie um den Haufen aufgetürmten Reichtums. Den Herbeigeeilten in ihren schäbigen alten Sachen gingen die Augen in den von der Sonne braun gebrannten Gesichtern über.

Doch wer nun hoffte, Machno und die Seinen würden auf einer Versammlung eine sinnvolle Entscheidung darüber treffen, wie man die Güter zu verteilen habe und wie das Land der Großgrundbesitzer aufzuteilen sei. Wer glaubte, sie würden die Bäuerinnen und Bauern zu Wort kommen lassen, damit sie gemeinsam entschieden, wie man mit den angehäuften Reichtümern verfahren könnte, der irrte. Nach einer kurzen, gebrüllten Rede, trat er beiseite und schaute zufrieden dabei zu, wie die Bäuerinnen und Bauern sich von dem Haufen nahmen, was sie tragen konnten. Klug war es sich einen Pferdewagen zu besorgen, denn diesen konnte man mit den Besitztümern des Kulaken befüllen, um dann das aus dem Stall geholte Pferd zum Vorwärtstraben zu animieren.

Machno degradierte die Bäuerinnen und Bauern damit von Neuem zu Objekten, diesmal zu Objekten seiner Belehrungen und Handlungen. Sie planten und beschlossen nicht mit, sondern bekamen serviert und das was man ihnen servierte, hatten sie gefälligst zu akzeptieren.

Waren die Bäuerinnen und Bauern mit dieser Art der Verteilung fertig, deren einzig vernehmbares Prinzip »wer zuerst kommt, mahlt zuerst« lautete, verließen sie schwer tragend den Hof des Kulaken. Der eine nahm die Egge mit, der andere das Pferd. Der nächste hatte zwei Schweine und schleppte sich an einem Pflug ab. Machno selbst stand nicht der Sinn nach schweren Diskussionen darüber wie diese Produktionsmittel fortan möglichst gewinnbringend für alle genutzt werden könnten.

Als Machno von Anna Saksaganskaja, einer Schriftstellerin, die sich bei ihm aufhielt, gefragt wurde, ob man sich so Anarchismus vorstellen müsste, zuckte dieser gelangweilt lächelnd die Schultern und entgegnete der verdutzten Frau: »*Was soll das schon für ein Anarchismus sein – es ist einfach ein Räuberismus.*«[108]

Machno schaltete die Großgrundbesitzer zunächst aus. Seine Art der Expropriation ersetzte diese durch zahlreiche kleine Kapitalisten, deren Bestreben in allen Fällen ein Mehr an Besitz und Ertrag und damit auch an Profit war. Der darin steckenden Gefahr war sich Machno anscheinend nicht bewusst.

Im Gegensatz zu den Bolschewiki. Diese wollten den Weg der Bäuerinnen und Bauern jedoch zunächst mitgehen wollten, um ihnen zu zeigen, dass sie an der Seite der unterdrückten Landbevölkerung standen und um die Macht der Großgrundbesitzer zu brechen. Ihre ursprüngliche Idee war daher die Verstaatlichung großer Güter und die Bewirtschaftung als Staatsgüter, als Sowchosen. Die durch die Enteignung entstandenen kleinen Bauernhöfe gedachten die Bolschewiki durch freiwillige Kollektivierung zusammenzufassen in großen Ge-

108 Zit. nach: Schnell: S. 296.

nossenschaften. Bürger*innenkrieg und stalinistische Konterrevolution verhinderten diese Vorhaben.

Den Bolschewiki ging es darum die Entwicklung des menschlichen Zusammenlebens voranzubringen, Machno hatte andere Pläne. Im Grunde schuf er sich eine Hausmacht in der Südukraine. Die Bauernfamilien, die Land und Besitz erhalten hatten, hielten fortan zu ihm – ganz egal was noch geschehen sollte. Dass Machnos Art der Expropriation – und nicht der Akt der Enteignung an sich – die landwirtschaftliche Produktivität gefährdete und damit die Versorgung der Bevölkerung - war unzweifelhaft, interessierte Machno aber nicht unbedingt. Er hatte auch keinerlei Schwierigkeiten sich zu versorgen. In den großen Vorratskellern der Kulaken lagerte genug Fleisch und Brot und Wurst und… Alkohol. Gerade dem begann Machno in erschreckender Weise zuzusprechen.

»Räuberismus« - einen besseren Begriff als Machnos eigene Wortschöpfung fällt es schwer zu finden. Und auch wenn man die Klassiker des »anarchistischen Kommunismus« neben die von Machno und den Seinen geschaffenen Realität legt, entsteht der Eindruck, dass Machnos Mission nicht der Suche nach dem herrschaftsfreien Zusammenleben entsprungen war.

Der anarchistische Vordenker Pjotr Kropotkin hatte in seinem Buch »Die Eroberung des Brotes« einst geschrieben: *»Die Expropriation soll sich auf alles das erstrecken, was jemanden – den Bankier, den Industriellen oder den Landwirt – in Stand setzen könnte, sich den Arbeitsertrag anderer anzueignen.«*[109] Die Bäuerinnen und Bauern, die vollgepackt die Höfe der Kulaken verließen, nannten plötzlich eine ganze Reihe von Gütern ihr eigen, die es ihnen nicht nur möglich, sondern es alsbald absolut nötig machen würden, sich *»fremde Arbeit anzueignen.«* Wie hätte ein Bauer – und dergleichen Fälle gab es - zwei Pflüge verwenden sollen.

109 Kropotkin, Peter: »Die Eroberung des Brotes«, Aschaffenburg: Alibri-Verlag, 2014 [nachfolgend: Kropotkin: »Die Eroberung«], S. 74.

Wer beim Verteilen besonders durchsetzungsfähig war, der nahm umso mehr mit nach Hause; wer zu zaghaft oder am falschen Ort war, der bekam eben umso weniger. Von gleicher Verteilung konnte kaum die Rede sein. In Revolutionszeiten kann das zunächst nicht wundern. Die von den Bolschewiki 1918 mit ins Leben gerufenen Komitees der Dorfarmut setzten im Herbst 1918 eine egalitärere Verteilung der Vermögenswerte ein, die man den Großgrundbesitzern 1917 abgenommen hatte.

Kropotkins Grundregel, dass man schnellst möglich alle Bereiche der Wirtschaft zu expropriieren habe[110], hatte für Machno keine Bedeutung. Die Übernahme der Industriebetriebe und Eisenbahnen und Eisenbahnstrecken spielte bei ihm noch eine ganze Weile keine Rolle. Die Arbeiter*innenklasse stand abseits der Bewegung und Machno machte keine Anstalten sie in diese Bewegung einzubeziehen.

Wenn man wollte, konnte man in Kropotkins Werken die Absicht zur Schaffung einer Welt von kapitalistischen Kleinproduzenten hineinlesen.[111] Es bleibt jedoch fraglich, inwieweit sich Machno überhaupt die Mühe gemacht hatte, Kropotkin, der angeblich sein großes Vorbild gewesen war, vertieft zu verstehen. Machno hatte anderes im Sinn. Seine Art der Expropriation sicherte ihm die Unterstützung derjenigen Bäuerinnen und Bauern, die davon mittelfristig profitierten. Machno schuf sich selbst die soziale Grundlage für die Machnowschtschina. Dass er dabei auch die kapitalistische Produktionsweise in Stein meißelte, schien ihn nicht weiter zu interessieren. Dass er Kleinbauernhöfe schuf, die den kapitalistischen Prinzipien von Konkurrenz und Verdrängung unterworfen waren, führte alsbald auch zum Aufstieg eines neuen Mittel- ja teilweise sogar Großbauerntums in der von den Machnowzy beherrschten Gebieten.

Den Bolschewiki war dieses Risiko bewusst, weshalb sie darauf abzielten zu kollektivieren. Das sollte die Konkurrenz

110 Vgl.: Ebd.

111 Vgl.: Ebd.: S. 68.

zwischen den Bauernhöfen als Triebfeder ausschalten und zur Ausbildung eines gemeinschaftlichen Bewusstseins innerhalb der Klasse der armen Bäuerinnen und Bauern führen. Machno hatte gänzlich andere Prämissen.

Raubfrieden

Die bürgerliche Geschichtsschreibung füllt ganze Seiten in den offiziellen Büchern des Geschichtsunterrichts mit den erschreckenden Bestimmungen des Versailler Vertrags. Der imperialistische Friedensvertrag, mit dem die Entente-Mächte 1919 – nach Ende des Ersten Weltkrieges - Deutschland nicht nur zum Zwecke der eigenen Bereicherung regelrecht ausplünderten, sondern zudem von der eigenen Mitverantwortung für den Ausbruch des Krieges ablenkten, hatte von deutscher Seite einen Ahnherrn: Den Friedensvertrag von Brest-Litowsk. In seiner Auswirkung war der Brester Frieden bei Weitem erschütternder als der Versailler Vertrag.[112] Dass er bis heute kaum im Fokus der Öffentlichkeit liegt, ist weniger seinen erschütternden Bestimmungen geschuldet als mehr der schlichten Tatsache, wen er traf. Mit dem Brester Frieden wurde die junge Sowjetrepublik, kurz nach der Eroberung der Macht durch die Bolschewiki im November 1917 Bedingungen unterworfen, die das Überleben des Arbeiter*innenstaates ernsthaft infrage stellten.

Im Oktober 1917 hatten die Bolschewiki die provisorische Regierung unter Kerenski gestürzt. Sie übertrugen die Macht auf die frei gewählten Sowjets; führten die Arbeiter*innenkontrolle in den Betrieben ein; verteilten Land an arme Bauern, mit dem Ziel landwirtschaftliche Kollektive ins Leben zu rufen; sie schafften alle diskriminierenden Gesetze gegen Jüdinnen und Juden und gegen Homosexuelle ab; Frauen erhielten Abtreibungsrecht; Ehescheidungen wurden erleich-

---

112 Vgl.: Ulrich, Volker (2018): »Schandfrieden«, https://www.zeit.de/2018/07/friedensvertrag-von-brest-litowsk-deutsches-reich-russland [Stand: 15.12.2018].

tert; antisemitische und nationalistische Organisationen wurden verboten. Die Bolschewiki riefen alle Arbeiter*innen und Unterdrückten weltweit auf, diesem Beispiel zu folgen.

Doch statt des sozialistischen Aufbaus, mussten sich die Bolschewiki immer wieder der Rettung der Revolution widmen: Konterrevolutionäre Gruppen und Aufstände machten ihnen ebenso zu schaffen; wie die allgemeine Not. Noch immer tobte der Krieg gegen das deutsche Kaiserreich, den die Bolschewiki vom Zaren und der Regierung Kerenski ererbt hatten.

Lenin war dafür ihn zu beenden, um eine Atempause für den jungen Arbeiter*innenstaat zu erwirken. Die »linken Kommunisten« innerhalb der Bolschewiki und die »Linken Sozialrevolutionäre«, die gemeinsam mit den Bolschewiki in der ersten Sowjetregierung eine Koalition gebildet hatten, waren für einen »revolutionären Volkskrieg.« Leo Trotzki, der Chefunterhändler Sowjetrusslands bei den Verhandlungen wollte vor allem Zeit gewinnen. Die Hoffnung der Bolschewiki bestand darin, dass die deutschen und französischen Arbeiter*innen ebenfalls rebellieren würden und dann wären auch die Verhandlungen sofort vom Tisch.

Als die Bestimmungen des Brester Friedens feststanden, entschlossen sich die Bolschewiki gar nach langer Debatte, den Vertrag nicht zu unterschreiben, die Kampfhandlungen einseitig für beendet zu erklären und nach Hause zu gehen. Doch die deutsche Militärmaschinerie marschierte unaufhörlich weiter. Schließlich war man gezwungen einen Frieden mit weitaus schlimmeren Bedingungen anzunehmen als den, den die deutschen Imperialisten zunächst auf den Tisch gelegt hatten.

Die Bestimmungen des Vertrages brachten das Land an den Rand des Untergangs. »*Von den ersten Monaten seines Bestehens an war Sowjetrussland der Kohle, des Naphtas, der Metalle und der Baumwolle beraubt.*«[113] Russland verlor gut ein

113 Trotzki, Leo: »Terrorismus und Kommunismus. Anti-Kautsky«, Berlin: Dietz Verlag GmbH i. G., 1990, S. 118.

Viertel seines Territoriums, auf dem nicht weniger als 50 Millionen Menschen lebten. Gerade der vergleichsweise gut industrialisierte Westen Russlands ging an das Deutsche Reich, Österreich-Ungarn und rohstoffreiche Regionen im Süden an das Osmanische Reich verloren.

Für Trotzki wurde noch während der Verhandlungen in Brest-Litowsk sehr schnell eine Frage zu einem wahrhaften Alptraum: Eines der grundlegenden programmatischen Prinzipien der Bolschewiki war das Selbstbestimmungsrecht der Nationen. Nur 47 Prozent der Einwohner*innen des zaristischen Russlands waren Russ*innen. Der Rest gehört anderen Ethnien an. Die Ukrainier*innen waren jahrhundertelang durch den russischen Zarismus unterdrückt worden. Der Wunsch nach Unabhängigkeit war enorm und eine revolutionäre Organisation wie die Bolschewiki musste ihn ernst nehmen, was sie auch taten. Als die Zentralrada, das ukrainische Parlament, nach Wahlen, bei denen die nehmen Bolschewiki immerhin 25 Prozent der Stimmen erhielten, die Unabhängigkeit erklärten, akzeptierten dies die Bolschewiki zunächst.

Die Zentralrada honorierte dieses Verhalten damit, dass sie Anfang Februar 1918 einen Separatfrieden mit Österreich-Ungarn und dem Deutschen Kaiserreich unterschrieb und zuließ, dass deutsche und österreichische Truppen weite Teile der Ukraine besetzten.

Bis heute behaupten anarchistische Anhänger*innen der Machnowschtschina dies sei ein Ergebnis der Unterschrift des Brester Friedens und damit die Schuld der Bolschewiki, gewesen. Damit verkennen sie nicht nur die historischen Fakten, sondern auch die Lage in der sich die Bolschewiki befanden.

Machno und Lenin

Die deutschen und österreichischen Bajonette trugen die Reaktion in die Ukraine. Die von Leo Trotzki eilig zusammen gezimmerte Rote Armee wich vor der Übermacht der anrollenden Militärmaschinerie und in der Sorge ansonsten den bitteren Frieden zu riskieren zurück. Die frisch zur Macht gelangten und in vielen Landesteilen durch die Zentralrada ohnehin unterdrückten Sowjets waren vollends entblößt. All die vielen, angeblich anarchistischen Errungenschaften, sie existierten in weiten Landesteilen nur, weil die Rote Armee die Reaktion in Schach hielt. Nun war die Rote Armee nicht mehr da und die Truppen der Kaiser aus Berlin und Wien begannen zu hausen.

Die Kulaken sprachen bei den Besatzungsmächten vor. Man habe sie bestohlen und beraubt, man möge ihnen helfen ihr Eigentum zurückzubekommen. Abordnungen schwer bewaffneter Soldaten brachen Türen zu ärmlichen Bauernhütten auf, schleiften die Einwohner*innen über die schlammigen Straßen zu ihren Scheunen und verlangten die Herausgabe all dessen, was sie nur wenige Monate zuvor den Kulaken genommen hatten. Und so manche Truppe steckte sich noch weit mehr ein. Die Bäuerinnen und Bauern waren eingeschüchtert. Viele gaben einfach freiwillig alles zurück, in der Hoffnung auf diese Weise von der Heimsuchung verschont zu bleiben.

Da und dort leisteten – meistens anarchistische – Splittergruppen bewaffneten Widerstand gegen die Besatzer und ihr brutales Vorgehen. Auch Nestor Machno beteiligte sich zunächst an Überfällen auf Gutsbesitzer, denen das expropriierte Eigentum, von kaiserlichen Soldaten zurückgegebenen worden war. Nicht selten ließen diese Überfallkommandos die Kulaken leblos in ihren Anwesen zurück.

Die Besatzungsmächte rächten diese Strafexpeditionen blutig, indem sie sich an Dorfbewohner*innen ausließen. Der von den Besatzungsmächten eingesetzte Hetman Skoropadsky saß als ukrainischer Diktator von Gnaden der deutschen Gewehre fest im Sattel. So fest, dass nun auch Machno das Weite suchte und die Ukraine im Sommer Richtung Moskau verließ.

Als er dort ankam war der Kampf zwischen anarchistischen Gruppierungen und den Bolschewiki gerade auf einem Höhepunkt angelangt. Während des Revolutionsjahres 1917 und auch späterhin hatten sich zahlreiche Anarchist*innen den Bolschewiki angeschlossen. Damit schlugen sie den Weg vieler überzeugter Revolutionär*innen ein.

Doch längst nicht alle Anarchist*innen stimmten dem Programm der Bolschewiki zu. Verschiedene Strömungen innerhalb des Anarchismus warfen ausgerechnet den Revolutionär*innen um Lenin vor, die Revolution verraten zu haben. Zahlreiche Anschläge auf bolschewistische Revolutionär*innen vergifteten das Klima. Die Tscheka nahm Anarchist*innen in Gewahrsam. Meistens wurden sie schnell wieder auf freien Fuß gesetzt.[114] In diesen Sommertagen fand sich Machno in seinem unverwechselbaren Aufzug, unter seinem Mantel schwitzend, vor den Mauern des Kreml ein. Erbaut als angsteinflößende Zitadelle, die an sonnigen Tagen ihre gespenstischen Schatten auf die Moskwa fallen ließ; über 200 Jahre von den Zaren des wachsenden Reiches als Regierungssitz verwendet; sollten die tiefroten Wände jeden Besucher einschüchtern; jeder Feind an den spitz in den russischen Himmel ragenden Türmen gebrochen werden. Swerdlow hatte Machno eingeladen. Lenin wollte ihn sehen und mit ihm über die Situation in der Ukraine sprechen.[115] Das war alles andere als unüblich. Vor Stalin war der Kreml nicht abgeriegelt. Lenin empfing beinahe täglich Arbeiter*innen, Bäuerinnen und Bauern und Genoss*innen seiner Partei.[116]

Swerdlow und Machno gingen zusammen über den Innenhof des Kreml, an der Kanone vorbei, die einst den Truppen Napoleons abgenommen worden war. Jeder Staatsmann, der nach der dramatischen Niederlage des französischen Kaisers den Kreml besucht hatte, musste sich diese Kanone ansehen. Die Botschaft war klar, wir Russen schaffen alles, jeden Gegner. Die Bolschewiki verzichteten auf solch nationalistischen

114 Vgl.: Initiative Sozialistischer Internationalisten [Hrsg.]: »Kronstadt und Machno-Bewegung«, Köln: ohne Angaben zu Jahr, und Verlag, [nachfolgend: »Kronstadt und Machno-Bewegung«], S. 13ff.

115 Vgl.: Cinnella: S. 319.

116 Vgl.: Ebd.

Pomp. Seit die revolutionäre Regierung, der Rat der Volkskommissare, in den Kreml eingezogen war, um sich dem drohenden Zugriff der Weißen in Petrograd zu entziehen, war die Kanone zu einem Klumpen Metall auf Holzrädern verkommen. Swerdlow führte Machno in Lenins Arbeitszimmer.

Seit ein paar Monaten lebte und arbeitete ein großer Teil der Volkskommissare hier. Doch der allgemeine Mangel machte auch vor der ehemaligen Zarenfeste keinen Halt. Es fehlte an allem: An Heizmaterial, Essen und Medizin. Und auch unter den Kremlbewohner*innen grassierten Hunger und in dessen Folge Mangelerkrankungen.

Den Verlauf des Gesprächs zwischen Lenin und Machno kennen wir ausschließlich aus den Überlieferungen des letztgenannten. Scheinbar war das Aufeinandertreffen für ihn derart beeindruckend, dass er die Diskussion festhielt. Seither wurde das Gespräch immer wieder interpretiert und diskutiert. Zumeist geschieht dies aus anarchistischer Sicht, was nicht zuletzt der dürftigen Quellenlage geschuldet ist.[117]

Liest man die von Machnos wörtlich zitierten Stellen, besticht jedoch eher die zurückhaltende Art Lenins und Machnos offensives, fast aggressives Auftreten. Dabei verriet Machno eher ungewollt, dass ihm ein wirklich tiefes Verständnis der revolutionären Vorgänge in Russland und der Ukraine fehlte.

Die Frage Lenins, ob die sich befreienden Unterdrückten in der Ukraine die Losung »alle Macht den Räten« teilen wür-

117 Für den Verlauf des Gesprächs zwischen Lenin und Machno gibt es lediglich eine überlieferte Aufzeichnung. Diese stammt von Nestor Machno selbst und wurde in seiner Autobiografie niedergeschrieben. Inwieweit er dieses Gespräch lediglich aus dem Gedächtnis wiedergibt oder sich auf Mitschriften stützt ist nicht bekannt. Die folgenden Zitate werden wiedergegeben nach: Kröger, Dieter und Kröger-Voss, Antje: «Ukraine zwischen Zusammenleben ohne Herrschaft und Staatschismus«, in: http://www.scharf-links.de/44.0.html?&tx_ttnews[swords]=Beer&tx_ttnews[cat]=25&tx_ttnews[tt_news]=43115&cHash=e60508e624 [Stand: 10.06.2022]. Die dort vorgenommene Bewertung des Gesprächs unterscheidet sich von der hier zu lesenden.

den, bejahte Machno. Doch nur, um dies gleich zu relativieren. Die Massen stünden zu den Sowjets, doch eher als einem koordinierenden Organ. Die Macht ginge direkt vom Volke aus. Was im Umkehrschluss bedeutete, gerade dort, wo Sowjets regierten, wo sie nicht lediglich koordinierenden Charakter trugen, wo sie Diskussionen und Debatten organisierten, wo sie wirkliche Machtorgane der Arbeiter*innen und armen Bäuerinnen und Bauern waren, dort würden die Massen nicht direkt herrschen. Dass Machno damit auch gegen die Auffassung großer Teile der Anarchist*innen argumentierte, insbesondere jener, die sich den Bolschewiki im Laufe des revolutionären Prozesses seit 1917 angeschlossen hatten, übersah er scheinbar einstweilen. Und dass Lenin die Sowjets, die Räte, gegen die Geringschätzung durch Machno verteidigte, übersehen jene, die noch heute das Gespräch zwischen Machno und Lenin als Ausdruck der politischen Überlegenheit Machnos begreifen wollen.

Lenin erklärte selbst nach Machnos Einlassungen zur Bedeutung der Sowjets, ihm bereite die anarchistische Ausrichtung von Teilen der ukrainischen Massen »Vergnügen« und sie werde ein Schritt sein hin zum *»Sieg des Kommunismus über die Macht des Kapitalismus.«*

Liest man Machnos aus dem Gedächtnis aufgezeichnetes Protokoll der Diskussion mit einem der führenden Köpfe der Bolschewiki mit Mühe um Unvoreingenommenheit, fällt vor allem Lenins Zurückhaltung auf. Die Anarchist*innen lobte er als *»zu jedem Opfer bereit«*, als *»selbstlos«*; doch auch als *»blind und fanatisch.«* Die Anschläge anarchistischer Terrorist*innen auf Vertreter*innen der Bolschewiki und des Sowjetstaates mochten in den letzten Worten stecken, wenn sie wirklich so gefallen sein sollten wie es uns Machno glauben machen will.

Machno rechnete unterdessen die Heldenhaftigkeit und Aufopferung der Anarchist*innen vor. Damit rannte er bei Lenin offene Türen ein. Lenins Kritik an Teilen der anarchistischen Bewegung bezog sich nicht auf deren Mut, sondern ihre theoretische Schwäche, die einige Strömungen des Anarchismus auf die Seite der Konterrevolution hatte übergehen lassen. Machno lobte Lenin hingegen als *»realistischen Mann, den die gegenwärtigen Probleme beschäftigen.«* Ein großer Teil der Anarchist*innen verstünden hingegen die Gegenwart nicht, so soll Lenin sich wenigstens laut Machno ausgedrückt haben. Sollte dies der Wahrheit entsprechen, hätte sich Lenin nicht falsch ausgedrückt. Den revolutionären Ereignissen in Russland standen viele Anarchist*innen mit Unverständnis gegenüber, forderten halbherzige Reformen, wo längst der Untergang des Kapitalismus und die Erschaffung einer sozialistischen Gesellschaft auf Tagesordnung stand. Selbst ein anarchistischer Vordenker wie Kropotkin hatte diese Perspektive noch im Spätsommer 1917 – wenige Wochen vor der Eroberung der Macht durch die Sowjets – ausgeschlossen.

Dass Lenin Machno in diesem Gespräch immer wieder Angebote zur Zusammenarbeit über alle Differenzen hinweg machte, half nicht viel. Machno erregte Lenins Kritik an bestimmten anarchistischen Strömungen.

Machno beharrte auf dem angeblich geringen Einfluss der Bolschewiki in den ukrainischen Dörfern. Die Anarchokommunist*innen lebten in der Gegenwart, hätten sie *»durchdrungen«*, Lenin hingegen sei nicht im Bilde. Glaubt man Machnos Darstellungen, hätte Lenin selbst auf diesen Angriff eher zurückhaltend reagiert und selbst die Möglichkeit sich zu irren eingeräumt.

Der Eindruck, den Machnos Aufzeichnungen wahrscheinlich ungewollt machen sind nicht die eines herrschsüchtigen Lenins. Einer der führenden Köpfe der Bolschewiki traf sich ohne jede Bewachung mit einem der führenden Anarchisten und das obwohl es in jener Zeit immer wieder zu Anschlägen durch Anarchist*innen auf Bolschewiki kam. Und obendrein war Lenin die gesamte Zeit des Gesprächs hindurch bemüht einen Kompromiss zu finden, die Debatte nicht eskalieren zu lassen. Er räumte die Möglichkeit eigener Fehler und eigener Irrtümer ein. Bei Machno findet man dergleichen nicht.

Guerilla

Der viereckige Ausschnitt der Landschaft, den Machno von seinem harten, hölzernen Sitzplatz aus zu Gesicht bekam, änderte sich von Sekunde zu Sekunde. Dörfer; Felder; alleinstehende Hütten, häufig ärmlich und halb verfallen; Flüsse; Seen und Brücken flogen an ihm vorbei. Manchmal sah er bis zum Horizont kein Haus und manchmal versperrte eine Stadt den Blick auf den Strich, an dem Himmel und Erde ineinander verliefen. Machno brannte auf die Ukraine. Er wollte sich von nichts aufhalten lassen. Wenn die Züge stehenbleiben mussten, weil es an Kohle fehlte oder weil irgendeine weiße Armee die Strecke unterbrochen hatte oder, weil über genau diese Strecke rote Truppen an eine der plötzlich neu entstehenden Fronten zu transportieren waren, dann ging es eben zu Fuß weiter.

Machnos Reise in die Ukraine fiel mitten in den anlaufenden Bürger*innenkrieg. Zaristische Generäle, unterstützt von den Mittelmächten oder der Entente, kleisterten aus allem, was sie finden konnten, konterrevolutionäre Einheiten zusammen. Man fand in diesen wilden Haufen alles, was das revolutionsfeindliche Lager aufzubieten hatte: Wohlerzogene ehemalige Kadetten, die den Zar zurück haben wollten und sich dennoch eine liberale Verfassung wünschten. Rechte Sozialrevolutionäre, die die Bolschewiki hassten; antisemitische Verschwörungstheoretiker; rassistische Desperados; altgediente Soldaten und Offiziere der zaristischen Armee; Abenteurer, auf der Suche nach gutem Stoff für einen abendfüllenden Roman… Die weißen Generäle verschoben damals ihre Truppen entlang der Haupteisenbahnlinien des Landes. Das ging schnell und ließ den innerrussischen Verkehr und damit auch die Versorgung der Städte mit Rohstoffen und Lebensmitteln zusammenbrechen. Die Bolschewiki reagierten darauf mit der Entsendung von Panzerzügen, die die Strecken wieder freikämpften. Die Zeit der Eisenbahnkriege, wie diese Phase des Bürger*innenkriegs in Russland genannt wurde, war für die revolutionären Truppen enorm erfolgreich. Nicht zuletzt deshalb verlegten sich die weißen Truppen bald auf gänzlich andere Strategien.

Machno schaffte es nach vielen erzwungenen Umwegen bis über die Grenze in die Ukraine. Dort wurde er jedoch bald schon festgenommen. Dass er wieder in Freiheit kam, verdankte er – wie er später nicht müde wurde zu berichten – einem alten jüdischen Unternehmer, der Machno kannte und ihn aus der Haft befreite, indem er Kaution für ihn hinterlegte. Diese Erzählung machte sich später ganz gut, als der Machnowschtschina ihr Verhältnis zu Jüdinnen und Juden immer wieder vorgeworfen wurde.

Die politische Situation in der Ukraine hatte sich wenig verändert. Der Terror der deutschen und österreichisch-ungarischen Besatzungstruppen war erdrückend. Doch die Herrschaft des von ihnen eingesetzten Hetman Skoropadsky wackelte wie ein Kartenhaus. Inzwischen war es September 1918, die Truppen der Mittelmächte murrten überall. An der deutschen Westfront genauso wie in der Ukraine. Der Entschluss der deutschen Herrschenden nach dem Friedensschluss von Brest-Litowsk die Truppen nicht etwa aus dem Osten zurückzuziehen und nach Frankreich zu verlegen, sondern sie weiter marschieren zu lassen, noch mehr zu erobern, drohte nun der kaiserlichen Kriegsführung das Genick zu brechen. Österreich-Ungarn stand kurz vor dem Zusammenbruch. Die unterdrückten Nationen begehrten auf. Man brauchte kein großer Stratege zu sein, nein, es reicht ein kurzer Blick auf die Karte, um zu begreifen, dass die deutschen Herrschenden am Ende waren.

Machno reagierte darauf, wie er es vor seiner Haft gelernt hatte: Er scharrte ein paar Gleichgesinnte um sich und heizte ihnen mit aufpeitschenden Reden ein. Die Beschaffung von Waffen war kein Problem mehr. Statt zu organisieren und die Zeit nach dem unweigerlichen Zusammenbruch der Besatzung vorzubereiten, kehrte Machno zur »Propaganda der Tat« zurück. Ein paar Wenige, zweifellos mutige, sich auserwählt fühlende Anarchist*innen hockten in Kellern in Guljajpole und statt im Untergrund Verbindungen aufzubauen, redeten sie sich die Köpfe darüber heiß, wen es zu bestrafen galt. Individueller Terror einiger Hartgesottener gegen eine gut ausgerüstete Besatzungsmacht. Im Grunde war diese Strategie zum Scheitern verurteilt. Doch nicht damals, nicht in dieser speziellen Situation. Machno wusste das. Er hatte es im Gefühl. Wer jetzt auf sich aufmerksam machte, der würde es nach dem Ende der Besatzung weitaus leichter haben sich Gehör zu verschaffen. Wer hoch hinaus wollte, der musste jetzt die ersten Sprossen der Leiter zimmern.

Machno zog mit einer Handvoll Gefolgsleuten in die Wälder ringsum Guljajpole. Ihr Ziel war es den kaiserlichen Soldaten das Leben schwer zu machen. Und sie taten viel dafür, um dieses Ziel zu erreichen. Sie überfielen nachts die Höfe der Großgrundbesitzer, die ihren Besitz durch die Herrschaft des Hetman Skoropadsky zurückerhalten hatten. Sie stürmten deren Anwesen, schnitten den Kulaken die Kehlen durch oder schlugen sie zu Krüppeln. Der gnadenlosen Gewalt der Herrschenden setzten sie nicht die kollektive Aktion der unterdrückten Klassen, sondern ihre eigene Brutalität entgegen.

Wo immer sie auftauchten, zitterten die Großgrundbesitzer. Sie waren wie Phantome; wie ein Alptraum, den man nicht los wurde. Die reichen Bauern beschwerten sich bei den Institutionen des Hetman Skoropadsky, wie die Reichen in Guljajpole sich einst bei der zaristischen Polizei beschwert hatten. Skoropadskys Gefolgsleute gaben die Klagen an jene weiter, die als einzige hätten etwas tun können: An die Besatzungsmächte. Es ist auch keineswegs so, als hätten die nicht versucht Machnos zahlenmäßig zu vernachlässigende Truppe zu stellen und zu vernichten. Doch es war so gut wie unmöglich. Wann immer die Besatzungstruppen zu einem Gut gerufen wurden, waren die Machnowzy bereits über alle Berge und das Anwesen geplündert, der Besitzer tot oder schwer verletzt.

Machno und seine Leute kannten sich in der Umgebung wesentlich besser aus als jede deutsche oder österreichische

Einheit. Sie verfügten über ausgeruhte und gut genährte Pferde und galoppierten stundenlang über die weiten Ebenen; versteckten sich in Wäldern, die langsam in den Herbst eintauchten. War ein Pferd erschöpft, wurde es beim nächsten Überfall durch ein anderes ersetzt. Wundersame Dinge erzählte man über Machno: Er schlafe praktisch nie. Er verkleide sich als deutscher Soldat, um sich in eine Einheit einzuschmuggeln und bei erstbester Gelegenheit jeden Soldaten um ihn herum zu erschießen. Eine List, die kaum umsetzbar ist, hätten ihn doch die anderen Soldaten schnell als zu ihrer Einheit nicht zugehörig ausgemacht. Andere Geschichten malten Machno als Schauspieler aus, der sich als Händler ausgebe und österreichisch-ungarischen Truppen Gebrauchsgüter auf dem Markt verkaufe, um so Geld für Waffen zu beschaffen. Je nach Legende warf Machno dann auch schon mal seinen Umhang ab und ballerte mit seinen Revolvern wild um sich bis keiner der Besatzungssoldaten mehr am Leben sei.[118]

Weder die Besatzungsmächte noch – selbstverständlich – Machno selbst glaubten diese phantastischen Märchen. Aber sie zeigten viel: Machno hatte sich einen Nimbus erworben, der seinesgleichen suchte. Die sich gegenseitig in Ausgefallenheit und Einfallsreichtum überbietenden Erzählungen machten es den Besatzungsmächten zusätzlich schwer Machno aufzustöbern. Um herausfinden zu können, wo sich Machno aufhielt oder wo er als nächstes zuschlagen würde, hätte man hinter den Mythos sehen müssen, doch das wurde zusehends schwieriger. Zudem beschworen auch die eigenen Truppen Machnos vollkommene Unbesiegbarkeit. Die in Feldgrau gesteckten deutschen Arbeiter hatten kein Interesse daran, in den letzten Kriegswochen noch den Heldentod auf einem weit von ihrer Heimat entfernten Schlachtfeld zu sterben. Und so flohen sie häufig schon beim Herannahen der Machnowzy. Zur Rede gestellt erklärten sie, dass Machnos Truppen zu stark und er nicht zu schlagen sei. Machno hingegen befehlig-

118 Vgl.: Arschinow: S. 59f.

te zu dieser Zeit einen Trupp von gut dreißig Mann. Dennoch ergingen immer wieder Befehle an die kämpfende Truppe Machno zu fangen.[119]

Irgendwann, Ende September 1918, die Tage wurden schon spürbar kürzer und die Nächte neigten zu empfindlich niedrigen Temperaturen, tappten die Machnowzy in die Falle. Nach einem ihrer Beutezüge, versteckten sie sich in einem Wäldchen. Abgeschnitten von jedem Ausweg, mit einem Maschinengewehr und einigen Flinten nur denkbar leicht bewaffnet, hielten die Anarchisten im dämmrigen Licht des ausgehenden Tages, der in dem dichten Wäldchen noch eher zu enden schien, Ratschlag. Den Männern drohten die Nerven durchzugehen.

Nun spielte Machno wieder die Rolle, die er dereinst erlernt hatte und die ihm längst in Fleisch und Blut übergegangen war: Er beschwor mit pseudo-revolutionärem Pathos; er drohte mit Strafen und mit den vermeintlichen Folgen einer Niederlage; er brüllte und tobte und er schmeichelte und belustigte. Als sich die Sterne über dem Wald bei Groß-Michailowka zeigten, hatte er die Lage wieder fest im Griff.[120]

Die gut gerüsteten feindlichen Truppen ihrerseits rührten keinen Finger. Eine Einheit der unmittelbar im Zerfall begriffenen österreichisch-ungarischen Armee und eine Miliz der Gutsbesitzer hatten den Kessel um die Machnowzy gezogen. Die einen wollten nicht kämpfen, weil der Staat, der Kaiser und mit ihnen die Armee, deren Uniform sie trugen, begannen sich in Luft aufzulösen wie Wasser, dass zu stark erhitzt worden war. Und die anderen, genossen es zwar bei den Kulaken in Lohn und Brot zu stehen. Beides würde einem aber im Falle des eigenen Ablebens nicht mehr ausgehändigt. So blieb auch deren Motivation vergleichsweise gering.

Als Machno und die Seinen sich in dieser Nacht schlafen legten, dürften sie darauf gehofft haben von jenen Truppen geringer Moral nicht weiter behelligt zu werden.

119 Vgl.: Schnell: S. 298.
120 Vgl.: Arschinow: S. 62.

Kaum, dass die Sonne wieder über die weiten ukrainischen Landstriche schien, befahl Machno den Angriff auf Groß-Michailowka. Machno dürfte klar gewesen sein, dass eine Truppe, die die Chance zum Angriff verstreichen ließ, nicht kämpfen wollte, sondern hoffte, der Hunger möge ihr Werk tun. Und wenn ihre Moral derart verfallen war, dann musste eine Attacke auch Erfolg haben.[121]

Schwer bepackt mit Waffen, Munition, alles Nötigem zum Biwakieren und den Resten des Proviants marschierte das kleine Häuflein anarchistischer Krieger zur Straße, die in die Stadt führte. Für Guerilleros ein imposantes Verhalten, sind Partisanen doch eigentlich darum besorgt aus dem Nichts heraus anzugreifen. Gerade dann, wenn sie zahlenmäßig unterlegen sind meiden sie jedes Verhalten, das Aufmerksamkeit erregen könnte. Doch Machno war, wohl im Unterschied zu seinen Leuten, siegesgewiss.

Die Gewehre vor dem Bauch her tragend und die sich zu prallen Bällen formenden Rucksäcke auf dem Rücken, lief die Gruppe reichlich unvorsichtig den Feldweg, der sich etwas übertrieben Straße nannte, entlang, als plötzlich eine Gruppe Frauen vor ihnen stand. Ihr Ruf eilte den Machnowzy voraus. Die Frauen wussten sofort, wer da vor ihnen stand. Sie warnten die Männer einträglich weiterzumarschieren. Weinend beschworen die Frauen Machno, er laufe direkt in sein Verderben.[122]

Die Männer schauten voller Furcht zu ihrem Anführer, der einmal mehr in militärischen Kategorien dachte: Wo im Ort sich denn der Feind genau befinde; wie stark er sei; ob sie ihm dessen Bewaffnung ungefähr beschreiben könnten. Die klagenden Frauen erzählten ihm, was sie wussten. Die Soldaten hätten sich auf dem Marktplatz und ringsum diesen herum versammelt. Ihre Gewehre stünden zu Pyramiden aneinander gestellt über den Platz verteilt, wenig beachtet herum. Barrikaden, Stacheldrahtverhaue, spanische Reiter, Sandsäcke – all das suchte man umsonst.

121 Vgl.: Ebd.

122 Vgl.: Ebd.

Machno verfügte über keinerlei militärische Vorbildung. Doch eines war ihm klar, denn dazu brauchte man nur eine ungefähre Kenntnis der menschlichen Psyche, diese Truppe, die ihm da beschrieben wurde, war mitnichten auf einen Angriff vorbereitet und sie würde keinen Widerstand leisten. Sie hatte sich nicht verschanzt, sich nicht eingegraben, sie war unvorbereitet, kampfunwillig – sie war fertig!

Doch Machno wusste auch, dass seine Leute der Mut verlassen hatte. Die Schilderungen der zahlenmäßigen Überlegenheit und der guten Ausrüstung hatten sie verängstigt. Und schon war Machno wieder in seinem Element: Er feuerte seinen kleinen Rebellenhaufen von Neuem an. Man müsse nur entschlossen sein. Man müsse den Sieg wollen, dann würde er einem zufallen. Sein zur Schau gestellter Voluntarismus war berechnend: Würde er heute siegen, würde er endgültig der unumstrittene Herr über seine Anhänger*innen sein. Und diese Schlacht würde Ausstrahlung haben weit über die kleinen Gruppe hinaus. Wenn nicht, würden sie alle sterben.

Einer der engsten Vertrauten Machnos, Stschussi, emotional ergriffen von Machnos Worten, trat vor und begann eine Lobeshymne auf Machno. Mit Worten, die so auch in einem nordkoreanischen Geschichtsbuch über Kim Il-sung zu finden sein dürften, hob er Machno zum heiligen Wesen empor: »*Von nun ab sei Du der Batiko [der Führer – S.H.] über uns alle; wir schwören, wir wollen zusammen mit Dir in den Reihen der Aufständischen sterben.*«[123] Der Batiko betrachtete stolz die Szenerie, doch noch hatte Stschussi seine Mission nicht erfüllt. Er schwor jeden der Kämpfer auf den Batiko ein. Er sei der einzige, der alle Aufständischen in der Ukraine führen dürfte. Nur ihn würde man an der Spitze der Bewegung akzeptieren und nur mit ihm würde man siegen oder sterben. Auseinandergehen würde man nie.

Nach dem Ende dieses mehr als eigenartigen Geschehens zog die Prozession mit ihrem Batiko voran dem Feind ent-

123 Zit. nach: Ebd.: S. 63.

gegen. Anarchisten mit einem »Führer« - konnte es etwas Groteskeres geben? Keine Wahl, keine Abwahl, kein Rat, kein Gremium – doch ein Führer.[124]

Wie hatten sie immer die Bolschewiki gescholten, wenn diese über Führung gesprochen hatten. Wenn sie erklärt hatten wie wichtig Führung im Klassenkampf sei. Und dass eine Führung jederzeit wähl- und abwählbar sein müsse. Wie hatten die Anarchist*innen gefaucht, wenn die Bolschewiki dargestellt hatten, dass Führung von den arbeitenden Massen ja nicht kritikloses Hinterhertraben verlange, sondern dass es viel mehr darum gehe Anstöße zu geben, Vorschläge zu machen. Nicht einmal zur Kenntnis hatte man nehmen wollen, dass die Bolschewiki sehr wohl auf die Risiken von Führung aufmerksam gemacht hatten und daher stets verlangten, dass eine Führung die Aufgabe habe sich ersetzbar zu machen. Und dass es in der befreiten Gesellschaft so etwas wie Führung nicht mehr geben würde, weil sie dann nicht mehr nötig sei.

Und nachdem man über Jahre hinweg den Bolschewiki vorgeworfen hatte, sie verlangten blinden, dumpfen Gehorsam, schufen sich die Machnowzy nun einen Batiko, einen Führer – das war prinzipienlos und – gemessen an den Notwendigkeiten einer Revolution – auch falsch. Man mag in Notsituationen zeitweise von Grundsätzen wie jederzeitiger Wähl- und Abwählbarkeit abweichen müssen, aber niemals von der Idee der sozialen und politischen Gleichheit aller Kämpfenden. Und spätestens ab diesem Tag verzichteten die Machnowzy auf dieses Prinzip. Wir werden noch sehen, welche erschreckenden Folgen diese kultische Handlung auf der Straße nach Groß-Michailowka zeitigen würde.

Machnos Plan für den Angriff auf den österreichisch-ungarischen Verband war einfach, man kann im Grunde schon sagen simpel. Aber, orientiert an der konkreten Situation, war er clever oder besser hervorragend. Seine Absicht bestand da-

124 Vgl.: Arschinow: S. 63f.

rin dem demoralisierten Feind den Rest zu geben, indem er mit seinen bescheidenen Mitteln einen Großangriff wenigstens ebenbürtiger Kräfte vortäuschte und den Feind so in die Flucht schlagen würde, bevor der einen klaren Gedanken fassen konnte.

Er selbst würde frontal angreifen, mit lautem Gebrüll und aus allen Rohren um sich feuernd. Stschussi sollte mit ein paar Männern die feindliche Flanke attackieren. So würde es aussehen, als versuche ein starker Gegner die kaiserlichen Soldaten in die Zange nehmen zu wollen. Wenig später stürzten Horden schmutziger Partisanen wild schreiend in den Ort. Der Marktplatz widerhallte von den Schüssen der anarchistischen Streitmacht. Beschlagene Pferdehufe klapperten hell über das Pflaster. Soldaten, alles stehen- und liegenlassend rannten um ihr Leben. Sie wähnten sich im Kreuzfeuer zweier mächtiger Einheiten. Wen kümmerte es, wer da angriff und wie stark er wirklich war? Wollte man jetzt noch sein Leben verlieren? Jetzt? Kurz vor Ende dieses Irrsinns?

Die Soldaten stoben auseinander wie Hühner, nach denen man mit Steinen wirft. Gewehre wurden stehen- oder unbenutzt fallen gelassen. Kistenweise Munition stand kreuz und quer auf dem Marktplatz herum. Durch die Seitenstraßen drängten sich Trauben von Soldaten, die selbst ihr Kochgeschirr von sich geworfen hatten. Wer noch nicht an den Untergang der K.u.k.-Monarchie glauben wollte, den mussten die Bilder dieser panischen Flucht eines Besseren belehren.

Machnos Rechnung war aufgegangen. Sein kleines Grüppchen hatte den Ort eingenommen, Verluste gab es kaum, dafür aber reiche Beute. Der Belagerungsring war aufgesprengt worden. Noch vor wenigen Stunden hatten viele Machnowzy mit ihrem Untergang gerechnet, nun hatten sie triumphiert, über einen – allerdings nur vermeintlich – stärkeren Gegner. Und nicht nur das. Die Schlacht um Groß-Michailowka setzte den Tüpfelchen aufs I des Kultes um Nestor Machno. Ab sofort galt er als unbesiegbar, als militärisches Genie und entschlossener Revolutionär.

Um ihre Niederlage zu legitimieren, berichteten die geflohenen Truppen weit übertriebene Geschichten von Machnos Kampfstärke. Die Anwohner*innen und die Machnowzy taten ihr Übriges und schon bald waren Legende und Wirklichkeit bezüglich des Schlachtgeschehens in Groß-Michailowka kaum mehr zu unterscheiden. Bis zu eintausend feindliche Soldaten sollte Nestor Machno nun auf einmal besiegt haben.[125]

Eines jedoch blieb unzweifelhaft: Das Ende der Besatzung durch die Mittelmächte kam mit den Revolutionen in Österreich und Deutschland und dem Sturz der Wiener und Berliner Dynastien. Zwar verblieben auch weiterhin noch einige deutsche Truppen in der Ukraine, meist rechtsradikale Verbände, die sozusagen auf eigene Rechnung weiter kämpften, um die Revolution in Russland und der Ukraine zu bezwingen. Aber diese Einheiten stellten weder politisch noch militärisch eine ernsthafte Gefahr dar. Und das erste Mal hielten die Machnowzy ein Gebiet in ihren Händen, das sie zu kontrollieren in der Lage waren und welches sie nach ihren Ideen und Vorstellungen gestalten konnten.

Es sollte nicht lange dauern, bis das Heer Nestor Machnos über mehrere 10.000 Kämpfer verfügte und über ein Gebiet mit sieben Millionen Menschen herrschte.

125 Vgl.: Ebd.

TEIL 3: Die Machnowschtschina

Die Sonne spiegelte sich im grün gefärbten See. Seichte Brisen kämmten das Wasser und schoben seine Oberfläche zu kleinen Wellen zusammen. Trauerweiden ließen ihre peitschengleichen Zweige in den See fallen. Sie wirkten, als ließen sie ihren Köpfe hängen. Doch das helle Singen ungezählter Vögel wog das Trübsal dieses Anblicks wieder auf. Auf einer der kleinen Inseln sah man eine eigens zur Erbauung der Besucher des Bois de Vincennes errichtete Ruine. Pflanzen hatten sie längst erklommen, als wollte sich das Grün zurückholen, was ihm gehörte.

Ida Mett kam hier häufig her. Die russische Exilantin genoss die frische Luft und die unbeschreibliche Natur im Stadtwald des 12. Arrondissement von Paris. Napoleon III. hatte den Park anlegen lassen, doch inzwischen wirkte er wie ein Stück unberührter Urwald. Hohe Bäume und dichte Sträucher verschmolzen zu einem undurchdringlich erscheinenden Gehölz, dass in allen nur erdenklichen Farben blühte. Die Menschen liebten den Bois de Vincennes: Paare legten sich auf die Wiesen oder hielten verliebt einander anschauend die Füße ins Wasser. Familien spielten mit ihren Kindern und alte Frauen schlichen gebeugt am Ufer entlang.

Geliebt wurde Napoleon III. dennoch nicht. Mochte sein, dass er fähige Gärtner anstellen konnte, seine brutale Herrschaft jedoch und der Krieg sowie die Niederlage, in die er Frankreich geführt hatte, waren unauslöschlich in die Erinnerung der Menschen eingebrannt.

Ida Mett dachte da nicht anders. Als Anarchistin lehnte sie die Herrschaft eines Kaisers aus tiefstem Innern ab. Im Grunde war ihr jede Art von Herrschaft oder Staat zuwider, selbst den Arbeiter*innenstaat, der nach der Oktoberrevolution in ihrem Heimatland entstanden war und diese verteidigen sollte, hielt sie für untragbar. Und so hatte sie Sowjetrussland dereinst verlassen. Und nun, im Sommer des Jahres 1927, war sie hier in Paris und spazierte ab und zu gern durch den Bois de Vincennes.

Gern nahm sie auch Nestor Machno dorthin mit. Wie viele Exilant*innen hatte auch er es schwer, wie Mett später berichtete. Machno fand sich nicht in den neuen Alltag ein, er kannte die Stadt nicht und beherrschte nicht die fremde Sprache.

Wer Nestor Machno noch vier oder fünf Jahre zuvor erlebt hatte, würde ihn in Paris kaum wiedererkannt haben. Er war abgehärmt und wirkte immerzu krank. Seine Oberlippe zierte ein dichter Bart. Der geschwungene Haaransatz wich langsam zurück. Wäre es nicht so unerschwinglich kostspielig gewesen, man hätte diesen Mann auf Kur schicken müssen. Wer hätte das besser wissen können als Ida Mett, die studierte Medizinerin?

Ida Mett lauschte seinen Erzählungen über die Zeit in der Ukraine. Über seine Mutter und den frühen Tod des Vaters. Und während der Weg unter seinen abgelaufenen Schuhsohlen knirschte, führten seine Geschichten Ida Mett in die Ukraine in das Jahrfünft nach 1917 zurück. Er berichtete von wilden Schlachten und rasanten Versammlungen; von Feinden und dem Mut, den er aufgebracht hatte, um diese zu bekämpfen.

Mett berichtete später wie oft sich Machno in Trübsal erging. Dann wurde er plötzlich nachdenklich und still, nur um nach einer Weile neue Geschichten zu erzählen. Über die russischen Anarchist*innen, die ihn in der Ukraine im Stich gelassen hätten.[126] Unfähig seien die meisten gewesen. Und nun wollten so viele Anarchist*innen nichts mehr von ihm wissen.[127] So viele zweifelten… an ihm! Sie zogen in Zweifel, dass die Machnowschtschina eine herrschaftsfreie, staatenlo-

126 Vgl.: Ebd.
127 Vgl.: Ebd.

se Gesellschaft gewesen sei. Ein Alkoholiker sei er gewesen, unterstellten ihm manche.[128]

Und Machno reagierte nicht selten wütend auf diese Debatten. Ida Mett versuchte Machno beizustehen und nicht selten ihn vor sich selbst zu schützen. Sie warnte ihn immer wieder allen möglichen Journalist*innen Interviews zu geben, aber ihr war klar, wie sie später berichtete, dass Machno nicht damit umgehen konnte, wenn ihm niemand zuhörte. Machno wollte Aufmerksamkeit und je länger er im Exil lebte, desto geringer wurde die Aufmerksamkeit, die man ihm schenkte.

Nichts Schönes schien Machnos Laune dauerhaft bessern zu können. Selbst Ida Metts Hinweise auf seine Anhänger*innen und Mitstreitenden hier in Paris, die sie in ihren Unterhaltungen oft platzierte, riefen in Machno nur Bitterkeit hervor.

Arschinow, der erste Chronist der Machnowschtschina und anarchistischer Lehrmeister Machnos im Butyrka hielt Mett selbst für einen Gegner Machnos. Volin, Machnos Mitstreiter in der Ukraine, traute er selbst nicht über den Weg.[129] Der sei nur hinter seiner Frau her – schon seit er ihn kenne, habe er das Gefühl, er dürfe die beiden besser nicht allein lassen.[130] Außerdem befürchte er, sie hätten es auf sein Tagebuch aus der Ukraine abgesehen.[131] Aber das brauche er, denn er wolle ein Buch über die Machnowschtschina schreiben. Von seiner Frau trennte er sich und versöhnte sich von Neuem mit ihr - es war ein ständiges Hin und Her.

Ida Mett sorgte sich nach all den Geständnissen fortan vor allem über Machnos Absicht ein Buch zu schreiben. Eine gute Idee war das sicherlich nicht. Wann immer Machno Texte schrieb, waren diese alles andere lesenswert. Irgendwann in den Jahren, in denen sich beide kannten, sagte sie ihm wenig taktvoll, er sei ein heldenhafter Soldat, zweifelsohne. All die

128 Vgl.: Ebd.
129 Vgl.: Ebd.
130 Vgl.: Ebd.
131 Vgl.: Ebd.

vielen Verletzungen, fast 200, wie er ihr berichtet hatte, die bewiesen das ja zur Genüge. Er sei ein Führer, aber doch sicher kein Literat.[132]

Mett glaubte später, Machnos habe ihr diese Worte niemals verziehen. Zudem erwies er sich in dieser Frage als weitgehend beratungsresistent. Er versuchte ein Buch über die Machnowschtschina und seine Autobiografie zu verfassen. Sogar Geldgeber fand er dafür. Fertig wurden diese Projekte nie.

Für sein Projekt eine Zeitung als Organisationsplattform für alle Anarchist*innen zu schaffen, aus der eine anarchistische Partei hervorgehen sollte, erntete Machno in anarchistischen Kreisen nur Häme und Spott. Man warf ihm und den Seinen »anarchistischen Bolschewismus« vor.[133] Die Stimmung in seinem Kreis litt darunter entsprechend.

Hielt Ida Mett Machno auch die Treue, für viele - auch und gerade für Anarchist*innen, die Machno in Paris erlebten - stellte sich die Frage, wer eigentlich dieser Nestor Machno war und wofür die Machnowschtschina stand. War sie die befreite Gesellschaft, die manche Anarchist*innen in ihr sehen wollten? Eine Gesellschaft ohne Staat, von allen Zwängen befreit? In der die Wirtschaft ohne jeden Profit funktionierte, in der sie nur die Menschheit als Ganzes bereicherte und arm und reich verschwunden waren? In der Minderheiten sich ihres angeblichen Makels nicht mehr schämen mussten und in der sich die Menschen als Schwestern und Brüder begegneten?

Machnos Art Krieg zu führen

Grigori Grigorow und seine Mitgefangenen trommelten wie von Sinnen mit Händen und Füßen gegen die Tür ihrer Zelle. Die Szenerie war wie einem Buch von Edgar Allen Poe

132 Vgl.: Ebd.

133 Miller, Frederic P.; Vandome Agnes F.; McBrewster, John [Ed.]: »Nestor Makhno«, Beau Bassin: Alphascript Publishing, 2011, [nachfolgend: »Makhno«], S. 34f.

entsprungen: Ausgehungerte Gestalten schlugen mit letzter Kraft gegen den mit einer unbeweglichen Stahlplatte verschlossenen Eingang. Jeden Ansturm dieser gezeichneten Gestalten schien dieses Hindernis zu brechen. Das nach Fäulnis stinkende Verlies hallte die wahnsinnigen Verzweiflungsrufe der Genossen wider. Man hatte sie vergessen![134]

Über Monate hatten die Weißen ihn festgehalten, weil er ein Bolschewiki war. Er hatte miterlebt, wie Genossen misshandelt worden waren. Man hatte ihn während der Verhandlungen schwer geschlagen. Zuletzt hatten sie ihn in diese völlig überfüllte Zelle geworfen, zusammen mit Sozialrevolutionären und Anarchisten. Hoffnungen wollte bei keinem der Unglücklichen mehr aufkommen. Allenfalls das eigenartige Verhalten der Bewacher in den letzten Tagen und da und dort eine kleine Nachricht, die die undurchdringlichen Mauern überwinden konnte, hatten davon Kunde gebracht, dass etwas im Gange war.

Ja, die Wärter waren nervös und noch unbeherrschter als sie es schon bislang waren. Mitten in der Nacht hatte sich die Tür der Zelle geöffnet und ein brutal aussehender Mann in Uniform hatte wortlos auf zwei Anarchisten gezeigt und sie herausgewunken. *»Lebt wohl, Brüderchen«*, hatte der eine den Insassen noch zugerufen, *»uns führt man zur Erschießung.«*[135] Die Worte hallten in Grigorows Kopf. War es verwerflich, ein Gefühl der Erlösung zu empfinden, wenn man verschont worden war?

Sie hatten nicht geschlafen in dieser Nacht, sie waren wie im Dämmerzustand gewesen. Sie hörten nach draußen, in den Hof. Erschießungen und von den Opfern der weißen Willkür gerufene Parolen wechselten einander ab. Und immer wieder, wenn für kurze Zeit Ruhe einkehrte, hörte man leise das dumpfes Geknatter von Maschinengewehren. Sie kamen,

134 Vgl.: Grigorow: Grigori: »Im Herzen der Machnowschtschina«, in: Tschepego, Valentin [Hrsg.]: »Machno. Zeugnisse einer Bewegung. Band 1: Von Freund und Feind«, Lich/Hessen: Verlag Edition AV, 2013, S. 54f.
135 Zit. nach: Ebd.

keinen Zweifel, sie kamen. Anders konnte es gar nicht sein! Und wie als wollten die Bewacher den Gefangenen in der Zelle keine Hoffnung gönnen, begannen sie immer dann, wenn das Herannahen der Befreiung deutlicher zu hören war, mit Krach. Sie machten Lärm, zerschmetterten Fenster, schossen in der Gegend herum, töten Genossen oder brüllten Kommandos. Und doch war sicher, sie kamen!

Die Erlösung, sie kam nicht still und heimlich, sie schlich nicht heran. Sie grüßte den Morgen mit einer ohrenbetäubenden Detonation.[136] Das Gefängnistor war aufgesprengt worden. *»Hurra! Brüder, kommt raus in die Freiheit! Die Stadt ist in den Händen Batiko Machnos!«*[137] Menschen fielen sich in die Arme, Freudenschüsse wurden in die Luft abgegeben. Die Hymne der Anarchisten war zu hören: *»[…] wir ertränken die Leiden des Volkes im Blut […].«*[138] Nur Grigorow und die seinen saßen fest. Die alte Gesellschaft hielt sie noch immer im Kerker, obwohl ringsum gefeiert wurde. Man hatte sie vergessen! Wie besessen trommelten sie gegen das Stück Metall, das zwischen ihnen und der Freiheit stand. Doch es war nicht zu überwinden. Dann endlich, die erlösenden Worte drangen aus dem Gang in die Zelle hinein: *»Geht von der Tür weg.«*[139] Ein Krachen, dann flog die Tür aus den Angeln.

Die Insassen umarmten ihre Befreier und zogen sie mit sich, als sie wie ein kleines Rinnsal in den Bach der anderen Gefängnisinsassen auf ihrer Etage flossen. Und dieser Bach wiederum ergoss sich in den reißenden Strom derer, die durch das schäbige Treppenhaus ins Freie quollen. Der Innenhof des Gefängnisses war mit Menschen überfüllt. Einige standen einfach da, unfähig zu irgendeiner Regung, ganz als hätten die weißen Peiniger ihnen jede menschliche Emotion in den Monaten der Marter aus dem Leib geprügelt. Andere schrien vor Jubel oder sanken auf die Knie und brachen in Tränen

136 Vgl.: Ebd.: S. 55.
137 Zit. nach: Ebd.
138 Zit. nach: Ebd.
139 Zit. nach: Ebd.

aus. Sozialrevolutionäre, Anarchisten, Bolschewiki standen da mit notdürftig verbundenen Wunden, in Lumpen gehüllt, erschöpft, glücklich, sprachlos.

Grigorow sah, wie sich über diesen Haufen frisch Befreiter ein warmer Regenschauer ergoss, der die Fäulnis der stickigen Kerker abzuwaschen schien. Das war der Geschmack der Freiheit, so fühlte sie sich an.

Grigorow taumelte aus dem von einer heftigen Explosion zerrissenen Gefängnistor hinaus auf den Vorplatz. Menschen überall. Geschichten drangen an sein Ohr. Die Wachen hätten es wohl geschafft zu fliehen, der Gefängnisdirektor hingegen nicht. Die Machnowzy hätten ihn auf das Dach gezerrt und hinuntergeworfen.[140] Mitleid empfand niemand. Es wäre zu viel verlangt gewesen nach all dem!

Das Wiehern von Pferden bahnte sich einen Weg durch das Gewirr von Geräuschen. Grigorow fühlte sich, als würde er davon angezogen werden und lief in diese Richtung. Da standen sie: Prächtige, gut gefütterte, starke Tiere. Man hatte sie vor Tatschankas, zweiachsige Pferdewagen, gespannt und Maschinengewehre auf diese montiert.[141] Gigorow wusste, dass Machno auf diese Gefährte schwor. Einer Abordnung von Eisenbahnarbeitern, die um seine Hilfe bei der Organisation des Eisenbahnwesens baten, soll er einst schroff erwidert haben, er brauche keine Eisenbahnen, er habe ja Tatschankas.[142]

Einer der Anarchisten reichte Grigorow eine Scheibe Brot mit Wurst darauf, es war sein erstes Essen seit Tagen gewesen.[143] Der Mann in seiner phantasievoll geschmückten Uniform kam bei all den Händen, die ihm entgegengestreckt wurden mit dem Schneiden und Belegen des Brots kaum hinterher.

Inmitten des Jubels war das rhythmische Tok, tok, tok der Maschinengewehre deutlich zu vernehmen. Nur ein paar

140 Vgl.: Ebd.
141 Vgl.: Ebd.
142 Vgl.: Schnell: S. 294.
143 Vgl.: Grigorow: S. 55.

Straßen weiter wurde noch immer geschossen. Weißgardisten, vorrangig Offiziere, feuerten von Dächern auf die anarchistischen Truppen. Die erwiderten das Feuer.[144] Tote und verwundete Weißgardisten fielen von den Häusern herab auf das Pflaster der Straßen und verwandelten sich im Moment des Aufschlags in gräuliche, blutige Berge aus Fleisch und Knochen.

Wie hatten die Machnowzy es überhaupt vermocht, nach den tagelangen Kämpfen vor den Toren der Stadt Jekaterinoslaw so schnell einzunehmen? Geschichten waren überall zu hören. Fremde, lachende Gesichter berichteten Grigorow von der Heldentat der anarchistischen Einheiten, die getarnt unter Heuballen auf Pferdefuhrwerken in die Stadt eingesickert waren, um sich dort für die entscheidende Schlacht zu formieren.[145] Klug, verwegen, draufgängerisch... - so kämpften die Machnowzy, so befehligte sie der klein gewachsene Batiko Machno.

Noch während Grigorow an seinem Wurstbrot kaute, wurden die Machnowzy bereits deutlich dezimiert. Die weißen Offiziere, überrascht vom Handstreich der anarchistischen Einheiten, verstanden ihr Handwerk. Töten war ihr Geschäft und sie betrieben es ohne Aussicht auf Erfolg jedoch mit erschreckender Inbrunst. Die Machnowzy brauchten Verstärkung und sie suchten sie in den Reihen der eben aus den Gefängnissen Befreiten.

Grigorow traute seinen Augen nicht: Wer da auf die Wagen gezogen wurde, waren samt und sonders Kriminelle.[146] Auch die hatte es in den Gefängnissen der Weißen gegeben: Diebe, Mörder, Vergewaltiger. Nicht selten hatten sie mit den Weißen zusammengearbeitet. Erschreckend oft waren sie daher eine Gefahr für die politischen Gefangenen aller Richtungen. Weshalb holten sich die Machnowzy nun gerade die? Weshalb nicht die Anarchisten, die Sozialrevolutionäre, die Bolschewi-

144 Vgl.: Ebd.
145 Vgl.: Ebd.: S. 56.
146 Vgl.: Ebd.: S. 55.

ki, die vor ihnen standen? Vielleicht sollten die Kriminellen als Kanonenfutter herhalten? Sich bewähren? Ein paar Jahre zuvor hatte der bekannte mexikanische Anarchist Ricardo Flores Magon eine Kurzgeschichte über einen armen Bauernjungen geschrieben: »Pedro.« Die Betrachtungen der Natur führten ihn zu der Überzeugung, dass es keiner Regierungsgewalt im menschlichen Zusammenleben bedürfe: *»Ohne Regierung zerfleischen sich diese noblen Tiere nicht gegenseitig, sie brauchen weder Richter noch Gefängniswärter, weder Henker noch Schergen. Da es unter ihnen keinen Privatbesitz gibt, gibt es auch nicht diesen widerlichen Konkurrenzkampf, diesen grausamen Krieg einer Klasse gegen die andere, eines Individuums gegen ein anderes, diesen Kampf, der das Gefühl der Solidarität schwächt, das bei den Tieren einer selben Gattung so stark ist.«*[147] War es vielleicht das? Der Glaube an das zutiefst vergrabene Gute in jedem Menschen, das die Anarchisten dazu brachte, die Kriminellen in die Tatschankas zu setzen? Wenn die gesellschaftlichen Bedingungen andere wären, dann würde doch auch die Kriminalität verschwinden. Hatte das nicht auch Marx so angenommen? Aber wieso nahmen dann die Machnowzy ausschließlich Kriminelle in ihre Reihen auf? Willige Alternativen fanden sich vor dem Gefängnis doch mehr als genug.

Die Tatschankas brausten davon und rasten in Richtung der Schüsse, die Peitschenhieben gleich durch die Straßen hallten. Zurück blieben Gruppen von auf der Straße herumliegenden Anarchisten, deren wenig melodischer, betrunkener Gesang daran erinnerte, dass sie die dem Gefängnis gegenüberliegende Spirituosenfabrik geplündert hatten.[148] Sie tanzten zur Ziehharmonika, wenn sie dazu noch in der Lage waren, küssten die befreiten Häftlinge und ließen die in der Stadt tobenden Kämpfe Kämpfe sein. Sollten sich an-

147 Magon, Ricardo Flores: »Tierra y Libertad«, Münster: UNRAST-Verlag, 2005, S. 119.
148 Vgl.: Grigorow: S. 55.

dere darum kümmern.[149] Dennoch spürte Grigorow in sich ein verständliches Gefühl der Bewunderung für die Machno-Anhänger, die da auf so unorthodoxe Weise die Stadt gestürmt hatten.[150]

Grigorow schlug sich mit Hilfe Machnowzy zu seiner Familie durch, die ihn sehnlich erwartete.[151] Sie schlossen ihn in ihre Arme, ihn, den verloren geglaubten politischen Häftling. Doch sie konnten ihn nicht überreden, sich bei ihnen zu verbergen. Schon tags darauf stahl sich Grigorow durch die noch immer umkämpfte Stadt. Er pirschte sich enge, verdreckte Nebenstraßen entlang auf der Suche nach Genoss*innen und Freund*innen. Jeder Schuss trieb ihn in einen Türschacht oder an eine Häuserwand. Doch die Schlacht um Jekaterinoslaw war geschlagen – für's erste. Bald würde die katastrophale Bündnispolitik der Machnowzy gegenüber den Bolschewiki zum Verlust der Stadt führen.

Grigorows Weg durch den brennenden Häuserdschungel führte ihn an noch glimmenden Geschäften vorbei; an Häusern, in die Granaten Krater gegraben hatten und Geschäften, die in Flammen standen.[152] Und dort, wo die Läden unversehrt geblieben waren, hatten Machnowzy die Türen aufgebrochen und die Schaufenster eingeschlagen. Grigorow passierte aufgetürmte Haufen von Waren: Pelze, Filzstiefel, Mützen und dicke Wattejacken, um die Anwohner*innen und Machnowzy im Kreis herumstanden.

Vor dem Hotel »Frankreich« blieb Grigorow stehen und begutachtete das Schauspiel: Man hatte die Beutestücke zu einer Pyramide aufgetürmt und ein Kämpfer Machnos stand davor. Das Gewehr lässig über die Schulter gelegt, die Hand am Abzug; präsentierte er wie ein Auktionator bei einer Versteigerung die Ware: Warm und trocken würde die Kleidung halten und noch dazu gut aussehen.

149 Vgl.: Ebd.
150 Vgl.: Ebd.: S. 56.
151 Vgl.: Ebd.: S. 57.
152 Vgl.: Ebd.: S. 58.

Und wie bei einer Versteigerung erhielt die gewünschten Dinge die Bieterin oder der Bieter, dessen Hand zuerst in die Luft gestreckt war. Nur zahlte niemand für all das. Die Waren gab es umsonst – Anarchismus… Wozu benötigte man Geld? *»Danke Jungs. Für das Geschenk«*[153], Grigorows Blick fiel auf eine Frau mit Kopftuch, die sich den Pelzmantel gleich übergezogen hatte und überglücklich von dannen stapfte. Kleinbürger*innen! Die Menge, die stand setzte sich zusammen aus Kleinbürger*innen und ein paar Bäuerinnen und Bauern und auch jene waren nicht die ärmsten. Arbeiter*innen suchte Grigorow hingegen umsonst.

Und was sollte dieses Unterfangen eigentlich. Es mochte nett wirken, die gemachte Waren zu verteilen, aber es war ein Basar geschaffen für die, die eben am schnellsten waren. Jene, die ungeniert zugriffen, bekamen noch mehr als sie schon hatten. Eine Bestandsaufnahme, wem denn in der Stadt Kleidung fehlte und was man ihm geben könne, eine wirkliche Verteilung nach Bedarf, fand nicht statt. Das war bolschewistisch! So verfuhr die Rote Armee, wenn sie eine Stadt eingenommen hatte. Das lehnte man ab!

War das die Freiheit, die die Anarchist*innen zu bringen versprochen hatten? Den Armen kamen diese Verteilaktionen nur im Ausnahmefall zugute. Grigorows Begeisterung für die bewaffneten Freischärler starb dennoch nicht ab. Immerhin hatten sie ihn aus dem Gefängnis befreit.[154] Doch der innere Widerstreit, in dem er sich befand, würde anhalten und er würde immer wieder angefeuert werden.

Und die Anhänger*innen des Batiko Machno lieferten für diese Art der Debatte, die Grigorow mit sich selbst führte, mehr als genug Nahrung. Die Machnowzy warfen aus den Fenstern aller Verwaltungsgebäude stapelweise Akten auf die Straßen und zündeten sie an.[155] Diese Bilder hatte es in Petrograd während der Februarrevolution ebenso gegeben. Akten

153 Zit. nach: Ebd.

154 Vgl.: Ebd.: S. 64.

155 Vgl.: Schnell: S. 294.

der Polizei und des Geheimdienstes waren dort säckeweise vernichtet worden. Warum auch nicht? Sie dienten der Unterdrückung, sollten sie doch brennen. Doch in Jekaterinoslaw schleppten die Machnowzy auch die Bücher der Bibliotheken vor die Häuser und setzten sie in Brand. Manchmal war ihnen das zu viel der Mühe und sie legten einfach im Gebäude Feuer. Alle Bibliotheken in Jekaterinoslaw wurden durch die Machnowzy vernichtet.[156]

Und während Grigorow noch über die Machnowschtschina nachdachte, gelang es den Machnowzy ihre Armee immer weiter zu vergrößern und immer ausgedehntere Landstriche unter ihre Kontrolle zu bringen. Sie warben mit der absoluten Freiwilligkeit, die ihre ganze Armee auszeichnen würde. Gerade jüngere Bauern verstärkten ihre Reihen. Doch die Realität innerhalb der Machno-Truppe war weit von dem entfernt, was man ihnen geschildert, ja versprochen hatte. Mochte man auch selbstbestimmt Teil der anarchistischen Einheit werden, raus kam man nicht mehr. Wer die Truppe verließ – warum auch immer – war des Todes.[157]

Den allermeisten Armeen ist diese Sitte alles andere als fremd. Gerade in Kriegszeiten werden unerlaubte Entfernungen von der Einheit nicht selten mit dem Tode bestraft. Was bei den Machnowzy anders war, war dass sie es stets anders darstellten. Viele Anhänger*innen der Machnwoschtschina tun das bis heute.

In den Reihen der schwarzen Armee herrschte strengste Disziplin. Das heißt in dem Fall jedoch nicht, dass man sich an vorgegebene Regeln hielt, dass man sich an Befehlen, die Plünderungen oder Gewalttaten an der Zivilbevölkerung verboten, auch nur orientierte. Disziplin war das, was der lokale Batiko, der Führer der jeweiligen Truppe, dafür erachtete. Sollte ein Dorf geplündert werden, dann wurde das gemacht.[158] Als einfacher Machnowzy existierte man in einem

156 Vgl.: Ebd.

157 Vgl.: Ebd.: S. 350.

158 Siehe Kapitel zu Minderheiten in der Machnowschtschina.

Universum, welches sich zwischen den Fixsternen Gewalt, Unterordnung, Angst und hin und wieder auch höherer Ideale erstreckte. Wie stark die jeweilige Einheit aber an diese höheren Ideale glaubte, hing vor allem davon ab, wer sie kommandierte. Bemühungen anarchistischer Aktivist*innen wie Volin wurden immer wieder als fehl am Platze verhöhnt.[159] Eine Politisierung der Truppe fand nur im Ausnahmefall statt. Auf die Bitten anarchistischer Kader, mit Truppenteilen über ihre Ideen diskutieren zu dürfen, reagierten die Kommandeure der Einheiten meist schroff und unnahbar. Sie gingen sogar soweit, zu erklären, dass die Bäuerinnen und Bauern sich eh nicht für Theorie interessieren würden und es deshalb sinnlos sei mit ihnen darüber zu sprechen.[160] Sie ließen noch nicht einmal dazu, dass die ihnen unterstellten Einheiten selbst darüber entschieden was und mit wem sie diskutieren wollten.

Was für viele aus den Städten herbeigeeilten Anarchist*innen hingegen regelrecht schmerzlich war, war die von vielen Truppenführern als unumstößlich präsentierte Weisheit, die Bauern ihrer Einheit würden anarchistische Ideen zurückweisen.[161] Zwar muss die Aussage in dieser Schärfe eher bezweifelt werden, zumal dem Großteil der Machno-Armee kurioserweise eine Auseinandersetzung mit diesem Gedankengut verweigert wurde, gleichzeitig ist sie auch nicht gänzlich von der Hand zu weisen. Diese schlichte Tatsache war noch nicht einmal für die Weißgardisten ein Geheimnis, wie Berichte weißer Offiziere über die Machnowschtschina beweisen.[162]

Trotzki meinte einmal, dass man einen Bürger*innenkrieg nur politisch gewinnen könne. Damit benannte er eine seiner grundlegenden Prämissen bei der Führung der Roten Armee. Die Bolschewiki handelten danach und versuchten

---

159 Siehe nachfolgende Kapitel zum Staat in der Machnowschtschina.

160 Vgl.: Schnell: S. 296.

161 Vgl.: Ebd.

162 Vgl.: Peters: S. 48. Victor Peters zitiert hier einen Bericht an den ukrainischen Diktator Petljura, der die Machnowschtschina und die von den Bolschewiki gegründete Sowjetrepublik gleichermaßen bekämpft.

immer wieder die sich ständig durch den Krieg lichtenden Reihen ihrer Truppen zu politisieren. Nicht zuletzt hoffte man so auch gewalttätige Exzesse zu verhindern. War einem Rotarmisten klar, dass er für eine Welt ohne Unterdrückung und ohne Ausbeutung kämpfte, dann war er eher davor gefeit sich an Massakern zu beteiligen.

Die Machnowzy verzichteten weitgehend auf derartige Schulungen. Die Folgen waren fatal: Wofür kämpften denn Machnos Soldaten? Wofür nahmen sie all die launenhaften Vergehen ihrer Vorgesetzten auf sich? Stellte sich ein Machnowzy erst diese Fragen und konnte er sie nicht beantworten, war der Schritt zu der festen Überzeugung, er könne sich gehen lassen nur noch ein sehr kleiner. Und genau das geschah – massenweise. Die Begründungen waren vorgeschoben: Es sei eben keine Selbstbestimmung, wenn die Machnowzy politisch geschult würden. Dass die Kommandeure diese Ablehnungen aussprachen und nicht die Machnowzy selbst, konterkariert diese Erklärung deutlich.

Und so regierten Willkür innerhalb der Armee und im Umgang mit den Feinden sowie der Zivilbevölkerung, die man ja eigentlich vorgab befreien zu wollen, das Antlitz der Machno-Truppe. Wurden Befehlshaber der Machno-Armee zu Beginn noch gewählt, wurden sie sehr bald schon von Batiko Machno persönlich eingesetzt.[163] Er verlieh ihnen kraft seiner Person die Gewalt und die nötige Legitimation diese anzuwenden. Und er lebte ihnen vor, dass es zu den hohen Qualitäten eines »Führers« gehörte jede Selbstbeherrschung abzulegen. Die von ihm aufgestellte Vorschrift, Mannschaftsdienstgrade der feindlichen Armee in Gefangenschaft zu schonen, hingegen Offiziere hart und nicht selten mit dem Tode zu bestrafen, missachtete allen voran Batiko Machno immer wieder.

---

163 Vgl.: Dahlmann, Dittmar: »Land und Freiheit. Machnovscina und Zapatismo als Beispiele agrarrevolutionärer Bewegungen«, Stuttgart: Franz Steiner Verlag Wiesbaden GmbH, 1986, [nachfolgend: Dahlmann], S. 126.

Als der Batiko eine Einheit einfacher ukrainischer Soldaten vor sich hatte, die für Petljura in den Krieg gezogen waren, befahl Machno einfach sie zu zerhacken. Und während seine Unterstellten zur Tat schritten, wohnte er dem Schauspiel süffisant grinsend bei. Nur einer der Soldaten brachte die Kraft auf sich zu wehren und sprang mit voller Wucht, gefesselt wie er war, gegen einen der Machnowzy. Der brach daraufhin zusammen. Machno sprang auf, lachte und klopfte dem Mann auf die Schulter. Richtig sei der Kerl, so sein begeisterter Kommentar. Und ob er nicht in den Reihen der Machnowzy kämpfen wolle. Das ginge aber nur, wenn er eine Flasche Schnaps ohne abzusetzen leeren würde. Der Soldat tat wie ihm aufgetragen und brach unter Machnos Lachen zusammen. Aber er hatte sein Leben gerettet.[164] Machno war klar, dass es sich um einen Fähnrich, einen Offiziersrang also, handelte.[165] Und dennoch wurde er verschont, während die Soldaten erschossen wurden. Der Batiko brach seine Gesetze selbst immer dann, wenn es ihm eben in den Kram passte.

Machnos Aufenthalt an der Front, sein Herannahen hoch zu Ross oder auf einem Tatschanka verhieß für Gefangene selten etwas Gutes. Von ihm verübte, brutale Übergriffe auf Gefangene, die im Folgenden geschildert werden, dürften auch bei seinen Untergebenen Spuren hinterlassen haben. Von der Führung verübte Gewalttaten untergraben auch die Moral der eigenen Truppe.

In einem Fall kam er auf einem Pferd herangeritten, als eine gefangene, weiße Einheit gerade befragt wurde. Die Soldaten, zu dieser Zeit bereits vorrangig Wehrpflichtige, die nicht freiwillig in Denikins Armee dienten, waren verängstigt. Das Ballern der Maschinengewehre um sie herum, das Gebrülle der Machnowzy und die dauernden Drohungen schüchterten sie immer weiter ein. Die Anhänger des Batiko versuchten in Erfahrung zu bringen wer die Offiziere in der Gruppe seien, um diese dann zu erschießen. Doch die Gefangenen weigerten

164 Vgl.: Schnell: Ebd.: S. 350.
165 Vgl.: Ebd.

sich standhaft, die Person zu verraten. Weshalb sie das taten blieb unklar.[166] Hatten sie einfach zu viel Angst? Fürchteten sie die Rache ihrer Vorgesetzten zu einem späteren Zeitpunkt? Waren ihnen einfach die Anarchisten um sie herum nicht geheuer? Wer wollte das schon wissen? Sie sagten nichts.

Dann stieg Machno von seinem Pferd. Schritt mit schwingendem Mantel auf die Gefangenen zu und schnauzte sie auf Ukrainisch an, sie sollten ihre Offiziere ausliefern. Als das noch immer nicht geschah, griff er den Erstbesten heraus und hielt ihm seine Parabellum vor das Gesicht.[167] Der Soldat stotterte um sein Leben. Er sei eingezogen worden und wolle nicht für Denikin kämpfen. Den Batiko amüsierte die Furcht, die die Augen des Gefangenen glänzen ließ. Machno fuchtelte mit dem kalten Stück Metall vor ihm umher, solange bis er zusammenbrach und den ersten Offizier verriet. Nun folgte einen Kettenreaktion und alle Befehlshaber wurden nacheinander enttarnt.[168] Einer grinste Machno frech an und der Batiko entschied diesen Mann zum Schluss zu erschießen. [169]

Die ganze Zeit über stand Machno gebieterisch vor den Gefangenen, breitbeinig starrte er sie an und grinste unter seiner Sonnenbrille hervor. Kurzerhand ging er zu den Gefangenen und griff grobschlächtig einen der Soldaten heraus. Dann zog er hin zu den Seinen und brüllte wie von Sinnen: *»Das ist ein Offizier, er hat eine Herrenfresse!«*[170] Der Soldat redete so viel er nur konnte. Mit jedem Wort kämpfte er um sein nacktes Leben. Der Schreiber der Einheit sei er, mehr nicht. Doch die Reaktion, die ihm sein Leben retten sollte, machte den Batiko noch wütender. Er sei wohl ein Kulak, wenn er wirklich des Lesens und Schreibens mächtig wäre.[171] Jetzt wusste er, dass es ernst war. Doch wäh-

166 Vgl.: Ebd.: S. 351.
167 Vgl.: Ebd.
168 Vgl.: Ebd.
169 Vgl.: Ebd.
170 Zit. nach: Ebd.
171 Vgl.: Ebd.

rend er Machno um sein Leben anflehte und immer wieder schwor kein Großgrundbesitzer zu sein, fühlte sich einer der Machnowzy herausgefordert, den Batiko zu beeindrucken. Und so sprang er vor und hielt dem Gequälten den Lauf seines Gewehrs unter die Nase.[172] Unterdessen stützte Machno seine Hände in die Hüften und schaute triumphierend in die Runde. Die Stimme seines Anhängers schallte durch die Reihen, wenn der Gefangene die Mündung der Schusswaffe küssen würde, ließe man ihn laufen. Machno bestaunte voller Freude die Szene. Und als der feindliche Soldat tat wie ihm geheißen, knallte ein Schuss durch die Luft, den Machnos Anhänger aus nächster Nähe direkt ins Gesicht des Gemarterten abfeuerte.[173] Machno lachte voller Freude auf. So wünschte er sich seine Leute – skrupellos und grausam.

Übergriffe auf Gefangene waren in den Einheiten Machnos an der Tagesordnung. Auch seine Ehefrau beteiligte sich voller Eifer an derartigen Übergriffen.

Dass Machnos Heer überhaupt ständig Gefangene machte, lag an seiner überlegenen Art Krieg zu führen und diese wiederum ging auf die Führung durch den Batiko zurück. Die Idee Maschinengewehre auf Pferdewagen zu schnallen, um so beweglicher zu werden, war eine Neuerung, die derart erfolgversprechend war, dass bald alle am russischen Bürger" Innenkrieg beteiligten Armeen auf diese bewaffneten Tatschankas setzten.

Machnos gewagte Operationen waren sprichwörtlich: Mal schmuggelten sich seine Kämpfer bei Nacht in die einzunehmende Stadt hinein; mal verkleideten sie sich, indem sie gefallenen Feindsoldaten die Uniformen abnahmen und wie in einem Low-Budget-Hollywood-Film durch die feindlichen Linien spazierten, um die dann infiltrierten feindlichen Stellungen gleichzeitig von vorn und aus dem Rücken her attackieren zu können. Und wieder erzählte man sich von Machno die schon altbekannten Geschichten: Er sei quasi überall,

172 Vgl.: Ebd.
173 Vgl.: Ebd.: S.351f.

sei unbesiegbar, töten könne man ihn nicht und gefangennehmen ebenso wenig, mehr Leben als eine Katze habe er und die Stärke seiner Truppe wurde fortgesetzt übertrieben.

Machno war kein militärisches Genie. Sein Wissen bezog er einzig aus Erfahrung. Eine Militärakademie hatte er nie von innen gesehen, eine Ausbildung bei der Armee hatte er nie erhalten. Der Batiko hatte empirisch gelernt, durch Versuch und Irrtum. Und er hatte nicht selten das nötige Quäntchen Glück, welches zum Erfolg manchmal nötig ist. Hinzu kam seine skrupellose Form des Pragmatismus.

Doch im Sommer 1919 schien sich alles gegen Machno verschworen zu haben. Denikins Angriffe trafen ihn mit voller Wucht. Die Einheiten der Rote Armee, in der Denikin seinen eigentlichen Hauptgegner ausgemacht hatte, hatten sich in einer größeren Absetzbewegung dem Zugriff der Weißen entzogen, bevor sie in die Zange genommen und vernichtet werden konnten.[174] Bislang hatte Denikins Schwerpunktsetzung es Machno immer wieder ermöglicht, seine Truppen zu regenerieren.[175] Nun wich er vor den Weißen immer weiter zurück. In einem Tross, der an die aus dem Dreißigjährigen Krieg überlieferten Bilder erinnerte, marschierten sie landeinwärts. Bauernfamilien zogen hinter dem gewaltigen Wurm bewaffneter Machnowzy, der sich durch das Land schlängelte her.

Machnos Verluste waren gewaltig. Mehr als 4000 Mann dürfte der anarchistische Ataman kaum noch unter seiner Fahne versammelt haben.

Mehr als alles andere brauchte Machno dringend Soldaten. Während einer der kurzen Pausen auf dem Rückzug des Trecks brachte ihm einer seiner Untergebenen eine knappe Nachricht auf einem abgerissenen Zettel. Machno las sie und grinste. Das Blatt stammte von Grigorjew, einem eigenartigen Wandler zwischen den Welten. Dieser Ataman war schon alles gewesen, Sozialrevolutionär, zaristischer Offizier oder An-

174 Vgl.: Peters: S. 74.

175 Vgl.: Ebd.

archist und Petljurowzy.[176] Zuletzt war er ein loses Bündnis mit den Bolschewiki eingegangen. Die hatten sich von ihm im Kampf gegen Denikin keine großen Wundertaten erhofft, aber sie hegten die Absicht Grigorjews gut 15.000 Soldaten zu neutralisieren. Bislang war diese Taktik erfolgreich gewesen.

Doch nun starrte ausgerechnet Machno auf einen Fetzen Papier dieses Grigorjews, das sich höchst interessant las: »*Batiko, was schaust Du nach den Kommunisten aus? Schlag sie tot!*«[177] Als Unterschrift standen unter der dahin geschmierten Zeile die Worte: »*Ataman Grigorjew.*«[178]

Machnos Pferd schnaubte, die Männer sahen ihn an. Grigorjew, das wussten alle, war ein unzuverlässiger Kantonist. Auf ihn zu bauen war gefährlich.

Grigorjews Fahne trug stets jene Farbe, die ihm den größten Ruhm zu versprechen schien. Das von ihm verfasste Buch »Universal« war ein ekelhaftes Amalgam aus antisemitischen Ressentiments schlimmster Sorte, nationalistischem Phrasengedresch und Gewaltphantasien.[179] Und natürlich waren für Grigorjew die Leute aus Moskau, die Bolschewiki, die Handlanger der Juden.[180] Die später von den Nazis in ihrer Propaganda begierig aufgegriffene Floskel vom »jüdischen Bolschewismus«, sie fand ihren Ursprung im Kampf der alten kapitalistischen Welt gegen das revolutionäre Russland. Doch er bot Machno ein Abkommen an und auf ein Abkommen mit 15.000 Mann spuckt man nicht – unter keinen Umständen! Wäre dieser Wink des Schicksals vielleicht die Lösung seiner Personalprobleme?[181] Nicht unbedingt, außer er hätte eine Idee...

176 Vgl.: Stowasser: S. 70. Ebenso: Schnell: S. 310.

177 Zit. nach: Stowasser: S. 74.

178 Zit. nach: Ebd.

179 Vgl.: Ebd.: S. 70.

180 Vgl.: Arschinow: S. 120.

181 Eine Darstellung dieser höchst interessanten Episode findet sich in fast jeder umfangreicheren Arbeit über Nestor Machno und die Machnowschtschina. Arschinow stellt sie erwartungsgemäß als ungemein positiv für Nestor Machno und die Machnowzy dar (Vgl.: Arschinow: S. 139ff.).

Machno willigte ein. Man müsse sich treffen, um den gemeinsamen Kampf zu planen und das Vorgehen miteinander abzustimmen. Wo? Irgendwo im Gouvernement Cherson, in das sich Grigorjews Truppen jetzt zurückzogen. Am besten ein kleines Dorf. Die nach Tausenden zählenden Heere der beiden Atamane könnten rings um die kleine Siedlung herum lagern. Wie wäre es mit... Sentowo, schlug einer der Vertrauten des Batiko vor... Also gut, Sentowo, wieso eigentlich nicht? Der Bote gab dem Pferd die Sporen und galoppierte in Richtung des Lagers von Grigorjew.

Es war der 27. Juni 1919, als sich Machno und Grigorjew mitsamt ihren Heeren in Sentowo trafen. Das Dorf war eines von vielen in der südlichen Ukraine: Staubige Straßen, dunkle Holzhäuser, Hühner, die gackernd zwischen den Häusern umherliefen und Familien von Bäuerinnen und Bauern, die wenig erfreut schauten, als 20.000 ungeladene Gäste die Siedlung besetzten. Sie lagerten dort, wo sie hinfielen; tranken riesige Mengen an Wodka; pfiffen den Dorfmädchen hinterher und durchstöberten den Ort nach allem Essbaren, was sie fanden. Ob Grigorjew oder Machno, die Armee waren »parasitäre Phänomene«, wie Felix Schnell in seiner Studie über Gewalt und Gruppenmilitanz in der Ukraine in der ersten Hälfte des 20 Jahrhunderts einmal festhielt.[182] Sie ernährten sich von dem, was ihnen Bäuerinnen und Bauern gaben. Wobei sie es nur selten freiwillig gaben. Doch was hätten sie tun sollen? Egal ob Grigorjewzi oder Machnowzy - sie nahmen, was sie wollten, denn niemand hätte sie aufhalten können.

Den ganzen Tag erreichten immer neue Truppen Sentowo, ließen sich nieder, sangen und tranken, marschierten von Neuem los und suchten Holz, um Feuer zu machen und aus den Ställen geholtes Vieh zu schlachten und zuzubereiten. Wann immer die Soldaten das Gefühl hatten, sie müssten Stärke zeigen, gaben sie Salven in die Luft ab. Als es dämmerte

182 Schnell: S. 345.

durchzog ganz Sentowo der Geruch nach gebratenem Fleisch, nach Lagerfeuer und nach Pulver.

Im flackernden Schein ungezählter Feuer trat endlich nun Grigorjew vor die versammelten Truppen und brüllte seine Rede in die Runde der vor ihm versammelten Männer. Nur die ersten Reihen konnten ihn verstehen. Sie flüsterten seine Worte weiter an die hinter ihnen Stehenden und diese taten wiederum dasselbe.

Man müsse zueinander finden, rief der mit Waffen behängte Heerführer den Grigorjewzy und Machnowzy zu. Schließlich kämpfe man gegen die Bolschewiki und die Kommunisten hätten in der Ukraine nichts zu suchen.[183] Die Bauern und die Soldaten müssten zusammen gegen diese Bedrohung antreten. Und dann, nach dem zu erfechtenden Siege, würde man schon sehen, wie man sich einrichten würde.[184]

Unter dem Applaus der seinen trat Grigorjew aus der Mitte und wartete auf Machnos Rede. Der baute sich vor den Soldaten auf. Grigorjew bemerkte die Bewegung, die sich nun abspielte. Machnos Getreue verteilten sich über das ganze in Dunkelheit abtauchende Feld. Wo immer einer seiner Truppenführer stand, stand auch ein hochrangiger Machnowzy.

Und Machnos Rede war vom ersten Wort an aggressiv: Bündnisse mit Volksfeinden lehne man ab.[185] Und er, Grigorjew, sei ein Volksfeind. Was sei denn mit den antisemitischen Pogromen der letzten Zeit gewesen? Halte er, Grigorjew, es nicht für nötig sich dafür zu entschuldigen?[186]

Grigorjew packte bei diesen Worten, die ihm da entgegenschallten, die Wut. Instinktiv umschlossen seine Finger den Griff seines Revolvers, der an seinem Gürtel hing. Alle wussten doch, dass es in Machnos Herrschaftsbereich zu ganz

183 Vgl.: Arschinow: S. 141.
184 Vgl.: Ebd.
185 Vgl.: Ebd.: S. 141.
186 Vgl.: Ebd.: S. 142.

ähnlichen Vorkommnissen gekommen war.[187] Welchen Unterschied machte es da, dass sich Machno ganz gern mal von solchen Auswüchsen distanzierte? Umsonst hatte Grigorjew ihm kein Bündnisangebot unterbreitet. Und jetzt schwang ausgerechnet Machno solche Reden…

»Solche Schufte wie Grigorjew schänden alle Aufständischen der Ukraine«, Grigorjew zog seine Waffe, *»und sie haben ihren Platz jedenfalls nicht in den Reihen ehrlicher revolutionärer Kämpfer!«*[188] Die Worte waren noch nicht ausgesprochen, als sich der Batiko auf den Widersacher stürzte und begann ihn mit seinem Revolver zu bearbeiten. Die Umstehenden zuckten unter dem Knallen ungezählter Schüsse zusammen. Machnos Anhänger streckten einen Kommandeur Grigorjews nach dem anderen nieder.

Es muss eine gespenstische Szene gewesen sein, als sich Machno vom Leichnam Grigorjews erhob. Der aus nächster Nähe abgegebene Schuss hatte das Blut Grigorjews explosionsartig in alle Richtungen schnellen lassen. Und nun erklärte der vom Kampf noch hechelnde Batiko den geschockten und orientierungslosen Anhängern Grigorjews, dass sie die Wahl hätten sich den Machnowzy anzuschließen oder aber ihrem Anführer und dessen Kommandeuren ein letztes Mal zu folgen.[189]

Der Entschluss fiel den meisten nicht allzu schwer. Politische Formeln galt es nicht zu beachten. Niemand verlangte Überzeugungen von ihnen. Für die meisten änderte sich somit nicht viel.

Doch für Machno änderte sich schlagartig so Einiges. Erstmals schwoll seine immer noch vergleichsweise kleine Einheit auf gut 15.000 Mann an.[190] Damit erreichte sie in etwa die Stärke einer Division einer regulären Armee und wurde zum Anziehungspunkt für alle möglichen Glücksritter und verzweifelt

187 Siehe Kapitel zu Minderheiten in der Machnowschtschina in diesem Buch.
188 Zit. nach: Stowasser: S. 75.
189 Vgl.: Arschinow: S. 141.
190 Vgl.: Schnell: S. 304.

nach einem Zuhause Suchenden. Bis Ende 1919 sollen in etwa 80.000 Menschen in Machnos Truppe gedient haben.

Doch obwohl der Batiko damit über eine ansehnliche Armee verfügte, führten er und seine Kommandeure weiterhin Krieg, als seien sie eine kleine Guerilla. Anders, als die Rote Armee, die versuchte befreites Gebiet auch zu halten, um die Bevölkerung nicht von Neuem dem weißen Terror auszusetzen, führte Machno einen irrwitzigen Bewegungskrieg und wich Schlachten häufig so aus, dass Denikins Hauptschlag ungehindert gegen die sowjetische Armee geführt werden konnte.

So verfügten die anarchistischen Einheiten bald über zwei Transportflugzeuge, über 40 Geschütze und Schnellfeuergeschütze, 1.000 Maschinengewehre und 4 Panzerzüge und ebenso viele gepanzerte LkW.[191] Den Großteil dieser Ausrüstung ließen sie achtlos in der ukrainischen Steppe zurück. Sie wussten letzten Endes nicht viel damit anzufangen. Selten genug zerstörten sie die aufgegebene Bewaffnung, wodurch sie dem Feind in die Hände fiel, der sie dann häufig genug gegen die bolschewistischen Einheiten ins Feld führte, weil denen zu jeder Zeit des Krieges in der Ukraine das Hauptaugenmerk Denikins galt. Machnos selbst erklärte Technikfeindlichkeit tat dabei ihr Übriges.

Die Art der Kriegsführung des Batiko Machno war ungeheuer widersprüchlich: Sie war waghalsig und klug und doch kleingeistig und unorganisiert. Sie orientierte sich, anders als die Strategie der Roten Armee, höchst selten an politischen Erwägungen. Im Grunde erhielt sich die Truppe des Batiko im Wesentlichen selbst, weshalb das von Schnell gefällte Urteile weitgehend zuzustimmen ist. Eine strategische Gesamtplanung der Kriegsführung Machnos ist nirgends erkennbar. Und besonders nach der Angliederung der Truppen von Grigorjew gaben in vielen Einheiten Machnos antisemitische und reaktionäre Soldaten den Ton an. Das wiederspiegelte sich bald auch auf Kommandeursebene und in zahlreichen Übergriffen auf die Zivilbevölkerung.

191 Vgl.: Danyluk, Roman: S. 106.

Kein Staat unter Nestor Machno?

Was ist eigentlich ein Staat?

Heutzutage sind die Lehrpläne des Gemeinschafts-, Sozial-, Gesellschaftskunde- oder Politikunterrichts in der Schule voll von kuriosen Ideen über die Entstehung des Staates. Im Grunde stehen diese Lehrpläne auf der Stufe der hegelschen Rechtsphilosophie, die den Staat als »*Wirklichkeit der sittlichen Idee*«[192], also als planvolle Umsetzung menschlicher Vorstellungen ansieht.

Engels bezog genau dagegen Stellung. Für ihn war der Staat »*[…] ein Produkt der Gesellschaft auf bestimmter Entwicklungsstufe […].*«[193] Er sei ein »*[…] Eingeständnis, dass diese Gesellschaft sich in einen unlösbaren Widerspruch mit sich selbst verwickelt hat, sich in unversöhnliche Gegensätze gespalten hat, die zu bannen sie ohnmächtig ist. Damit aber diese Gegensätze, Klassen mit widerstreitenden ökonomischen Interessen nicht sich und die Gesellschaft in fruchtlosem Kampf verzehren, ist eine scheinbar über der Gesellschaft stehende Macht notwendig geworden, die den Konflikt dämpfen, innerhalb der Schranken der ‚Ordnung' halten soll; und diese, aus der Gesellschaft hervorgegangene, aber sich über sie stellende, sich ihr mehr und mehr entfremdende Macht ist der Staat.*«[194] Doch dieser Staat ist nicht einfach ein unabhängiger Schiedsrichter, der über den Dingen steht und vorurteilsfrei Entscheidungen fällt. »*Da*

192 Hegel, Georg Friedrich Wilhelm: »Grundlinien der Philosophie des Rechts oder Naturrecht und Staatswissenschaft im Grundrisse«, http://www.zeno.org/Philosophie/M/Hegel,+Georg+Wilhelm+Friedrich/Grundlinien+der+Philosophie+des+Rechts [Stand: 13.10.2018].

193 Engels, Friedrich: »Der Ursprung der Familie, des Privateigentums und des Staates«, in: Institut für Marxismus-Leninismus beim ZK der SED [Hrsg.]:»Karl Marx; Friedrich Engels: Ausgewählte Werke in sechs Bänden. Band VI«, Berlin, Dietz-Verlag, 1973, S. 188 [nachfolgend: Engels: »Staat«].

194 Ebd.

der Staat«, wie Engels festhält, *»entstanden ist aus dem Bedürfnis, Klassengegensätze im Zaum zu halten, da er aber gleichzeitig mitten im Konflikt dieser Klassen entstanden ist, so ist er in der Regel Staat der mächtigsten ökonomisch herrschenden Klasse, die vermittelst seiner auch politisch herrschende Klasse wird und so neue Mittel erwirbt zur Niederhaltung und Ausbeutung der unterdrückten Klasse.«*[195]

Dabei ist es im Übrigen gleichgültig, ob es sich bei diesem Staat um eine Monarchie oder eine bürgerlich-demokratisch verfasste Republik handeln mag.[196] Der Staat bleibt ein Organ *»[…] zur Unterdrückung einer Klasse durch eine andre.«*[197] Polizei, Staatsanwälte, Gerichte, Armee, Gefängnisse und Geheimdienste… im Grunde – so Engels' Meinung – dienen sie der Unterdrückung der arbeitenden Bevölkerung. Die herrschende Klasse, die Kapitalisten, benutzen den Staat, um ihre Herrschaft abzusichern.

Der Unternehmer, dessen Firma, bestreikt wird, weil die Beschäftigten um höhere Löhne und mehr Urlaub kämpfen, wird mitunter Gerichte anrufen, um diesen Streik vorzeitig zu beenden. Er wird Klage einreichen und versuchen mittels der Macht der Justiz ein Ende des Ausstands zu erreichen. Mitunter holt er die Polizei, um streikende Arbeiterinnen und Arbeiter von seinem Firmengelände zu vertreiben. Sie werden kommen, um Platzverweise auszusprechen und bei Zuwiderhandlungen mit Geldstrafen und Festnahmen drohen.

In Staaten, die nicht bürgerlich-demokratisch aufgestellt sind, wird ein Unternehmer das Gericht überspringen und selbstbewusst sofort die Polizei rufen. Das Ergebnis wird aus seiner Sicht sehr ähnlich sein: Der Arbeitskampf wird ein Ende finden.

195 Ebd.: S. 190.

196 Vgl.: Engels, Friedrich: »Einleitung zu der Bürgerkrieg in Frankreich von Karl Marx«, https://www.marxists.org/deutsch/archiv/marx-engels/1891/03/vorwburfr.htm, [Stand: 24.05.2018] nachfolgend: Engels: »Einleitung«..

197 Ebd.

Der Staat ist ein Instrument, mit dem Macht ausgeübt wird und zwar stets im Namen einer Klasse, die über eine andere herrscht. Insofern ist die *»[…] moderne Staatsgewalt […] nur ein Ausschuss, der die gemeinschaftlichen Geschäfte der ganzen Bourgeoisklasse verwaltet.«*[198] Er immunisiert Ausbeutungs- und Unterdrückungsverhältnisse gegen den Aufstand der Beherrschten und schreibt sie auf ewig fort – so könnte man meinen.

Doch wird, so die marxistische Vorstellung, der Aufstand der Arbeiter*innenklasse den Staat der Unterdrücker stürzen und durch den Staat der ehemals Unterdrückten ersetzen. Sich des alten Staatsapparats zu bedienen, steht hingegen außer Frage. Da der Staat der einst Beherrschten, erstmals der Staat der ungeheuren Bevölkerungsmehrheit und nicht einer reichen Minderheit sein wird, wird er *»[…] die alte, bisher gegen sie selbst ausgenutzte Unterdrückungsmaschinerie beseitigen […].«*[199] Und dennoch wird die Existenz eines Staates zunächst nötig sein, damit die über Jahrhunderte unterdrückten Massen *»[…] nicht ihrer eignen, erst eben eroberten Herrschaft wieder verlustig […]«* gehen.[200] Der Arbeiter*innenstaat wird somit zum Werkzeug der einst Entrechteten: *»Das Proletariat wird seine politische Herrschaft dazu benutzen, der Bourgeoisie nach und nach alles Kapital zu entreißen, alle Produktionsinstrumente in den Händen des Staats, d.h. des als herrschende Klasse organisierten Proletariats, zu zentralisieren und die Masse der Produktionskräfte möglichst rasch zu vermehren.«*[201] Damit schafft die Klasse der Lohnabhängigen die Voraussetzung für das Verschwinden jeglichen Staates.

Mit Recht weist Engels darauf hin, dass es in der Geschichte sehr wohl Gesellschaften gegeben hat, die einer Maschinerie

198 Marx, Karl; Engels, Friedrich: »Manifest der Kommunistischen Partei«, http://www.mlwerke.de/me/me04/me04_459.htm#Kap_I [Stand: 25.05.2018], nachfolgend: »Manifest«.
199 Engels: »Einleitung«.
200 Ebd.
201 »Manifest«

wie der des Staates nicht bedurften, um zu existieren.[202] Es ist also kein Naturgesetz, dass das menschliche Zusammenleben in jeder Phase seiner Entwicklung einen Staat benötigt. Auf einer bestimmten Stufe der Produktion hört die Existenz von Klassen auf eine objektive Notwendigkeit zu sein, so Engels.[203] Die Voraussetzungen dafür schafft die proletarische Revolution. Damit macht sie aber auch die Herrschaft einer Klasse über eine andere mittelfristig unnötig. Ein Staat wird somit seinerseits ebenfalls nicht mehr von Nöten sein, er wird absterben:

> *»Die Gesellschaft, die die Produktion auf Grundlage freier und gleicher Assoziation der Produzenten neu organisiert, versetzt die ganze Staatsmaschine dahin, wohin sie dann gehören wird: ins Museum der Altertümer, neben das Spinnrad und die bronzene Axt.«*[204]

Das gelingt allerdings nur dann, wenn sich im Arbeiter*innenstaat keine gesellschaftliche Schicht herausbildet, die ein materielles Interesse an der Weiterexistenz staatlicher Strukturen hat. Um das zu verhindern, gilt es den proletarischen Staat derart aufzubauen, dass sein Ablösen von der Klasse, die ihn erschaffen hat, unmöglich macht. Die Herausbildung einer bürokratisch herrschenden Schicht, die vermögend ist und unkontrollierbar Macht ausübt – so wie es in der UdSSR seit der politischen Konterrevolution Stalins der Fall war – gilt es zu verhindern. Oder, um es mit den Worten von Friedrich Engels zu sagen, muss sich die Arbeiter*innenklasse *»[...] gegen ihre eignen Abgeordneten und Beamten [...]«* sichern.[205] Karl Marx nennt drei Voraussetzungen, um dieses Ziel zu erreichen: Alle Abgeordneten des Arbeiter*innenstaates müssen jederzeit wähl- und abwählbar sein; sie müssen jederzeit Rechenschaft über ihre Aktivitäten ablegen können und dürfen nicht mehr

202 Vgl.: Engels: »Staat«, S. 192.
203 Vgl.: Ebd.
204 Vgl.: Ebd.
205 Vgl.: Ebd.

verdienen als diejenigen, die sie gewählt haben, grundsätzlich also einen durchschnittlichen Arbeiter*innenlohn. Marx entnahm diese Ideen dem ersten proletarischen Staat der Menschheitsgeschichte, der Pariser Kommune von 1871.[206]

Äußerlich betrachtet scheinen die marxistische und die anarchistische Auffassung vom Staat sehr ähnlich zu sein. Für Kropotkin ist es der Staat ein Ungetüm, das »*[…] das Proletariat schaffen hilft und widerstandsunfähig seinen Ausbeutern überliefert.*«[207] Eine Aussage, der mit Blick auf die Gesetzeswerke gerade des englischen und des preußischen Staates vor Beginn der Industrialisierung, kaum widersprochen werden kann. Die viel gelobte »Bauernbefreiung« Preußens schuf nicht den befreiten Menschen durch die Ablösung der Leibeigenschaft, sondern den Proletarier, den doppelt freien Lohnarbeiter, der frei von Besitz ist und damit frei und um zu überleben gleichzeitig gezwungen seine Arbeitskraft zu verkaufen. Der Staat spülte so gerade in den Anfangsjahren der Industrialisierung ein Heer von Millionen bedauernswerter Frauen, Männer und Kinder vor die Tore der aus dem Boden schießenden Fabriken. Damit vertrat der Staat als ideeller Gesamtkapitalist das Interesse der herrschenden Klasse und spielte ihr billige Arbeitskräfte zu.

Auch die Rolle des Staates als Unterdrückungsorgan ist für Kropotkin unstrittig: »*Er [der Staat – S.H.] ist eine Veranstaltung, […] um die von bestimmten Klassen erworbenen Rechte aufrechtzuerhalten, die Rechte nämlich, sich die Arbeit der werktätigen Massen anzueignen, um diese Rechte zu erweitern und ihrer neue zu schaffen, die noch mehr dazu führen, die Bürger der Gesellschaft durch die Gesetzgebung auszurauben […].*«[208] Mit seinen Ansichten über die gesellschaftliche Rolle der Staatsorgane steht Kropotkin im Anarchismus nicht allein da. Errico Malatesta diskutierte in seinem »anarchistischen

206 Vgl.: Marx; Karl: »Der Bürgerkrieg in Frankreich«

207 Kropotkin: »Die Eroberung«, S. 150.

208 Kropotkin: »Der Staat und seine historische Rolle«, Münster: UNRAST-Verlag, 2008, S. 148 [nachfolgend: Kropotkin: »Der Staat«].

Programm« von 1899 die Reaktionen der Herrschenden auf revolutionäre Erhebungen: »*[...] Dem widersetzen sich jene – und zwar mit roher Gewalt – die Nutzen ziehen aus den bestehenden Privilegien und die heute das gesamte gesellschaftliche Leben beherrschen und kontrollieren.*«[209] In ihrem Kampf würde, so Malatesta weiter, den Herrschenden vor allem auch der Umstand zugute kommen, dass sie in ihren Händen die Produktionsmittel konzentriert haben.[210] Aus diesem Besitz würden sie ihre Privilegien ziehen, die sie mittels eines zentralisierten Apparats verteidigen würden:

> »*Sie haben Polizeikräfte, eine Justiz und Armeen, die zu dem ausdrücklichen Zweck geschaffen sind ihre Privilegien zu verteidigen, und sie verfolgen, inhaftieren und massakrieren jene, die diese Privilegien abzuschaffen wünschen und die Mittel für ein Leben in Freiheit für jedermann fordern.*«[211]

Also scheint doch alles klar. Marxismus und Anarchismus sehen im Staat jeweils das Unterdrückungsorgan der herrschenden Klasse. Wieso also die dauernden Abgrenzungen und Debatten?

Weil es bei Weitem komplizierter ist. Während der Marxismus davon ausgeht, dass mit dem Beginn der Spaltung der Gesellschaft in herrschende und beherrschte Klassen ein Staat nötig wurde, mit dem die herrschende Klasse ihre Macht gegenüber der arbeitenden Klasse absichern und überhaupt ausnutzen konnte und damit also der Meinung ist, dass Staatsorgane in verschiedener Ausformung seit dem Ende der Urgesellschaft existieren, glaubt der Anarchismus häufig, der Staat sei eine relativ junge Erscheinung, die erst seit ein paar Jahrhunderten bestünde.[212]

209 Malatesta, Errico: »Anarchistische Interventionen«, Münster: UNRAST-Verlag, 2014, S. 68 [nachfolgend: Malatesta: »Interventionen«].
210 Vgl.: Ebd.: 68f.
211 Ebd.: S. 69.
212 Kropotkin hält fest, der Staat habe sich »[...] im Lauf von drei Jahrhunderten langsam ausgearbeitet und vervollkommnet [...].« Siehe: Kropotkin: »Staat«, S. 68.

Gerade Kropotkin erblickt in den Städten im Mittelalter hoffnungsvolle Ansätze für die Selbstorganisation der Menschen. Er hebt dabei stets die Rolle der Zünfte positiv hervor. Not und Elend seien in den mittelalterlichen Städten weitgehend unbekannt gewesen: »*Kurzum, es ist durch eine Unmasse von Urkunden erwiesen, dass die Menschheit niemals, weder zuvor noch nachher, eine Periode gekannt hat, wo ein vergleichsweiser Wohlstand allen so gut gesichert war wie in den Städten des Mittelalters. Das Elend, die Unsicherheit und die Überarbeit von heute waren dort absolut unbekannt.*«[213] Man muss kein Mittelalterhistoriker bzw. keine Mittelalterhistorikerin sein, um zu wissen, dass diese Darstellung jeder Grundlage entbehrt. Zwar hieß es beispielsweise im Heiligen Römischen Reich deutscher Nation häufig: »*Stadtluft macht frei!*« Doch zielte dieser Ausspruch einfach darauf ab, dass die Flucht leibeigener Bäuerinnen und Bauern in die Städte, diesen nach einem Jahr und einem Tag die Freiheit brachte. Allerdings nur, wenn ihr Grundherr sie nicht vor Ablauf der Fristen fände.

Die Reichtumsverteilung in den mittelalterlichen Städten Europas war von himmelschreienden Ungerechtigkeiten geprägt. Tagelöhner*innen kämpften um ihr eigenes und das Überleben ihrer Familien. Wer arm war durfte nicht wählen und beherrscht wurden die Städte, wenn nicht von Herzögen oder direkt dem Kaiser, so doch von einer Oberschicht reicher Patrizier.

Was Kropotkin sich weigert anzuerkennen, ist die einfache Tatsache, dass überall dort, wo Menschen in Klassen unterschieden werden, die herrschende Klasse eines Apparates bedarf, um ihre Herrschaft abzusichern. Das war im Mittelalter nicht anders als zuvor in der Sklavenhaltergesellschaft. Somit wird der Staat nur dann verschwinden, wenn auch die Klassenunterschiede aufgehoben sein werden. Nicht der Staat verschwindet und hierdurch der Eigentumstitel, was ein häufiges

213 Kropotkin: »Staat«, S. 32.

anarchistisches Postulat ist. Vielmehr verschwindet durch die Revolution Stück um Stück das bürgerliche Eigentum – also das Eigentum an Fabriken, Mietshäusern, Kliniken usw. - was die Voraussetzung für das Verschwinden des Staates schafft. Er wird als Phänomen nicht abgeschafft, auch wenn der demokratische Arbeiter*innenstaat eine ganz andere Art von Staat sein wird, er löst sich auf wie Zucker in einer Tasse Tee, weil er nicht mehr benötigt wird.

Auch die einst Unterdrückten werden nach einer siegreichen Revolution zunächst einen Staat benötigen, um die Errungenschaften ihrer Erhebung zu sichern. Die einstmals Herrschenden werden ihren einstigen Besitz nicht freiwillig hergeben, sie werden mit allen Mitteln versuchen ihn zurückzubekommen.

Auch Kropotkin muss letzten Endes einräumen, dass es unmittelbar nach dem Sieg einer Revolution, in Abhängigkeit von der konkreten Lage, eines Staates bedarf, der die Revolution schützt. Nur nennt er in seinem Rückgriff auf die Französische Revolution diesen Staat nicht Staat: »*Aber noch besser konnte man den jenseits des Staates aufbauenden Geist des Volkes am Werke sehen, als im Jahre 1792 der Krieg ausbrach [Kropotkin meint den Krieg gegen des reaktionäre Preußen, welches die Revolution niederringen wollte S.H.]. Als der Kampf mit Waffengewalt für die Revolution eine Frage auf Leben und Tod geworden war […] und es galt das Unmögliche zu tun: diese Fremden [die preußischen Soldaten – S.H.] vom heimischen Herd zu verjagen, ohne dass man dazu ein Heer oder republikanische Offiziere hatte, - da waren es die Sektionen und die Kommunen, die es auf sich nahmen, diese ungeheure Aufgabe zu erfüllen […].*«[214] Eine wirkliche Erklärung, was sich hinter diesen Kommunen und Sektionen anderes verbergen soll, als ein Staat – zweifelsfrei ein revolutionärer Staat – bleibt Kropotkin schuldig. Aber er beschreibt sehr genau die Aufgaben und die Rolle dieses revolutionären Staates, der nach

214 Ebd.: S. 142.

Kropotkin gar keiner sei: »*Wer [...] wird die Menschen, die sich als Freiwillige melden aussondern können? Wer wird sich vergewissern, dass der Freiwillige, nachdem er ‚Eisen, Blei und Brot' erhalten hat, nicht nach dem ersten Tagesmarsch die Flinte wegwirft oder sich den royalistischen Banden anschließt? Wer übernimmt es Leder und Tuch zu beschaffen? Kleider zu schneidern, Keller auszukratzen, um Salpeter zu bekommen? [...]*«[215] Eine rein rhetorische Frage, die er sogleich selbst beantwortet. Die Sektionen und Kommunen übernahmen in der Französischen Revolution diese Aufgaben und damit genau der Staat, den Kropotkin kurzerhand als nicht vorhanden bezeichnet.

Die anarchistische Auffassung vom Staat läuft also im Grunde darauf hinaus einfach zu behaupten, dass er mit der Revolution verschwinden werde und den Staat – den es letzten Endes ja sogar nach ihrem eigenen Bekunden dann noch geben würde – einfach anders zu nennen. Das hat fatale Folgen: Wenn es etwas angeblich nicht gibt, dann muss man es auch nicht gestalten, schon gar nicht demokratisch. Und genau das geschah unter Nestor Machno in der Ukraine.

Machnos autokratischer Staat der Günstlinge

Der Aufruf hallte durch alle Städte Sowjetrusslands. Flugblätter wurden gedruckt und Versammlungen abgehalten. Die Anarchistinnen und Anarchisten der Ukraine forderten Hilfe und Unterstützung an. Man beklagte einen Mangel an anarchistischen Intellektuellen im Aufstandsgebiet, in dem Machno und die Seinen die Kontrolle hielten.[216] Man forderte von jeder anarchistischen Gruppe das Entsenden von erfahrenen und erprobten Kämpferinnen und Kämpfern. Die Reaktionen auf diese Aufforderungen hätten unterschiedli-

215 Ebd.

216 Vgl.: Volin: »Die unbekannte Revolution«, Berlin: Die Buchmacherei, 2013, [nachfolgend: Volin], S. 502. Das Fehlen anarchistischer Intellektueller im Aufstandsgebiet beklagen Volin und Arschinow gleichermaßen. Was diese Ansicht über das Verständnis des Anarchismus von Volin und Arschinow aussagt, wird noch zu zeigen sein.

cher kaum sein können. In den Sitzungen ging es heiß her: In wilden Diskussionen unterbrachen die Redner*innen einander und versuchten sich gegenseitig zu widerlegen. Man unterbrach sich und schimpfte, auf die Bolschewiki; auf den andauernden Misserfolg anarchistischer Gruppierungen; auf Machno, der kein wirklicher Anarchist sein könne; oder auf die Gegner*innen Machnos innerhalb der eigenen Reihen, die einfach nur zu beschränkt in ihrem Denken wären, um zu verstehen, welch großartige Leistungen in der Ukraine für die Ideen des Anarchismus vollbracht würden. Die Köpfe schmerzend, die Stimmen heiser gingen die anarchistischen Revolutionär*innen nach Hause. Der Ansturm auf die Ukraine blieb aus. Nicht wenige Anarchistinnen und Anarchisten hegten ernsthafte Zweifel, inwieweit es sich bei der Gefolgschaft Nestor Machnos um die Vollstrecker anarchistischer Ideen handelte.[217]

Wsewolod Michailowitsch Eichenbaum gehörte nicht zu jenen, die sogleich alles stehen und liegen ließen, um den Aufforderungen auf Flugblättern Folge zu leisten. Er wollte verstehen, was in der Ukraine geschah und doch war da zu viel, was er dazu zurücklassen musste: Eine anarchistische Zeitung in Moskau, die er leitete und die Rolle, die er inzwischen innerhalb anarchistischer Gruppen und Zirkel spielte. Und doch ging ihm die Idee nicht mehr aus dem Hirn: Noch eine ganze Weile nagte das Gefühl von Unentschlossenheit an dem mittelgroßen Mann, mit dem ausgeprägten Kinnbart, der schon früh sein Haupthaar verloren hatte, bis er sich dazu durchrang, sich auf den Weg in die Ukraine zu machen.

Er selbst nannte sich Volin. Sein Weg vor dem Epochenjahr 1917 war der vieler Revolutionär*innen gewesen. Mitten in den Kämpfen der Revolution von 1905 wurde Volin Mitglied der Sozialrevolutionäre. Als das Zarentum nach der Niederschlagung der Revolution in die Offensive ging, Revolutionär*innen brutal verfolgte, schnappten sie auch den damals

217 Vgl.: Peters: S. 46f.

jungen Mann, der noch einen üppigen Schopf dunkler Haare auf seinem Haupt trug. Der Weg in die Verbannung stand lange fest bevor Volin die Farce einer Gerichtsverhandlung über sich hatte ergehen lassen müssen.

Wie so viele vor ihm zog er die risikoreiche Flucht über die endlosen Eis- und Schneeflächen; zog er die Gefahr des Todes durch Erfrieren dem erzwungenen Nichtstun in der kalten Einöde vor. Anders als viele seiner Leidensgenoss*innen überstand Volin die Strapazen und erreichte die Vereinigten Staaten, wo er eine anarchistische Zeitung herausgab. Im Revolutionsjahr 1917 kehrte er nach Petrograd zurück und siedelte später nach Moskau über. Verfolgung, Flucht, Exil… Und nun schien sich endlich die Gelegenheit zu bieten an der Umsetzung anarchistischer Ideen teilhaben zu können, sollte er sich das entgehen lassen?

Es dauerte eine Weile, dann war für Volin die Antwort auf diese Frage trotz aller Bedenken klar. Als Volin im Aufstandsgebiet ankam verfiel er schnell dem Reiz dessen, was er da sah. Dabei verstieß es an ungezählten Stellen gegen anarchistische Vorstellungen über die befreite Gesellschaft. Und obwohl er das sah, obwohl er gerade Nestor Machnos Verhalten und seine Art Politik immer wieder hart kritisierte, blieb er ihm und dem, was er erlebte bis zum Ende seines Lebens verfallen. Allein dieser Umstand ist bemerkenswert.[218]

Bei Volins Ankunft in Guljajpole hatte sich um Machno bereits ein fürstlicher Hofstab gebildet. Gut genährte mit Waffen behängte Kämpfer in Fantasieuniformen lungerten überall um ihn herum: Verstopften Gänge in Gebäuden, verstellten Fußwege und sperrten Plätze ab.[219] Anreize in diese

218 Augustin Souchy stellt in seinem Buch »Reise nach Rußland 1920« eine andere Version dar, nach der Volin (Souchy schreibt Volin Wollin) nur durch Zufall in die Ukraine gekommen sei. Diese Darstellung stützen weder Souchy noch andere Autoren: Souchy, Augustin: »Reise nach Rußland 1920«, Verlag europäische Ideen, 1979, [nachfolgend; Souchy: »Reise«], S. 131.

219 Schnell, Felix: »Räume des Schreckens. Gewalt und Gruppenmilitanz

Königswache einzutreten gab es genug: Wer nahe bei Machno war, für den fiel schon etwas ab – Essen, Kleidung, Befehlsgewalt. Und wer sich als besonders treu und kampfeslustig erwies, der bekam noch etwas ganz anderes: Macht. Das, was laut Ansicht der Anarchist*innen in einer von ihnen errichteten Gesellschaft nicht mehr existieren sollte. Und weil es sie nicht mehr geben sollte, brauchte man sie ja auch nicht mehr durch einen Staatsapparat überwachen zu lassen. Doch wer in Machnos Gunst stand, der bekam Macht und viele dieser glücklichen Fürsten wussten diese Macht sehr genau zu benutzen.

Und wer mehr wollte, der kam in den handverlesenen Kreis des »Revolutionären Kriegssowjets« - freilich nur, wenn er sich zu beweisen verstand. Arschinow behauptet wahrheitswidrig, dieses Gremium habe nichts mit einer Regierung zu tun.[220]

Wenn es das Wetter zuließ, dann traf sich Nestor Machno mit »seinen 12 Aposteln«, wie die Einwohner*innen von Guljajpole witzelten, auf dem Dorfplatz.[221] Es waren die wagemutigsten Kämpfer, die Machno in seiner Truppe aufzubieten hatte und die – nicht zuletzt – Machno auch persönlich sehr nahestanden.[222] Gewählt wurden die dreizehn Anarchisten nie. Ganz im Unterschied zum Rat der Volkskommissare unter Lenin.

Dennoch trafen sie allerlei Entscheidungen, die bindend für die sieben Millionen Menschen im Aufstandsgebiet waren.

Machnos handverlesener Kreis lauschte, während irgendwer eine Rede hielt. Zwischenrufe, Applaus, Proteste, Entscheidung. Was auch immer der »Revolutionäre Kriegssowjet« entschied galt und hatte zu gelten. Eine irgendwie kontrollierende Instanz fehlte komplett.

---

in der Ukraine 1905 – 1933, Hamburg: Hamburger Edition, 2012, [nachfolgend: Schnell], S. 335.

220 Vgl.: Arschinow: S. 113.

221 Vgl.: Peters: S. 90.

222 Vgl.: Ebd.: S. 90f.

Arschinow und Volin wurde schon sehr bald nach ihrem Eintreffen in Guljajpole in diesen Kreis kooptiert.[223] So etwas wie eine Wahl fand hierzu nicht statt. Es stand Machno einfach gut zu Gesicht, wenn er bekannte Anarchisten in diesen Kreis holte. In der Ukraine und in ganz Russland würde man staunen, wenn Gestalten wie diese neben Machno auf dem Dorfplatz saßen und mitdiskutierten. Natürlich durfte Machnos alter Lehrer aus dem Butyrka-Gefängins nicht fehlen und Volin war alternativlos aufgrund seines Bekanntheitsgrades. Außerdem – und das darf man bei der Bewertung dessen, was die Machnowschtschina war und was sie nicht war nie übersehen - hatten sich kaum bekannte Anarchist*innen in das Aufstandsgebiet verirrt. Der große Run blieb trotz aller Aufrufe aus. Umso wichtiger war es sich mit diesen beiden Namen zu schmücken.

Arschinow und Volin waren Ornamente, Broschen, gut klingende Namen. Machnos Interesse an Ratschlägen, Debatten oder einem Meinungsaustausch war vergleichsweise gering.

Volin kamen schon bald gehörige Zweifel über das Verhalten des Batikos, des »Führers«. Nicht selten beschäftigte sich Machno während der Sitzungen mit vollkommen anderen Themen. Und sollte ihm – wie so häufig – die Lust zur Teilnahme ermangeln, ließ er den Rat endlos im Schatten des Kirchturms warten.

Während die Ratsmitglieder im Winter die schützende Wärme der Dorfschule Guljajpoles suchten, blieb Machno ganz gern im Bett. Äußerst selten übrigens allein, wovon noch zu berichten sein wird.

Ließ er sich doch einmal dazu herab den Rat zu besuchen, achtete er peinlich genau auf seinen Auftritt. Die groben Stiefel stießen die Tür auf und polterten hinein, ganz egal, ob er nun pünktlich kam oder in eine Rede hineinplatzte. Seine dekorative Sonnenbrille wirkte wie ein Theatervorhang zwi-

223 Vgl.: Ebd.

schen Schauspieler und Zuschauer. Sogleich nahm sich Machno das Wort und wetterte los. Vollkommen unvorbereitet verfiel er in stundenlange Monologe, die nur selten irgendetwas zur Lösung eines Problems beitrugen.[224]

Volin saß unterdessen auf seinem Platz und strich sich nachdenklich durch den Bart. Wie sollte er vorgehen? Was konnte er tun, wenn sich der »Batiko«, der anarchistische Führer, so verhielt? Wenn Machnos Redeschwall ihn ermüdet hatte, trabte er zu seinem Platz, auf dem nur ja niemand zu sitzen hatte und fiel gelangweilt auf seinen Stuhl.

Volin bemühte sich nun stets redlich: er versuchte mittels des Bezugs auf einigermaßen sinnvolle Wortfetzen, sich der Bearbeitung des eigentlichen Themas wenigstens etwas zu nähern. Als sei Machno in seiner Ehre gekränkt, ob der inhaltlich weit tiefergehenden Darstellungen Volins, machte er sich während dessen Rede über ihn lustig und bezog auch gern andere Anwesende in die groben Späße mit ein.[225] Es ist unschwer vorstellbar, wie sich Volin gefühlt haben muss, wenn er Opfer dieses abschätzigen Verhaltens wurde .

Häufig schlief Machno in den Sitzungen ein, volltrunken und übermüdet. Seine Anhänger folgten dem Beispiel ihres »Batiko«, so das es nur schwer möglich war in diesen Sitzungen überhaupt zu arbeiten.

Waren die Sitzungen beendet, streckte sich Machno, lächelte in die Runde und verließ das Treffen allein oder mit einem engen Kreis an Vertrauten, um die wartende Versammlung nach endlos scheinenden Momenten darüber zu informieren, wie er sich entschieden hatte. Seine einsam gefassten Beschlüsse konnten mitunter dem Inhalt der vorhergehenden Diskussionen im Kriegsrat vollständig widersprechen. Für Machno zählte das nicht. Hatte er sich zu einem Entschluss durchgerungen, brüllte er hektisch Anweisungen, die allesamt mit dem Nachsatz *»[…] oder ich bringe Dich um […]«* gewürzt

224 Vgl.: Ebd.: S. 91.
225 Vgl.: Ebd.

waren.[226] Diese Drohung war durchaus ernst gemeint und bewirkte, dass Machnos Gefolgschaft sofort wie getrieben zu agieren begann.

Dem »Batiko« zu widersprechen wagten nur wenige, konnte diese Idee doch schnell zum Tode führen. Selbst dann, wenn die Entscheidungen des »Führers« offenkundig nicht richtig waren, waren sie unumstößlich.

Volin nötigte dieses Verhalten oft genug wütendes Kopfschütteln ab. Der Revolutionäre Kriegssowjet hatte wichtige Entscheidungen zu treffen. Entscheidungen, deren Bedeutung bei Weitem zu groß war, als dass sie von Machnos leicht zu kränkendem Stolz hätten diktiert werden dürfen – doch das war die Realität in Machnos Reich. Kriegsführung, Versammlungen, Kongresse, das Drucken von Geld, Fragen der Bildung und Kultur – all das waren Themen, zu denen sich die der Kriegssowjet zu positionieren hatte.[227] Und bei all diesen Themen hatte Machno das letzte Wort. Er war der Autokrat und der Sowjet nichts als sein Kronrat, der die Anweisungen an niedere Stellen weiterzuleiten hatte.

War sich der »Batiko« eigentlich darüber im Klaren, dass Führung immer Vorbild bedeutet? War ihm klar, dass ihm jüngere Teilnehmer*innen des Aufstandes nacheifern würden? Interessierte ihn das? Als trotz der unumschränkten Herrschaft der von Machno ernannten Heerführer doch einmal das untragbare Verhalten eines seiner Kommandeure im Revolutionären Kriegssowjet erörtert wurde; als es endlich einmal ein niederer Dienstrang geschafft hatte die Trinkgelage und die Misshandlungen öffentlich zu machen, war es wieder Volin, der, außer sich über diese Selbstherrlichkeit, die Klärung forderte.

Die Anwesenden trugen das Sündenregister des Kommandeurs zusammen: Reden und kurze Statements folgten einander. Fragen, Diskussion und Bemerkungen. Der Sowjet war sich schnell einig, dass dieser Kommandeur abgelöst gehört.

226 Schnell: S. 326.

227 Vgl.: Peters: S. 91.

Plötzlich stapfte Machno in die Versammlung, an der er hätte teilnehmen sollen, herein.[228] Es reichten ein paar Blicke Volins, um festzustellen, dass Machno volltrunken war. Augenblicklich verstummten die Gespräche. Alle schauten auf Machno. Es ging um einen seiner Freunde. Um einen Menschen seiner nächsten Umgebung. Die Mitglieder des Sowjets fixierten den »Batiko«, der sich schweren Schrittes in die Mitte des Raumes begab und seinerseits die Versammlung musterte. Wen genau er anschaute blieb das Geheimnis seiner dunklen Brillengläser. Völlig unvermittelt riss Machno seinen Trommelrevolver aus dem Gürtelholster und streckte ihn der entsetzten Versammlung entgegen. Wer geistesgegenwärtig blieb, warf sich auf den Boden. Andere schrien und die nächsten blieben vor Entsetzen bewegungslos und still.

Dann schwenkte Machno den Revolver von rechts nach links und von dort wieder an seinen Ausgangspunkt, so als wolle er sagen, dass er sie eher heute als morgen vom Leben zum Tode befördern könne, wenn sie nicht so handelten wie er es für richtig hielt.[229] Nach dieser Vorstellung packte der launige »Batiko« die Pistole an ihren Aufbewahrungsort an seinem Hosenbund zurück. Wartete noch einen kleinen Augenblick und trottete in seinem wehenden Mantel, schwankend aus der Mitte des Treffens. Er wollte weder einer Rede zum Problem zuhören, noch gedachte er sich an dessen Lösung zu beteiligen.[230] Denn in Machnos Welt existierte dieses Problem nicht einmal. Er hatte den Mann auf dessen Posten gehievt, er und nur er würde bestimmen, wann es Zeit sei ihn abzulösen oder gar auszulöschen.

»L'etat, c'est moi!« »Der Staat, das bin ich!« Diese Worte, die fälschlicherweise immer wieder Ludwig XIV. zugeschrieben werden, widerspiegeln bestens die Staatsauffassung Nestor Machnos. Der Staat, das war er. Er, Nestor Machno, und alle, die sein Spiel mitspielten. Ihre Loyalität würde sich aus-

228 Vgl.: Volin: S. 636.
229 Vgl.: Ebd.
230 Vgl.: Ebd.

zahlen. Wer diese vermissen ließ, der wurde schnell zum erklärten Feind des Batikos.

Die Besetzung von Alexandrowsk

Die Kämpfe im Frühjahr 1919 in der südöstlichen Ukraine waren hart. In der endlosen Steppenlandschaft prallten die Reiterheere des weißen Generals Denikin und Nestor Machnos aufeinander. Ihre Hufe wirbelten Staubwolken auf, die den Horizont hinter einem grauen Schleier verdeckten. Das dunkle Gedonner von Pferdeherden mit wild entschlossenen Kriegern auf ihrem Rücken erfüllte die beinahe baumlosen Ebenen, deren unfassbare Größe so trostlos und gleichzeitig so unbeschreiblich schön erscheinen.

Und wie man sich beim Anblick dieser Landschaft nicht zu entscheiden wusste, was man fühlen sollte, Verzücken oder Furcht, so wenig konnte sich dieser Krieg entscheiden, was er wollte. Sieg der Roten Armee oder Triumph der Weißgardisten? Und mittendrin das Häuflein unter dem Kommando Nestor Machnos. Und nicht nur das, dieser Krieg schien noch nicht einmal zu wissen, ob er in der Zukunft oder der Vergangenheit stattfinden sollte: Während in einem Moment die Waffen der Zukunft - moderne britische Tanks – die mannshohen Sträucher der Steppe niederwalzten und Panzerzüge Soldaten nach Bataillonen ausspuckten; schlugen im nächsten berittene Kämpfer mit Säbeln aufeinander ein. Die Szenen erinnerten unwillkürlich an die mittelalterliche Reiterheere.

Eines jedoch blieb sicher: Den Krieg, den die Weißen gegen die Roten eröffnet hatten und den sie ohne jeden Skrupel blutig zu führen gedachten, stürzte das ganze riesige Land von Tag zu Tag mehr in die dunkelste Vorzeit. Vernichtete Ernten, zerstörte Betriebe, niedergebrannte Dörfer, deren Einwohner*innen niedergemetzelt worden waren zeugten davon, dass die Weißen kein Erbarmen kannten, dass sie lieber das Land zu entvölkern gewillt waren als es den Revolutionär*innen zu überlassen.

Im Südosten der Ukraine, ringsum Alexandrowsk, fochten die Machnowzy gegen Denikin. Die Rote Armee hatte sich weitgehend zurückgezogen.

Machnos Männer kämpften mit einfachen Mitteln gegen einen von der westeuropäischen Bourgeoisie ausgerüsteten Gegner. Stiefel, Uniformjacken, Gewehre – was Denikin verlangte, das sandten ihm seine Freunde der Pariser und Londoner Klubs und Salons.[231]

Die Machnowzy setzten dem ihren Einfallsreichtum entgegen: Ihre Truppen waren mutig und agil. Sie kämpften mit Hingabe. Mit Polonsky hatten sie einen Befehlshaber vor Ort, der nicht nur taktisch klug agierte, sondern den Feind vor unlösbare Aufgaben stellte, weil er es verstand unerwartete Schläge auszuführen. Immer dann, wenn Denikins Kommandeure es für vollkommen unmöglich hielten, schoss Polonsky mit seinem Kavallerieregiment hinter irgendeinem Hügel oder aus einem der rar gesäten Waldstücke hervor. Man trieb die Pferde an und ritt in vollem Galopp in feindliche Einheiten hinein. Polonsky immer vorne weg. Seinen Kopf an die Flanken seines Pferdes gelegt, den Griff seines Säbels stets so gehalten, dass die messerscharf geschliffene Klinge in Halshöhe der Weißgardisten schwebte. So ritt Polonskys Einheit einen Denikin-Angriff nach dem anderen zu Boden. Die Kämpfer übermüdet, die Pferde von weißem Schaum bedeckt, ritten sie gemeinsam in Sieg oder Untergang. Der Tod des Pferdes war auch der des Mannes auf seinem Rücken. Bald schon erfüllte ihr Jubelgeschrei und die im Triumphrausch in die Höhe gestreckten Säbel die Schlachtfelder um Alexandrowsk. Nun nannte sich sein Regiment nur noch die »Eiserne Garde«.

In den langen, pechschwarzen Nächten in der ukrainischen Steppe schlief er zwischen seinen Männern und ihren Pferden oder er diskutierte mit ihnen über die Unterschiede zwischen Marxismus und Anarchismus und erklärte ihnen,

231 Vgl.: Stowasser, Horst: »Die Machnotschina. Der Kampf der anarchistischen Rebellen für eine freie Gesellschaft in der Ukraine. 1917-1922«, Wetzlar: An-archia-Verlag, 1979 [nachfolgend: Stowasser], S. 59.

weshalb Lenin, Trotzki und die Bolschewiki es aus ihrer Sicht für richtig hielten eine Partei aufzubauen. Polonsky wurde, anders als so viele Befehlshaber in Machnos Heer, nicht für Trinkgelage und Brutalität gegenüber seinen Untergebenen bekannt. Und als endlich Alexandrowsk den weißen Truppen abgerungen wurde und auch die »Eiserne Garde« so manches Gefängnis öffnete, um von den Weißen gefangene und brutal misshandelte Sozialrevolutionär*innen, Bolschewiki und Anarchist*innen zu retten, da war Polonskys Männern längst klar, weshalb ihr Kommandeur sich auffallend lange mit den Bolschewiki zu unterhalten pflegte – er war einer der ihren.

Und er behielt das nicht für sich. Ganz im Gegenteil. So schnell es die Umstände eben zuließen, nahm er Kontakt zur bis vor Kurzem noch im Untergrund existierenden bolschewistischen Parteiorganisation der soeben befreiten Stadt auf. Sein Ziel war es marxistische Gruppen in der Stadt und in Machnos Truppen aufzubauen.

War das nicht alles eigenartig? War das nicht alles ein Widerspruch? Wieso? Hatten sich Lenin und Machno nicht im Kreml genau darauf verständigt? Zusammenarbeit und friedliche Konkurrenz der Ideen? Warum sollte er als Marxist nicht in den Reihen der Machnowzy kämpfen? Hatte man nicht einen völlig erbarmungslosen gemeinsamen Feind?

Polonskys Regiment achtete ihn. Machno fürchtete ihn. Ihn und alle, die wie Polonsky waren. Noch brauchte er Polonsky, seine militärischen Fähigkeiten und seine Integrität. Doch Machno würde die Monate in Alexandrowsk zu nutzen wissen. Was nicht zuletzt für die gesamte Stadt erschreckende Folgen haben musste.

Machno wollte auch in der nun von Denikin befreiten Stadt seine pathologische Geltungssucht befriedigen und dieses Vorhaben bedrohte jede andere linke Gruppe in Alexandrowsk.

Doch da gab es ja noch Volin. Volin bemühte sich so gut es eben ging anarchistische Ideen und Prinzipien auf die Situation in der Ukraine zur Anwendung zu bringen. Immer wieder trottete Volin zu Machno und bat ihn um Unterstützung. Eine anarchistische Zeitung soll erscheinen? Wozu das denn? Nun, wenn es sein muss? Diskussionen sollten organisiert werden? War das wirklich nötig? Volin muss sich gefühlt haben wie einst Heinrich IV. während seines Gangs nach Canossas, wenn Nestor Machno vor ihm saß und gelangweilt und wenig aufmerksam seinen Gedankengängen folgte. Abendfüllende Gespräche, in denen Volin, seinen Bart peinlich berührt mit der Hand durchfahrend, den Staat - den es ja eigentlich nicht mehr hätte geben sollen - von dessen Spitze her bearbeitete, um zu bekommen, was er für richtig hielt. Und soweit es seinen Plänen und seinem Vorgehen scheinbare Legitimation verschaffte, entschloss sich Machno Volin gewähren zu lassen.

Die freie Meinungsäußerung sei zu gewährleisten, ebenso die Pressefreiheit und auch die Freiheit sich zu Organisationen zusammenzuschließen. Und das Recht Versammlungen abzuhalten.[232] Machno sagte zu allem ja. Plakate in der Stadt verkündeten die neuen Freiheiten, die es unter Denikin nicht gegeben hatte. Für Polonsky und die Bolschewiki in Alexandrowsk war es gleichbedeutend mit der Aufforderung endlich aus dem Untergrund herauszukommen, um Anhänger*innen zu werben, Menschen zu überzeugen, Sowjets zu gründen, die Partei der Bolschewiki aufzubauen - das zu tun, was sie als ihr Handwerkszeug oder ihre Aufgabe verstanden. Und sie hatten Erfolg damit.

Die Bevölkerung von Alexandrowsk und des gesamten Umlandes war erfüllt von der Idee Sowjets ins Leben zu rufen. War Machno vielleicht bestrebt, dieser Stimmung auf halbem Wege entgegenzukommen? Wollte er etwa deshalb einen Kongress der Bäuerinnen und Bauern sowie der Bevölkerung

232 Vgl.: Souchy: »Reise«: S. 132. Ebenso: Azarov, Vyachyslav: »Kontrrazvedka. The story of the Makhnovist Intelligence Service«, Edmonton, Alberta: Black Cat Press, 2008, [nachfolgend: Azarov], S. 33. Azarov betont mehr als Souchy, dass die Ideen der Alexandrowsker Bevölkerung Freiheitsrechte zu gewähren auf Volins Verlangen zurückgeht. Volin hingegen stellt es als Ausdruck der politischen Reife der Machno-Bewegung dar: Vgl.: Volin: S. 560.

Alexandrowsks? Ein Kongress, der demokratisch aussah, den er aber in der Hand hatte. Und Machno hatte den perfekten Mann dafür: Volin.

Eifrig plante der die Versammlung, die eine gute Woche andauern sollte, für Mitte Oktober 1919.[233] Niemand hatte Volin oder Machno dazu legitimiert, sie taten es kraft der hinter ihnen stehenden militärischen Macht. Arbeiter*innenorganisationen wurden nicht einbezogen, ganz im Gegenteil.[234] Ein kleiner Kreis von eingeschworenen Anarchist*innen plante die Konferenz und hatte nicht vor, sich in die Planung oder den Verlauf der Versammlung in die Suppe spucken zu lassen. Jeder Schritt war so geplant und so durchdacht, dass die Regie von vornherein klar war und man dennoch den ganzen großen Zirkus als »freiheitlich« und »libertär« verkaufen konnte.

Die Gruppe, die den Kongress einberief, kontaktierte alle kleinen Ortschaften ringsum Alexandrowsk und forderte diese Dörfer auf, Delegierte für eine große und wichtige Versammlung zu wählen.[235] Aber man erlaubte keinerlei Teilnahme von Arbeiter*innenorganisationen.[236] Es wurde auch jede Art von Wahlkampagne den Kandidat*innen untersagt.[237] Was in Zeiten erdrückender und nichtssagender Hochglanzreklamebroschüren von Parteien wie eine Errungenschaft anmuten mag, bedeutete damals allerdings auch, dass es keinerlei Diskussionen um Ideen oder gar Programme geben durfte. Wer gewählt wurde stellte selten sich und seine Ansichten den Wählerinnen und Wählern vor. Wozu auch? Veröffentlichten doch die Machnowzy in alter Manier weder Tagesordnung noch Anträge.[238] Abgesehen von dem handverlesenen Kreis der Vorbereitenden, wusste niemand worum es auf dem Kongress gehen sollte. Alternative Anträge einzubringen, gar

233 Vgl.: Volin: S. 560ff. Liefert eine ausführliche Darstellung dieses Kongresses aus seiner Sicht.
234 Vgl.: Souchy: Reise«: S. 131f.
235 Vgl.: Volin: S. 563.
236 Vgl.: Ebd.
237 Vgl.: Ebd.
238 Vgl.: Ebd.: S. 562f.

vollkommen andere Tagesordnungen anzubieten war somit unmöglich. Da weder Bolschewiki noch die Linken Sozialrevolutionäre – die beide in Alexandrowsk starke Gruppen hatten – in die Vorbereitung eingebunden wurden, hatten auch sie keine Möglichkeit andere Vorhaben vorzuschlagen.

Während die Anarchist*innen den Kongress kollektiv vorbereiteten vereinzelten sie die Deputierten. Das war autoritär, aber sie nannten es libertär.

Der Beginn des Kongresses, der 20. Oktober, war gut gewählt. Die Ernte war längst eingeholt und die Saat für das neue Jahr ausgebracht. Der kälter werdende Wind fegte über die brach wirkenden weiten Flächen, die die Bäuerinnen und Bauern in der Hoffnung bestellten der Krieg möge sie und ihren Acker verschonen.

Gut 200 Menschen trafen in Alexandrowsk zum Kongress ein. Die meisten waren Bäuerinnen und Bauern, einige wenige waren Arbeiter*innen. Deren Organisationen hatte man Stühle an den Seiten der Ränge zugewiesen: Eine handvoll Linker Sozialrevolutionäre waren zugegen. Auch Rechte Sozialrevolutionäre hatte man zu geladen und ein kleines Häuflein Menschewiki.[239] Für die Bolschewiki, die der Sowjetmacht in Russland zum Sieg verholfen hatten, blieben die Türen gänzlich verschlossen.

Machno selbst hielt sich im Hintergrund während sich der Saal mehr und mehr füllte. In dem schlecht belüfteten großen Raum stiegen Dampfwolken von den Sitzreihen zur Decke empor. Die Stimmung war rau und ablehnend. Die Bauern kauten gelangweilt Tabak und spien ihn gekonnt durch den Mundwinkel in Ecken und Gänge.

Volin trat vor und eröffnete den Kongress mit einer Begrüßungsrede.[240] Es waren warme Worte in eisiger Atmosphäre: Es sei ihr Kongress, sie könnten entscheiden; einen Vorsitzenden wählen zum Beispiel, der die Tagung leiten solle.[241] Und

239 Vgl.: Ebd:: S. 565.
240 Vgl.: Ebd.
241 Vgl.: Ebd.

wie ganz nebenbei zog Volin nun noch die von den Machnowzy ohne jede Absprache entworfene Tagesordnung aus der Tasche. Auch darüber gelte es natürlich noch abzustimmen.[242]

Was sollte man da machen? Niemand hatte diese Vorschläge je vorher diskutieren dürfen. Wer hätte sich nun getraut nach vorn zu gehen, Volin beiseite zu schieben und einen Kongress nach eigenen Vorstellungen abzuhalten? Diejenigen, die diesen Mut aufzubringen verstanden, hatte man vorsorglich ausgeladen…

Die Bauern willigten ein. Die Tagesordnung wurde angenommen und Volin zum Vorsitzenden des Kongresses gewählt.[243] Das Kalkül begann aufzugehen. Volin übte sich noch darin den Mitgliedern des Plenums zu versichern, er werde lediglich ein technischer Vorsitzender sein. Also die Redner vormerken und ihnen dann das Wort erteilen und den Fortgang des Kongresses im Auge behalten und sie nicht über irgendwelche Absichten täuschen.[244] Man könnte auch sagen, Volin versicherte den Anwesenden sich so zu verhalten wie es sich für das Präsidium eines Kongresses geziemt und kam sich dabei sehr gönnerhaft vor, als plötzlich ein unvorhergesehener Zwischenfall die Regie durcheinanderzubringen drohte.

Einer der Gäste von den Rechten Sozialrevolutionären sprang plötzlich von seinem wackligen Stuhl auf und brüllte durch den Saal: »*Genossen Delegierte*«; Volin verstummte, die Angesprochenen drehten sich in Richtung des Rufers, »*wir, die Sozialisten, haben die Pflicht, Euch zu warnen, dass sich hier eine schändliche Komödie abspielt.*«[245] Volin wusste, dass die Delegierten zwar mitspielten, aber Begeisterung schien nicht recht aufkommen zu wollen. So ein Zwischenruf konnte da schnell alles kaputt machen. »*Man zwingt Euch nichts auf; aber währenddessen, und das sehr geschickt, hat man Euch*

242 Vgl.: Ebd.
243 Vgl.: Ebd.
244 Vgl.: Ebd.
245 Zit. nach: Ebd.

schon einen anarchistischen Vorsitzenden aufgezwungen.«[246] Und dann auf die Tribüne deutend: *»Und Ihr werdet weiter von diesen Leuten geschickt manövriert werden.«*[247]

Im Raum machte sich Unruhe breit, die urplötzlich erstarb als Machno, entschieden durch die Reihen schreitend, das Rednerpult erklomm. Die Rechten Sozialrevolutionäre seien Freunde der Bourgeoisie, donnerte er den Zuhörern entgegen.[248] Und damit erntete er vielfaches Kopfnicken. Hatten die Rechten Sozialrevolutionäre vor dem Oktober 1917, als sie in der provisorischen Regierung saßen und schließlich sogar deren Vorsitz stellten, nicht den armen Bäuerinnen und Bauern Land versprochen? Und hatten sie dieses Versprechen nicht skrupellos gebrochen? Dass es die Bolschewiki waren, die nach der Oktoberrevolution die Landverteilung vornahmen, verschwieg der Batiko einstweilen. Also waren sie doch Freunde der Reichen!

Jedes noch so angebrachte Bedenken war mit seiner Rede schnell vom Tisch gewischt. Die Rechten Sozialrevolutionäre hatten sich selbst ins Abseits manövriert. Die Bolschewiki, deren Einwände aufgrund der schlichten Tatsache, dass sie den Bäuerinnen und Bauern Land gegeben hatten, nicht so schnell unter den Teppich zu kehren gewesen wären, hatte Machno vorsorglich aussperren lassen.

Nun war sich Machno sicher, dass er zum Todesstoß ausholen konnte. Alles werde auf diesem Kongress in absoluter Freiheit entschieden.[249] Dann wandte er sich wutschnaubend an die Gäste von den Parteien: *»Ihr seid keine Delegierten. Also, wenn der Kongress Euch nicht gefällt, seid Ihr frei ihn zu verlassen.«*[250] Dann stampfte er mit Mantel und Sonnenbrille davon. Die Gäste taten wie ihnen geheißen und verließen den Saal.[251]

246 Zit. nach: Ebd.
247 Zit. nach: Ebd.
248 Vgl.: Ebd.: S. 566.
249 Vgl.: Ebd.
250 Zit. nach: Ebd.
251 Vgl.: Ebd.

Dabei protestierten sie zwar der Form halber, aber auch ihnen war vollkommen klar, dass sie keine Möglichkeit hatten sich gegen diese Order zu behaupten.[252]

Machnos Trick war perfide: Er hatte die Wahl von Parteimitglieder*innen im Vorfeld der Versammlung verhindert. Nun forderte er sie auf zu gehen, weil sie keine Delegierten waren. Das war ein bösartiger Taschenspielertrick. Demokratisch, libertär, freiheitlich oder sozialistisch war das ganz bestimmt nicht!

Der erste Tag des Kongresses zog sich. Die Geduld der Delegierten wurde einer Probe nach der anderen unterzogen. Statt die Arbeit aufzunehmen, erschöpfte sich die Sitzung darin, alle Versuche abzuwehren, den von anarchistischer Seite fein säuberlich geplanten Ablauf durcheinanderzubringen. Jeder Versuch einer freien Diskussion wurde galant abgewehrt.

Nun schnellte Lubim nach vorn, ein Linker Sozialrevolutionär, der es geschafft hatte sich wählen zu lassen, weil er darauf bestanden hatte nicht als Vertreter einer Partei an dem Kongress teilnehmen zu wollen. Dennoch sprach er nun, sehr zum Ärger Volins, der mit Lubim persönlich bekannt war, über die Ideen seiner Partei bezüglich des Kongresses. Die Delegierten, die über das um sich greifende Chaos und die andauernden Wortmeldungen von verschiedenen Seiten frustriert waren, konnte Lubim nicht für sich gewinnen.

Er war als Redner schlichtweg zu unerfahren, er begann entschuldigend, beschwor die Anwesenden zuzuhören. Was er zu sagen habe, sei es wert. Der Kongress habe keinen Kopf und so könne man doch nicht arbeiten.[253] Ein gewähltes Gremium, welches zwischen diesem und dem nächsten Kongress Aufgaben erfüllt hätte, hätte bedeutet, dass die Macht der

252 Wie viele und welche Parteienvertreter (von Frauen ist nie die Rede) den Kongress verließen, lässt sich aus der vorliegenden anarchistischen Literatur nicht erlesen. Souchy spricht von sieben Vertretern der Menschewiki (Vgl.: Souchy: »Reise«: S. 132); Volin spricht von »vier oder fünf« Vertretern der sozialistischen Parteien aller Richtungen, ausgenommen den Bolschewiki (Volin: S. 566).

253 Vgl.: Volin: S. 567f.

Machnowschen Gremien, ja vielleicht sogar des Revolutionären Kriegssowjets, infrage gestellt war. Insofern war diese Rede brisant.

Es war ausgerechnet der von Machno bei so vielen seiner Reden schwer geschundene Volin, der nun mit den Mitteln des Meisters nach unten trat und Lubim wegen seiner häufigen Wiederholung des Wortes Kopf der Lächerlichkeit Preis gab.[254] Dann riefen einige Machnowzy wild dazwischen, Lubim solle still sein. Der eine oder andere Bauer fiel ein und selbstverständlich weigerte sich der »technische Vorsitzende« dies zu unterbinden. Damit war der letzte ernsthafte Störversuch auf diesem Kongress bezwungen und man konnte mit der Arbeit beginnen, die alles in allem so verlief, wie es sich die Machnowzy vorgestellt hatten.

Im Wesentlichen thematisierte die Konferenz Fragen des Aufstandsheeres. Wie könnten die Bäuerinnen und Bauern der Umgebung dabei helfen es auszurüsten und die enorm gelichteten Reihen wieder aufzufüllen.[255] Für andere Fragen schienen sich die Machnowzy nicht zu interessieren. Wie konnte man das Leben in den bäuerlichen Siedlungen gestalten? Wie deren Lebensbedingungen verbessern? All das beantworteten die Machnowzy mit der lakonischen Aussage, das sei ja wohl die Angelegenheit jedes einzelnen Dorfes.[256] Es werde schon irgendwie werden, wenn man sich erst einmal von allen Autoritäten freigemacht habe.[257] Wie man das bewerkstelligen sollte und wie man vor allem verhinderte, dass sich nicht neue Autoritäten bilden würden, dazu schwiegen die Volin, Machno und Arschinow.

Und natürlich drängte die Lage an der Front, doch was die Bäuerinnen und Bauern hier auf Geheiß der Machnowzy zu beschließen hatten, war – entgegen all der Rhetorik von der Freiheit, die die Anarchist*innen ihnen zu geben verspra-

254 Vgl.: Ebd.: S. 567.
255 Vgl.: Arschinow: S. 156.
256 Vgl.: Ebd.: S. 157.
257 Vgl.: Volin: S. 569.

chen – ein Horrorkatalog für zahlreiche Siedlungen um Alexandrowsk herum. Jeder Bauer, der 4 Pferde besaß hatte zwei der Armee Machnos abzuliefern. Wem drei Pferde gehörte, der hatte ihm eines zu überlassen.[258] Wer nur zwei Pferde oder eines sein eigen nannte oder aber gar keins besaß, von dem verlangte die Armee Futtermittel und Proviant für die Kämpfer des anarchistischen Aufstandsheeres.[259] Bis zum 48. Lebensjahr hatte man als Mann in den Reihen von Machnos Truppen zu kämpfen.[260]

Noch immer betonen die Anhänger*innen Machnos die unbedingte Freiwilligkeit dieser Beschlüsse. Doch was war das für eine Freiheit. Die Deputierten hatten nie eine Gelegenheit diese Beschlüsse mit ihren Dorfgemeinschaften zu diskutieren. Isoliert in einer Art »Goldenen Käfig« in Alexandrowsk legten ihnen die Machnowzy Beschlussvorlagen vor, die man ihnen vorher nie gezeigt hatte. Es war den Deputierten unmöglich sich mit Organisationen zu beraten, denn die waren zum Kongress spätestens nach dem ersten Tag nicht mehr zugelassen. Wer sich in Opposition zum Ablauf der Versammlung stellte, bekam den Zorn von Machno, Volin und Co. zu spüren und somit jenen Leuten, die die bewaffnete Macht in ihren Händen hielten. Was die Delegierten beschlossen, daran hatten sich diejenigen, über deren Köpfe da hinweg entschieden wurde, mitzutragen. Zwar betonte Arschinow die Freiheit auch bei der Umsetzung der Beschlüsse. Allerdings ließ sich das Aufstandsheer nicht lange bitten, wenn es darum ging sich das zu holen, was ein zweifelhafter Kongress angeblich libertär entschieden hatte. Und zwar auch von jenen, die dazu nie gehört wurden.[261] Freiheit schmeckt anders!

Die von den Anarchist*innen unter Machnos Führung so sehr verwunschenen Komitees der Dorfarmut, die von den Bolschewiki organisiert waren, entschieden weitaus freier.

258 Vgl.: Souchy: »Reise«: S. 132.
259 Vgl.: Ebd.
260 Vgl.: Arschinow: S. 156.
261 Vgl.: Azarov: S. 8.

Diskussionen, auch im Vorhinein, wurden dort nicht unterdrückt.

Dabei blitzte auch bei diesem Kongress der rebellische Geist manches ukrainischen Bauern auf, der – wenn man so will – in urlibertärer Art gegen den autoritären Geist der Versammlung anging.

Es waren bereits einige Tage der Konferenz vergangen, als einer der Delegierten nach vorn schlich und leise begann: *»Genossen, ich muss Euch von einer anderen, ebenfalls beunruhigenden Angelegenheit erzählen.«*[262] Volin lauschte wie ein Wachhund, doch was der Delegierte zu sagen hatte, traf auch ihn.

> *»Wir haben erfahren, dass es einige Reibereien zwischen der Zivilbevölkerung und den Dienststellen der Aufständischen Armee gibt. Man hat uns insbesondere berichtet, dass es in der Armee einen Spionageabwehrdienst gibt, der sich willkürliche und unkontrollierbare Handlungen erlaubt […].«*[263]

Volin wusste nur zu gut, wovon der Delegierte sprach. Mehr als einmal hatte er Machno zur Rede gestellt wegen des brutalen Terrors, den dessen Geheimdienst »Kontrrazvedka« willkürlich gegen alles und jeden anzuwenden schien. Mehr als einmal hatte er sich den selbstherrlichen Ton Machnos gefallen lassen müssen, dass auch er, Volin, sich bei jeder Reise von A nach B von einer Schar des Geheimdienstes schützen lasse. Volin war klar, dass man bei der Existenz eines Geheimdienstes ja wohl kaum von der viel beschworenen Abschaffung des Staates sprechen konnte.[264]

Nun sprach der Delegierte von willkürlichen Verhaftungen und selbst Hinrichtungen, die der Geheimdienst vornahm.[265] Er war sich nicht im Klaren darüber, wer genau diese Pein ver-

262 Zit. nach: Volin: S. 572.
263 Zit. nach: Ebd.
264 Vgl.: Azarov: S. 30.
265 Vgl.: Volin: S. 572.

ursachte. War es nun nur eine Einheit der Spionageabwehr? Aber er wusste sehr wohl, was die Auswirkungen dieses Terrors war. Die Rede erforderte Mut. Der Delegierte, dessen Namen Volin unbekannt blieb, blieb vorsichtig, zurückhaltend, fast untertänig:

> »*Wir wollen uns auch nicht in Angelegenheiten rein militärischer Art einmischen. Aber wir haben die Pflicht, uns gegen Missbrauch und Ausschreitungen zu wehren, wenn diese tatsächlich existieren.*«[266]

Die Bäuerinnen und Bauern nickten dem Redner zu. Eine Kommission wurde gebildet, die die Vorwürfe und die Handlungen des Geheimdienstes untersuchen sollten. Und nun geschah etwas Eigenartiges: Volin, getrieben von dem Eifer den anarchistischen Versuch in der Ukraine vor jeder ernsthaften Kritik zu bewahren, erhob sich und betonte wie freiheitlich doch das Zusammenleben nun sei. Und obwohl er die Vorgehensweise des Kontrrazvedka hasste und auch nicht einmal versuchte sie zu verteidigen, hielt er dennoch fest, dass man unter den Bolschewiki eine solche Kommission zur Untersuchung der Handlung der Tscheka wohl kaum gründen dürfe. Die Bäuerinnen und Bauern könnten froh sein.[267]

Diese spuckten weiter ihren durchgekauten Tabak aus. Holte einen die Tscheka, kam man ins Gefängnis, man kam vor Gericht und hatte die Möglichkeit sich zu verteidigen. Kam die Kontrrazvedka wurde man vorsichtshalber erschossen. Akten legten die Herren von Machnos Geheimdienst nicht an und so war es schwer ihnen irgendetwas nachzuweisen oder auch nur einen ungefähren Überblick über die Gräueltaten zu erhalten. Die Arbeit der Kommission würde haarsträubend werden. Aber diese Sorge, sollte sie jemand empfunden haben, war unangebracht. Die Kommission würde niemals ihre Tätigkeit aufnehmen.

266 Zit. nach: Ebd.

267 Vgl.: Ebd.: S. 573.

Doch nun war der Bann gebrochen: ein anderer Delegierter protestierte gegen die ständigen Trinkgelage der Kommandeure aus Machnos Armee. Der Stadtkommandant Klein sei ein erschreckendes Beispiel. Man holte ihn herbei und nachdem er sich für sein Verhalten entschuldigt hatte, karrte man ihn an die Front.[268]

Dennoch blieb der Kongress in seinen Beschlüssen vorrangig ein Erfolg der Machnowzy. Das hieß jedoch nicht, dass die Bolschewiki klein beigegeben hätten. Polonsky und die Seinen kämpften weiter. Im Untergrund organisierten sie und sie waren enorm erfolgreich. Außerdem zeigte der Verlauf des Kongresses, dass es unter denen, die die Machnowzy unablässig vorgaben zu vertreten, großen Unmut über das Vorgehen der Machno-Leute gab. Genug Spielraum für die Bolschewiki.

Und nun besaßen diese Bolschewiki auch noch die Frechheit zu ihm zu kommen, zu ihm, Nestor Machno, und mit ihm über gemeinsame Politik in Alexandrowsk zu diskutieren.

Sie erlebten Machno in Bestform. Schnoddrig erklärte er ihnen, dass er auf diese Zusammenarbeit pfeife und jeder Versuch von Kommunist*innen sich öffentlich zu betätigen unverzüglich mit dem Tod bestraft werde. Der Staat, den es angeblich nicht mehr gab und der der bolschewistischen Abordnung dennoch mit langem Mantel, dunkler Sonnenbrille und einem unerschütterlichen Ego gegenübersaß, unterdrückte die Bolschewiki.[269] Und als sich Machno etwas von seinem Ausbruch erholt hatte, erklärte er unumwunden, man könne sich gern mal darüber informieren, was den Bolschewiki in der ebenfalls von Machnos Truppen besetzten Stadt Jekaterinoslaw widerfahren sei. Dem Unverständnis seiner Zuhörer*innen half Machno sogleich selbst auf die Sprünge: Als sie versucht hatten, ein Revolutionskomitee ins Leben zu

268 Vgl.: Ebd.: S. 573ff.

269 Vgl.: Volin: S. 561. Volin erklärt auch, dass Machno in Jekaterinoslaw ebenso verfuhr. Von Kritik an diesem Vorgehen sieht Volin ab. Ebenso: Azarov: S. 33.

rufen, habe man sie allesamt erschossen und das Komitee kurzerhand aufgelöst.[270]

Weder die Bolschewiki, noch Polonsky ließen sich von diesen Ausbrüchen einschüchtern, aber sie waren gewarnt und verlegten wenigstens Teile ihrer Aktivitäten zurück in das Dunkel der Illegalität.

Machno musste etwas tun und ging zum Angriff über. Und wie immer tat er es ungezügelt und in einer Art brutaler Explosion seiner Emotionen. Anfang Dezember 1919 platzte er mit einem Häuflein schießwütiger Getreuer in Polonskys Wohnung.[271] Was dort genau passiert bleibt unklar. Sicher ist nur, dass Machno tobt und den Anwesenden droht. Schnell fangen Machnos Getreue an auf Polonsky, dessen Ehefrau und drei weitere Freunde des Paares einzuschlagen. Der gefeierte Kommandeur der »Eisernen Garde« wird zum Opfer von Machnos Zerstörungswut. Die fünf werden beschimpft, weil sie Bolschewiki sind.[272] Die gesamte Wohnung wird verwüstet. Dann werden die fünf, von den Stiefeltritten der anarchistischen Häscher malträtiert, in einen Wagen geladen und zum Hauptquartier des Machno-Geheimdienstes in Alexandrowsk gekarrt.

Als der Wagen dort ankam, war er leer. Die Bewacher hatten sich nicht einmal diese kurze Zeit beherrschen können. Irgendwo, wahrscheinlich an einem Fluss, hielten die Häscher an und prügelten weiter auf ihre wehrlosen Opfer ein. Die Situation eskalierte immer weiter, bis schließlich Schüsse durch die dunkle Winternacht peitschten. Danach entledigten sie sich der fünf Leichen.[273]

---

270 Vgl.: Arschinow: S. 160.

271 Vgl. Azarov: S. 33ff. Die gesamte »Polonsky-Affäre« oder »Polonsky-Verschwörung« wird von Azarov ausführlich geschildert. Er bleibt zwar im Wesentlichen der Version Machnos treu zeigt jedoch auch auf, dass es bei der Schilderung des Tathergangs und bezüglich der angeblichen Verschörung Polonskys zahlreiche verschiedene, einander widersprechende Versionen gibt.

272 Es bleibt unklar, ob das auf alle der fünf Anwesenden zutrifft.

273 Vgl. Azarov: S. 38f. Laut Azarov ist unklar, ob die Tötung bereits in der Wohnung oder auf dem Weg in das Hauptquartier des Geheimdienstes stattgefunden haben.

Machno präsentierte sich noch am selben Abend Volin und schilderte ihm voller Selbstherrlichkeit den Tod der fünf Verräter, der Bolschewiki, der Verschwörer. Volin erschauderte. Je länger er den Schilderungen zuhören musste, desto mehr wechselte sein Unverständnis zu Wut. Er brüllte Machno an und verwünschte ihn, was Machno nur mehr belustigte. Volin sprang auf den Führer, den Batiko zu und während ihn andere zurückhalten mussten schrie er ihm ins Gesicht, er sei ein *»Bonapartist und Alkoholiker.«*[274]

Auch wenn Machno den Ausbruch Volins schwer einordnen konnte und sich vorrangig darüber aufregte, dass dieser ihn einen Alkoholiker genannt hatte, wurde ihm doch langsam klar, dass die wilden Morde auch für ihn selbst voller Risiken steckte. Zumal sein Geheimdienst noch lange nicht fertig mit den Bolschewiki in Alexandrowsk war. Noch am selben Abend wurden 15 weitere Kommunist*innen festgenommen. Auf irgendeine Art musste sich Machno doch erklären.

Was nun folgte war ein unwürdiges Szenario. Wüsste man es nicht besser, müsste man annehmen, dass sich Stalin in seinem Kampf gegen die Revolutionär*innen von 1917 geistige Anleihen bei Nestor Machno geholt hat.

Machno wies eine Untersuchung des Geschehens an, unterdessen verfolgte sein Geheimdienst Bolschewiki. Polonsky, so das Ergebnis der »Untersuchung« war der Knotenpunkt einer umfassenden bolschewistischen Verschwörung und habe daher den Tod verdient.[275] Ein Urteil, das der Batiko, der Führer, in seiner grenzenlosen Weisheit, bereits a priori selbst vollstreckt hatte.

So wie Stalin später seine Anklagen präsentierte, so tat es nun auch Machnos Geheimdienst. Zusammengesetzt aus Wahrheiten und Lügen ergab sich ein Gemisch, mit dem so ziemlich alles bewiesen werden konnte. Polonsky habe zusammen mit den Bolschewiki Gruppen in allen Einheiten der Aufständischen Armee organisiert, in allen Fabriken

274 Zit. nach: Ebd.: S. 39.

275 Vgl.: Ebd.: S. 33ff.

und Städten und selbst im Geheimdienst.[276] Inwieweit dieser »Vorwurf« stimmen mochte, ist schwer zu überprüfen. Unstrittig dürfte jedoch sein, dass es seit jeher zum Einmaleins des Marxismus und damit auch der Bolschewiki gehörte die Unterdrückten zu organisieren. Dieses Recht nahmen sich die Bolschewiki immer wieder. Dass Machno daraus einen Vorwurf strickte, wirft kein gutes Licht auf den Batiko. Dort unterminierten diese den Kampf gegen »anti-machnowistische Elemente«, wie das der Geheimdienst Machnos nannte.

Und was ohne jeden Zweifel zutreffend war, war die schlichte Tatsache, dass im Angesicht der Willkür der Truppenkommandeure gegenüber ihren Untergebenen und den Städten und Dörfern in denen sie stationiert waren, die Ideen der Bolschewiki auch in Machnos Armee und dem von ihm beherrschten Gebiet Fuß zu fassen begannen. Nicht ohne Grund beklagten sich die Befehlshaber verschiedener Einheiten beim Oberkommando der Aufständischen Armee über die Existenz kommunistischer Gruppen und verlangten deren Auflösung.[277] Wobei sehr wohl anzunehmen ist, dass alsbald jede Auflehnung gegen die oftmals menschenunwürdigen Restriktionen in Machnos Heer als Ausdruck der Existenz einer Zelle der Bolschewiki angesehen wurde.

Und ohne Zweifel hielten die Bolschewiki in allen Bereichen Treffen ab, um demokratisch diskutieren und abstimmen zu können. Und ja, ohne jeden Zweifel taten sie das – wie der Geheimdienst ihnen vorwarf – spätestens seit Machnos unverhohlenen Todesdrohungen wenigstens teilweise im Untergrund. All das war sicherlich zutreffend und ein Ergebnis des Versagens oder der Brutalität der Führung der Machnowzy.

Ab dann werden die Vorwürfe jedoch mehr und mehr mystisch.[278] Er habe Machno vergiften wollen, so der Vorwurf des Geheimdienstes gegen Polonsky. Das sei auf einem der

276 Vgl.: Ebd.: S. 37ff.
277 Vgl.: Ebd.: S. 37.
278 Selbst Azarov meint, das ein großer Teil der Vorwürfe gegen Polonsky wahrscheinlich deutlich übertrieben wären. Vgl.: Azarov: S. 36f.

geheimen Treffen der Bolschewiki beschlossen worden. Der Delegierte seiner Einheit beim Oberkommando habe darüber berichtet und man habe einen Spion in Polonskys Reihen einschleusen können.

Schließlich habe dann Polonskys Ehefrau versucht Machno zu vergiften. Sie sei eine Schauspielerin und wollte mit den von ihr erlernten Tricks Machno dazu bringen vergiftetes Essen zu sich zu nehmen. Dazu habe man Machno zu einer angeblichen Geburtstagsfeier eingeladen. Dort habe dessen Vertrauter Belash das Essen vorgekostet und dabei unzweideutig festgestellt, dass es vergiftet wäre.

In einer alternativen Version war das Gift bei derselben Gelegenheit von Polonsky in den Whiskey gefüllt worden. Der ahnungslose Machno habe aber – klug wie er war – vor Ort einen Test durchgeführt und dabei festgestellt, dass man ihn vergiften wollte, daraufhin habe er Polonsky und die vier anderen festgenommen.[279]

Nichts, aber auch gar nichts schien zusammenzupassen. Dann noch die Anspielung auf Polonskys Ehefrau, die in Anbetracht von Machnos patriarchalischem Verhalten gegenüber Frauen die Zweifel an seiner Darstellung der Ereignisse eher wachsen lässt. Zudem waren die Leichen verschwunden und die Tötungen gingen einstweilen weiter. Der Bericht war eine Legitimation des »Schwarzen Terrors« und noch dazu keine besonders gute.

Arschinow und Volin werden noch Jahre später die Morde an Polonsky und den anderen Bolschewiki in Alexandrowsk in knappen Sätzen rechtfertigen. Doch sie werden es stets vermeiden sich zu den genauen Tathergängen zu äußern. Ja, Arschinow wird den Geheimdienst Machnos nicht einmal erwähnen. Volin wird auf ihn nur sehr knapp eingehen und ihn nicht mit den Massakern in Alexandrowsk in Verbindung bringen. Dabei war wenigstens Volin im Dezember 1919 über die Morde geschockt.

279 Vgl.: Ebd.: S. 37f.

Wenig später wird Alexandrowsk wieder an Denikins Truppen fallen. Die Säuberungen innerhalb des Machno-Apparates hatten ihren Teil zu der schweren Niederlage beigetragen. Wie hätte eine Truppe auch kämpfen sollen, in der eine so umfangreiche Kommunistenhatz betrieben wurde und die man ihrer fähigsten Kämpfer beraubte.

Doch nicht nur in Alexandrowsk wird die Affäre um Polonsky dazu genutzt werden gegen missliebige Mitglieder in den Reihen der Machowschtschina vorzugehen. Grigorow, der Bolschewik, der in Jekaterinoslaw ein paar Wochen zuvor von Machowzy aus einem weißen Kerker befreit worden war, wollte in einem der Verwaltungsgebäude der Machnowzy einen Freund besuchen und wurde als Bolschewik vom Wachhabenden nicht mehr vorgelassen. Stattdessen schlug dieser auf Grigorow ein und vertrieb ihn.[280] Einer seiner Genossen wird Grigorow wenig später erklären, dass der Machnowzy ihn wahrscheinlich auf diese Weise vor den Häschern der Kontrrazvedka retten wollte, ohne seine Sympathien für ihn kundzutun.[281] Nach Grigorows Beobachtungen führte auch die Bolschewistenjagd in Jekaterinoslaw zur Aufgabe der Stadt und ihrer neuerlichen Auslieferung an die weißen Truppen.[282] Ohne Hilfe der Roten Armee hatten die Machno-Truppen schlicht keine Chance bei der Verteidigung Jekaterinoslaws.

Machnos Geheimdienst

Wie sehr Machno das anarchistische Postulat von der Abschaffung des Staates zum Gespött machte, zeigte auch der unter seiner Herrschaft ins Leben gerufene Geheimdienst »Kontrrazvedka«. Da es sich dieser zur Angewohnheit gemacht hatte über die wenigstens seiner Tätigkeiten Buch zu führen, bleibt es schwer eine genaue Bilanz zu ziehen. Fest steht, dass »Kontrrazvedka« Angst verbreitete. Angst eben-

280 Vgl.: Grigorow: S. 64.
281 Vgl.: Ebd.
282 Vgl.: Ebd.: S. 142.

so unter den Angehörigen der Truppen Machnos, wie unter den Bäuerinnen und Bauern und ebenso den Arbeiter*innen des von Machno beherrschten Gebiets. Er wurde genau von denen gefürchtet, die angeblich frei und libertär in Machnos Gebiet leben sollten.

Der ukrainische Anarchist Azarov geht in seiner Schrift über den Geheimdienst Machnos davon aus, dass jeder zehnte Angehörige der Aufständischen Armee zugleich Mitarbeiter bei Kontrrazvedka gewesen sein soll. Glaubt man Machnos Angaben, wonach dieser 80.000 Mann unter Waffen hatte, müssen allein in seiner Truppe 8000 Geheimdienstler existiert haben. Dazu kamen jene, die nicht Teil von Machnos Armee waren. Bedenkt man, dass sieben Millionen Menschen in dem von Nestor Machno beherrschten Gebiet lebten, hatte der anarchistische Geheimdienst eine umfassende Durchdringung der Gesellschaft vorzuweisen.

Machnowsche Kämpfer, die aus der Armee ausscheiden wollten; die sich über die Selbstherrlichkeiten der Befehlshaber beklagten; Bolschewiki, die Flugblätter verteilten; Bäuerinnen und Bauern, die auf Machno schimpften – Kontrrazvedka war über alles im Bilde, musste sich aber gegenüber niemandem rechtfertigen, außer gegenüber Machno.

Gegründet im Frühjahr 1919, war der Geheimdienst Machnos formal dem Revolutionären Kriegssowjet unterstellt.[283] Doch selbst Volin war nicht in der Lage die Aktivitäten von Kontrrazvedka zu hinterfragen. Auch in der von Volin zu großen Teilen mitgeformten anarchistischen Gruppe Nabat, die im Gebiet Machnos agierte, war der Geheimdienst alles andere als beliebt. I. Teper, der nicht nur einflussreiches Mitglied von »Nabat« war, sondern auch des machnowistische Blatt »Der Weg zur Freiheit« herausgab, schimpfte, mit einer gehörigen Portion Antisemitismus gewürzt, auf die Zadov-Brüder, die die Kontrrazvedka leiteten. Sie seien *»beides Juden, beides Langzeitverbrecher.«*[284]

283 Vgl.: Azarov: S. 1.
284 Zit. nach: Ebd.: S. 5.

Kontrrazvedka heuerte in den Anfangstagen vorrangig Anarchist*innen an, die vor 1917 durch Anschläge und wilde Expropriationen von sich reden gemacht hatten. Nicht selten waren die Geheimdienstler*innen durch lange Phasen der Gefangenschaft in zaristischen Gefängnissen und Lagern gegangen. Sie waren verroht und entmenschlicht. Wenn man so will, waren sie alle kleine Machnos.

Als ihre Aufgaben definierten sie den Schutz der sozio-politischen Ordnung des Aufstandsgebietes und die Aufdeckung anti-machnowistischer Aktivitäten. Was genau sie damit meinten, definierten sie nicht. Im Grunde konnte es alles sein. Hatte man Pech, dann war schon eine kritische Äußerung über Nestor Machno eine Geheimdienstoperation wert. Die zahlreichen Zuträger*innen halfen dabei jeden Oppositionellen aufzustöbern.

Wollte oder konnte eine Bauernfamilie die »freiwillig«, »libertär« festgelegten Getreidemengen nicht abliefern, dann war dies schnell ein Fall für »Kontrrazvedka«. Denn war das nicht schon ein »anti-machnowistischer« Umtrieb? Auch sonst nahmen die Geheimdienstler*innen unverblümt Getreiderequirierungen vor.[285]

Insbesondere waren Bolschewiki immer wieder Ziel des Terrors von Kontrrazvedka. Kurz nachdem die anarchistischen Schlapphüte ihre zweifelhafte Institution ins Leben gerufen hatten, wurden deren Reihen nochmals verstärkt. Machno entsandte einen handverlesenen Kreis enger Vertrauter in seinen Geheimdienst. Darunter war sein Personenschutz: Lyuty; Lepetchenko, der sich aus Machnos Sicht während der Morde in Alexandrowsk ausgezeichnet bewähren sollte und Vasylewsky. Sie alle waren Mitglieder von Machnos Anarchist*innengruppe in Guljajpole und mit Machno persönlich befreundet.[286] Über sie sicherte er seinen jederzeitigen persönlichen Zugriff auf den Geheimdienst.

285 Vgl.: Ebd.: S. 8 bzw. S. 10.

286 Vgl.: Ebd.: S. 10.

Als er die drei im April 1919 anwies alle Regimentskommandeure mit bolschewistischer Vergangenheit zu verhaften, wusste Machno genau, dass seine Anweisung befolgt werden würde.[287] Danach würde Kontrrazvedka immer wieder dazu eingesetzt werden, das Aufstandsgebiet, die Armee und selbst den Geheimdienst von wirklichen oder vermeintlichen Bolschewiki zu säubern.

Als sicher gilt jedoch, dass Machnos Geheimdienst bezüglich des Verhältnisses zu Überläufern eher weniger wählerisch war. Wer von den Heeren anderer Atamane zu den Machnowzy stieß, musste lediglich erklären, dass er ab sofort die Ziele Machnos unterstütze, dann durfte er in der Aufständischen Armee Dienst tun.[288] Ziel ständiger Schikanen und häufig unmenschlicher Behandlungen waren lediglich Bolschewiki oder vormalige Angehörige der Roten Armee.

Dieser Doktrin blieb Kontrrazvedka auch außerhalb des von den Aufständischen Truppen besetzten Gebiets treu.

Bolschewiki, ihre Organisation und selbst gewählte Sowjets und Vollversammlungen in Betrieben wurden durch Kontrrzvedka mit ihrem Entstehen zum Ziel erklärt.

Dabei zeigten sich die Geheimdienst-Machnowzy in der Wahl ihrer Bündnispartner*innen wenig wählerisch. Während sie auf dem von ihnen beherrschten Gebieten auch den Linken Sozialrevolutionären das Leben schwer machten, schmiedeten sie mit ihnen in Sowjetrussland Allianzen.

Im Laufe des Jahres 1919, als Denikin und zahlreiche andere weißgardistische Generäle mit ihren Armeen die Revolution in Russland zu erwürgen drohten, als die Bäuerinnen und Bauern und die Arbeiter*innen hungerten und der Nachschub für die Weißen aus westeuropäischen und US-Lagern nicht zu versiegen schien, da begann Kontrrazvedka systematisch Anschläge gegen Lenin, Trotzki und die Bolschewiki zu

287 Vgl.: Ebd.
288 Vgl.: Ebd.: S. 23.

organisieren.[289] Im Grunde stellten sich die Kontrrazvedniki auf die Seite der Konterrevolution.

Ihren Plan, die ukrainische Sowjetregierung mit einem Bombenanschlag auszurotten, gaben sie zu Gunsten eines anderen Plans auf. Über mehrere Wochen ließ Kontrrazvedka Agenten in sowjetisches Gebiet einsickern. Ihre Aufgaben bestanden in Kontaktaufnahmen zu Linken Sozialrevolutionären. Deren Partei war unmittelbar nach der Oktoberrevolution der Koalitionspartner der Bolschewiki in der sowjetrussischen Regierung. Allerdings war 1918 ihr Plan den Brester Friedensvertrag durch terroristische Anschläge zu verhindern und einen »revolutionären Volkskrieg« gegen die Deutschen zu entfesseln. Die Bolschewiki hielten in ihrer Mehrheit diese Absicht für ein riskantes Hirngespinst. Dennoch töteten linke Sozialrevolutionäre den deutschen Gesandten Graf Mirbach. Die Deutschen drohten nun ihrerseits mit der Wiederaufnahme der Kampfhandlungen. Dem hätte Sowjetrussland nichts entgegenzusetzen gehabt. Das Inkrafttreten des Friedensvertrages von Brest-Litowsk war an sich schon äußerst ungünstig für die junge Sowjetrepublik. Die Wiederaufnahme der Kampfhandlungen hätte die Macht der Sowjets, die gesamte Revolution liquidiert. Um das zu vermeiden, gingen die Bolschewiki in ganz Sowjetrussland gegen die Partei der Linken Sozialrevolutionär*innen vor.

Am liebsten wäre es dem deutschen Kaiserreich gewesen, wenn deutsche Beamte diese Verfolgung auf russischem Gebiet hätten durchführen dürfen. Das deutsche Ultimatum ähnelte jenem von Österreich-Ungarn gegenüber Serbien 1914. Beide sollten unerfüllbar sein. Die Bolschewiki verlangten daraufhin von der Basis der Linken Sozialrevolutionäre sich von der Handlung ihrer Führung loszusagen.[290] Zu großen Teilen folgten die Mitglieder dieser Aufforderung oder gründeten

289 Vgl.: Ebd.: S. 16ff.

290 Vgl.: Rabinowitch, Alexander: »Die Sowjetmacht. Das erste Jahr«, Essen: Mehring Verlag, 2010, S. 124.

neue Organisationen.[291] Manche traten einfach zu den Bolschewiki über. Andere hingegen setzten den terroristischen Kampf im Untergrund fort. Noch 1919 waren viele ehemalige Linke Sozialrevolutionäre in der Illegalität, legten Bomben oder verteilten Flugblätter.

Mit diesen galt es aus Sicht des Kontrrazvedka ins Gespräch zu kommen. Unterhaltungen in Parks, versteckte Nachrichten, kodierte Briefe. Schnell diskutierte man erste Anschlagspläne. In Verstecken wurden Ziele ausgesucht. In der Ukraine hatte es bei einer Veranstaltung auch beinahe schon geklappt. Nur explodierte die Bombe, die Lenin, Kamenew und Bucharin gleichzeitig in den Tod reißen sollte deutlich zu früh, was ihren Erfolg verhinderte.[292]

Die gemeinsamen Planungen von ehemaligen Linken Sozialrevolutionär*innen und Kontrazvedniki für weitere Anschläge endeten nicht mit diesem Akt. Keine Skrupel schienen die Täter*innen aufzuhalten. Verschwendeten sie Gedanken an mögliche, vollkommen unschuldige Opfer ihrer Terrorakte? Oder dachten sie darüber nach, weshalb sich die Bolschewiki zu diesem Zeitpunkt seit gut zwei Jahren gegen einen Welt von Feind*innen hielten? Vielleicht ja auch deshalb, weil sie lang nicht so verhasst waren wie die Terrorist*innen es glaubten?

Ob diese Überlegungen bei den Planungen irgendeine Rolle spielten, ist nicht mehr zu sagen. Eines jedoch ist sicher, man dachte über den nächsten, vielleicht ja wirklich großen Schlag gegen die gesamte Sowjetführung nach.

Man müsste sie an einem Ort versammeln und dann zuschlagen – im Kreml. Wann wäre das der Fall? Zu den Feierlichkeiten anlässlich des zweiten Jahrestags der Oktoberrevolution.[293] Da müsste man zuschlagen und dann müsste sich das Netzwerk der Anarchist*innen im Untergrund überall erheben. War man dazu nicht viel zu schwach. Ja, schon. Aber man musste es probieren.

291 Vgl.: Trotzki, Leo: »Terrorismus und Kommunismus. Anti-Kautsky«.
292 Vgl.: Azarov: S. 17.
293 Vgl.: Ebd.: S. 17f.

Den Hauptschlag sollte die »Moskauer Organisation der Anarchisten im Untergrund ausführen.« Sie war ein Kind der Kontrrazvedka.[294]

In einer Moskauer Wohnung trafen sich regelmäßig die Attentäter, um Pläne zu schmieden. Der Sprengstoff hingegen war auf einem Gartengrundstück etwas außerhalb der Hauptstadt versteckt. Alles war bereit, die Kontrrazvedka rieb sich die Hände, Machno lief grinsend und seine Aufregung hinter zur Schau gestellter Arroganz versteckend, in seinem Hauptquartier umher. Die Besatzung des Gartengrundstücks bei Moskau erwartete die Abholung der Bombe. Sie wartete und wartete.

Wann ihnen klar wurde, dass der Plan vereitelt worden war, ist nicht überliefert. Aber sie bemerkten in jedem Fall die Einkreisung durch Mitarbeiter der Tscheka.[295] Also musste die konspirative Wohnung aufgeflogen sein. Was jetzt? Sich der Tscheka ergeben war keine Option. Doch dass die Leute, die da ringsum das Grundstück in Deckung gegangen waren, sehr genau wussten was sie da taten, war auch klar. Sich den Weg freizuschießen war vollkommen unmöglich. So sprengten sie sich selbst in die Luft![296]

Innerhalb des von Machnos Truppen gehaltenen Gebietes sorgte die eigens gegründete zivile Abteilung des Geheimdienstes für Angst und Schrecken.[297] Unter dem Vorwand nach illegalen Waffen zu suchen wurden Dörfer und Stadtteile durchgekämmt. Bei wem Waffen gefunden wurden, der wurde nicht selten ohne großes Federlesen erschossen. Die Idee, dass es in einer Revolution so etwas wie eine illegale Bewaffnung bei denen geben könnte, die sich befreien wollten und diese Freiheit auch zu verteidigen gedachten, ist einigermaßen absurd.

Ein Fall für Kontrrazvedka waren zudem die weiterhin stattfindenden »Expropriationen«. Zwar gaben die Anar-

294 Vgl.: Ebd.: S. 19.
295 Vgl.: Ebd.: S. 18.
296 Vgl.: Ebd.
297 Vgl.: Ebd.: S. 27.

chist*innen um Nestor Machno gern vor, sie würden die Bolschewiki auch wegen deren Hangs zur Zentralisierung ablehnen und man wolle doch dezentrale Strukturen. Doch wenn es ums Geld ging, dann sah man das auch bei denen ganz anders. Und so leerte Kontrrazvedka die Banken aller besetzten Orte: Mariupol, Berdjansk, Alexandrowsk, Jekaterinoslaw, Krivoi Rog... - überall die gleichen Szenen: Männer, behängt mit Waffen und der Stärke der Ermächtigung durch Nestor Machno spazierten mit ernstem Blick in die Bankgebäude, forderten die Bankangestellten auf die Tresore zu öffnen und füllten ihr mitgebrachten Säcke.[298]

Volin und andere Anarchist*innen sahen die Aktionen der Kontrrazvedka nicht gern, aber wirklichen Widerstand leisteten auch sie nicht.[299] Hatten sie Angst? Wollten sie einer sehr wahrscheinlichen Konfrontation mit Nestor Machno aus dem Weg gehen?

Während eines Treffens von führenden Angehörigen von Kontrrazvedka, am 9. Juli 1920 griff sogar Machnos rechte Hand, Belash, die zahlreichen Morde von Kontrrazvedka auf.[300] Vor den Anwesenden vergaß er sich. Morde, Diebstähle und Misshandlungen hin und her, aber man könne nicht ständig die führenden Köpfe von Gewerkschaften und Genossenschaften erschießen.[301] Ein Raunen ging durch die Reihen der Konferenzteilnehmer. Wollte ihnen hier jemand etwa etwas vorschreiben? Aber ohne jede Frage, der völlig irrsinnige Schwarze Terror widersprach all den Darstellungen der Machnowzy von Freiheit und libertärem Zusammenleben. Dabei lag es in der Logik des Systems begründet. Jede Gewerkschaft, jede unabhängige Organisation hätte eine Konkurrenz darstellen können. Also machte Kontrrazvedka ganz gern mal kurzen Prozess und schaffte jene aus dem Wege, die nach ihrer Darstellung sich nur wieder Autoritäten werden

298 Vgl.: Ebd.: S. 27f.
299 Vgl.: Ebd.: S. 30.
300 Vgl.: Ebd.: S. 41f.
301 Vgl.: Ebd.: S. 41.

wollten. War es ihnen eigentlich bewusst, dass sie damit selbst eine der brutalst möglichen Autoritäten geworden waren?

Belash präsentierte auf dieser Versammlung auch die Lösung des Problems bezüglich der ständigen Grenzüberschreitungen durch Kontrrazvedka. Ab sofort sollte es eine besondere Einheit innerhalb des Geheimdienstes geben: Die Kommission für anti-machnowistische Aktivitäten. Noch mehr als der gesamte Geheimdienst mauserte sich diese Kommission bald zum absoluten Terrorinstrument. Nichts und niemand war in der Lage sie zu mäßigen. Die Mitglieder waren handverlesen. Allesamt hochgebildete Anarchist*innen, wie man es damals darstellte.[302] In Wirklichkeit waren sie vollkommen gefühllos agierende Mörder. Zum Chef der Kommission wurde Levchenko ernannt, einer von Machnos Leibwächtern und damit Teil des innersten Machtzirkels der Machnowschtschina.[303]

Der Unmut innerhalb des Aufstandsgebietes über diese Kommission nahm derart enorme Ausmaße an, dass er selbst die Herrschaft der Machnowzy als solche infrage stellte. Der Bogen war überspannt. Machno musste seine Hände in Unschuld waschen. Er tat das so wie es später auch Stalin und all die stalinistischen Herrscher nach ihm taten. Er erklärte den Chef der Kommission für anti-machnowistische Aktivitäten, somit also seinen einstigen Vertrauten Levchenko, für alleinverantwortlich. Er sei ein Konterrevolutionär und Antisemit.[304] Diese Beschuldigungen waren an den Haaren herbeigezogen oder hatte Machno die Anwesenheit von Antisemiten und Konterrevolutionären in seinem nächsten Führungskreis bis dahin nicht bemerkt? Niemand hatte den Mut nachzufragen und so wurden Levchenko und eine ganze Reihe des

302 Vgl.: Ebd.: S. 42f.

303 Vgl.: Schubin, Alexander: »Die Machno-Bewegung und der Anarchismus«, in: Kellermann, Philippe [Hrsg.]: »Anarchismus und russische Revolution«, Berlin: Karl Dietz Verlag, 2017, S. 67 – 99, [nachfolgend: Schubin], S. 73.

304 Vgl.: Azarov: S. 43.

Führungsstabes der Kommission für anti-machnowistische Aktivitäten kurzerhand erschossen.[305]

In einigen Fällen schwang sich Machno höchstpersönlich zum Herren über Leben und Tod auf. Ein Mitglied des Führungskreises der Kommission, M. Scholochow, bekannt für seine Grausamkeit, wurde von Machno mit der knurrigen Bemerkung errettet, man wolle mal sehen wie er sich in Zukunft machen wird. Erschießen könne man ihn immer noch.[306]

Die erschreckenden Umtriebe des machnowschen Geheimdienstes endeten erst mit dem Sieg der Roten Armee gegen Denikin, Koltschak und Machno in der Ukraine.

Wirtschaft und Produktion

Die Postkapitalistische Produktionsweise

Leo Trotzki hat einmal geschrieben, dass jede Gesellschaft nichts anderes sei als die jeweilige Organisationsform der notwendigen, zu erledigenden Arbeit. In den bisherigen Klassengesellschaften bedeutete dies stets, die Ausgebeuteten verrichteten die Arbeit und stellten die Produkte her, die den Herrschenden ein angenehmes Leben verhießen. Wie die marxistischen Vorstellungen zur postkapitalistischen Produktionsweise gehen auch die anarchistischen Ideen davon aus, dass diese Art der Arbeitsorganisation überwunden werden müsse. Gehen die anarchistischen Vorstellungen dabei auch teils weit auseinander, gibt es auch zahlreiche Überschneidungen, vorrangig in der Ablehnung der kapitalistischen Produktionsweise.

So beruhe die kapitalistische Gesellschaft auf »*[…] dem individuellen Eigentum, d. h. auf dem Raub, auf dem beschränkten stupiden Individualismus […].*«[307] Der sei ein »*[…] autoritärer*

305 Vgl.: Ebd.
306 Vgl.: Ebd.
307 Kropotkin: »Die Eroberung«, S. 147.

Individualismus, der uns völlig erstickt […].«[308] Der entstehe aus dem Privateigentum an Produktionsmitteln, das die Menschen voneinander separiere, sie in Konkurrenz zueinander setze. Daher müsse es das Ziel sein, dass allen Menschen alles gemeinsam gehöre und das Privateigentum an Produktionsmitteln überwunden werde.[309] Fabriken und Maschinen sollten nicht mehr einzelnen Kapitalisten gehören, sondern allen Menschen, zumindest sehen das kollektivistische und kommunistische Anarchist*innen so.

An die Stelle der Verträge, die die lohnabhängig Beschäftigten eingehen müssen, weil sie selbst nicht über Maschinen verfügen und daher ihre Arbeitskraft an einen Unternehmer verkaufen müssen, soll aller Orten die freie Vereinbarung treten. Produzent*innen und Konsument*innen sollen sich in Produktions- und Konsumgenossenschaften organisieren, die miteinander zum größten Vorteil der Beteiligten frei miteinander übereinkommen. Kropotkin findet die Vorbilder für seine Art der Arbeits- und Konsumorganisation in der Gesellschaft, in der er lebt. Der Bau der Eisenbahnverbindungen in Europa und den USA liefern für ihn das Beispiel schlechthin. Kapitalistische Unternehmen hätten abschnittsweise die Strecken errichtet und das ganz ohne zentrale Leitung.[310] So solle auch die kommunistische Gesellschaft aussehen: Die freien Zusammenschlüsse der Produzierenden und der Konsumierenden würden ein Übereinkommen miteinander suchen.

Dass Kropotkin den individuellen Kapitalisten, den Unternehmer auf diese Art einfach durch den kollektiven Kapitalisten ersetzen wollte, die Gemeinschaft, die den eigenen Vorteil erstrebt statt des Unternehmers, verstand Kropotkin nicht. Zudem war es alles andere als ausgeschlossen, dass auch innerhalb der Kooperativen, die Kropotkin in Landwirtschaft und Industrie ersann, eine soziale Differenzierung entstehen würde, die mittelfristig die Kooperative wieder in

308 Ebd.
309 Vgl.: Ebd.: S. 46.
310 Vgl.: Ebd.: S. 148f.

einen ganz gewöhnlichen kapitalistischen Betrieb zurückverwandeln würde.

Die marxistische Revolutionärin Rosa Luxemburg, beschäftigte sich in einem anderen Zusammenhang mit dem Genossenschaftswesen. Der rechte Flügel der SPD in Deutschland stellte vor der Wende vom 19. zum 20. Jahrhundert das Genossenschaftswesen als Alternative zum kapitalistischen Großunternehmen dar. Damit nahmen jene, die sich gegen die revolutionären Ideen innerhalb der frühen SPD richteten, ähnliche Positionen ein wie Anarchist*innen. Luxemburg warnte eindringlich vor den trügerischen Hoffnungen, die mancher auf Genossenschaften setzte:

> *»Was die Genossenschaften, und zwar vor allem die Produktivgenossenschaften betrifft, so stellen sie ihrem inneren Wesen nach inmitten der kapitalistischen Wirtschaft ein Zwitterding dar; eine im kleinen sozialisierte Produktion bei kapitalistischem Austausche. In der kapitalistischen Wirtschaft beherrscht aber der Austausch die Produktion und macht angesichts der Konkurrenz rücksichtslose Ausbeutung […] zur Existenzbedingung der Unternehmung. Praktisch äußert sich das in der Notwendigkeit, die Arbeit möglichst intensiv zu machen, sie zu verkürzen oder zu verlängern, je nach Marktlage, die Arbeitskraft je nach den Anforderungen des Absatzmarktes heranzuziehen oder sie abzustoßen und aufs Pflaster zu setzen, mit einem Worte, all die bekannten Methoden zu praktizieren, die eine kapitalistische Unternehmung konkurrenzfähig machen.«*[311]

Denn, was Most und Kropotkin und mit ihnen zahlreiche Anarchist*innen vergessen, ist die schlichte Tatsache, dass die von ihnen favorisierte »freie Vereinbarung« zwischen den Wirtschaftssubjekten nichts Anderes darstellte,

311 Luxemburg, Rosa: »Sozialreform oder Revolution«, in: Institut für Marxismus-Leninismus beim ZK der SED [Hrsg.]: »Rosa Luxemburg: Gesammelte Werke: Band 1 1893-1905. Erster Halbband«; Berlin: Dietz-Verlag, 1982, S. 367-466, [nachfolgend: Luxemburg: »Sozialreform oder Revolution«], S. 417.

als das freie Spiel der Kräfte im Kapitalismus. Was hinter den wohlklingenden Phrasen hervorschaut, ist die »invisible hand« von Adam Smith. Wer seine Produkte frei tauschen kann, der wird sie gegen möglichst große Gegenleistungen tauschen. Wer begehrte Produkte tauschen kann, der kann umso größere Mengen anderer Waren verlangen. Wer diese Produkte haben will, muss andere Mitbewerber hinter sich lassen.

Verschiedene Genossenschaften, die das gleiche produzieren, würden wieder zueinander in Konkurrenz treten und müssten ihre Produkte billiger tauschen, also geringere Gegenleistungen fordern, um nicht übertrumpft zu werden. Sie würden in ihrer Genossenschaft Effizienz durchsetzen müssen, ein striktes Regime einführen und in »schwierigen Zeiten« Leute entlassen. Genau das verstehen weder Most noch Kropotkin. Solange das Wertgesetz in Kraft bleibt – und weder Most noch Kropotkin und mit ihnen die überwiegende Mehrzahl der anarchistischen Theoretiker*innen wollen es außer Kraft setzen – bleibt auch die Konkurrenz und mit ihr das Wirtschaften nach kapitalistischen Gesichtspunkten.

Und ganz so frei wie Kropotkin es in der freien Gesellschaft haben möchte, scheint es dann doch nicht zu werden: Denn während marxistische Theoretiker*innen für die Arbeitspflicht, von der sie bezüglich des Arbeiter*innenstaates reden, von anarchistischer Seite viel gescholten werden, obgleich damit nichts Anderes gemeint ist, als die Pflicht auch des ehemaligen Ausbeuters zu arbeiten, formuliert Kropotkin die bezeichnenden Sätze:

> *»Alles soll allen gehören! Vorausgesetzt, dass Mann und Weib die ihnen mögliche Arbeit liefern, haben sie ein Recht auf den ihren Bedürfnissen entsprechenden Teil des Gesamtprodukts.«*[312]

Und da der Anteil der verrichteten Arbeit gegenüber dem des konsumierten Anteils am Gesamtprodukt auf irgendeine

312 Vgl.: Kropotkin: »Die Eroberung«, S. 46.

Art messbar sein muss, benötigt man ein allgemeingültiges Äquivalent. Darüber mochte sich Kropotkin nicht bewusst sein, aber im Grunde schrieb er mit diesen Sätzen die weitere Existenz des Geldes bis in eine entfernte Zukunft auch in der befreiten Gesellschaft fort.

Johann Most übrigens, dessen Ideen bezüglich der Gestaltung der freien Gesellschaft denen Kropotkins sehr ähneln, ging hier noch einen ganzen Schritt weiter. Zwar befürwortete er die Abschaffung des Geldes in seinem Entwurf einer anzustrebenden Gesellschaft, doch er gedachte es sogleich gegen ein anderes Zahlungsmittel zu ersetzen. Für die geleistete Arbeitszeit sollen, so Mosts Vorstellung, die Produzierenden Scheine erhalten, auf denen dann die mit Arbeit zugebrachte Zeit vermerkt ist. »*Die Quittung über eine Stunde in Waren verkörperter notwendiger Arbeitszeit wird die Einheit der Wertzeichen einer freien Gesellschaft zu bilden haben! Denn nur das Zeitgeld – wenn man man solche Tauschscheine überhaupt noch ‚Geld' nennen will, was im Hinblick auf die scheußliche Rolle, was das Geld bisher in der Welt gespielt hat, kaum der Fall sein dürfte, - nur das Zeitmaß lässt eine Wertschätzung ohne Schwindel zu.*«[313] Mosts Idee des Zeitmaßes – welches er, ohne den Urheber zu nennen, in weiten Teilen von Robert Owen übernommen hat – schafft Anreize für Arbeit möglichst viel Zeit aufzuwenden, also ineffizient zu produzieren. Welchen Antrieb sollte ein Tischler haben einen Stuhl in einer Stunde herzustellen, statt in drei Stunden, wenn er mittels des Zeitgeldes einen größeren Anspruch auf Anteile des gesellschaftlich hergestellten Produkts hat, wenn er möglichst lange arbeitet?[314]

---

313 Most, Johann: »Die freie Gesellschaft«, in Most, Johann: »Die Freie Gesellschaft«, Münster: UNRAST-Verlag, 2006, [nachfolgend: Most; »Gesellschaft«], S. 37.

314 Vgl.: Engels, Friedrich: »Herrn Eugen Dührings Umwälzung der Wissenschaft. Anti-Dühring«, in: Institut für Marxismus-Leninismus beim ZK der SED [Hrsg.]: Karl Marx, Friedrich Engels: Ausgewählte Werke in sechs Bänden. Band V«, Berlin: Dietz-Verlag, 1972, [nachfolgend: »Anti-Dührung«], S. 328ff.

Sie schreibt zudem soziale Ungleichheiten fest, weil der Vater von acht Kindern, wie Engels bezüglich ähnlicher Vorstellung analysierte, eine ebenso große Menge Zeitgeld erhält wie ein alleinstehender junger Mann, da beide genauso lange arbeiten.[315] Oder aber das »Zeitgeld« zwingt gerade Familienmütter und -väter mehr Zeit auf Arbeit zu verbringen.

Im Grunde schafft das »Zeitgeld« das Geld ab, ohne es wirklich abzuschaffen. Man könnte auch sagen, es hält das Wertgesetz der kapitalistischen Gesellschaft aufrecht. Produkte werden getauscht anhand der für ihre Herstellung notwendigen durchschnittlichen gesellschaftlichen Arbeitszeit, die in ihnen steckt. Dabei spielt es eine untergeordnete Rolle, ob man die Produkte direkt tauscht oder vermittels irgendwelcher Äquivalente, die man sich erdacht hat. Denn nichts anderes als ein solches Äquivalent ist das Geld von heute. Eine Gesellschaft, die so Waren tauscht, wird sehr bald wieder gegen die Fälschung von »Zeitgeld« vorgehen müssen. Sie wird sehr schnell wieder jene erleben, die sich mehr Scheine mit der darauf festgehaltenen Arbeitszeit aneignen, und daher einen größeren Zugang zum gesellschaftlich erwirtschafteten Produkt haben. Arm und reich wird sich nicht mehr unterscheiden in der Menge der verfügbaren Dollars oder Euros. Aber sie werden sich voneinander unterscheiden. Reich ist dann, wer mehr Zeitmaßkarten besitzt.

Die erschreckende Differenzierung unserer Gesellschaft in arme und reiche Menschen ist nicht aufzuheben, indem man Geld einfach anders nennt. Der soziale Charakter einer Erscheinung verschwindet nicht durch einen anderen Titel.

Zudem benötigen Most und Kropotkin, egal wie antiautoritär sie sich geben, eine unumstrittene Autorität in ihrer Vorstellung der »befreiten« Gesellschaft. Denn nur eine solche Autorität kann für alle am Wirtschaftsleben Teilnehmenden, für jede einzelne Person und für jedes der Kollektive, eine allgemeingültige Aufstellung anfertigen für die pro Produkt

315 Vgl.: Ebd.: S. 332.

aufzuwendende Zeit. Diese Autorität aber wird sehr schnell von Neuem über die anderen herrschen, denn sie trifft für andere Entscheidungen, welche zudem unumstritten sind und in Mosts und Kropotkins Modell unumstritten sein müssen. Denn nur, wenn sie unumstrittene Zeitmaße aufstellen dürfen, können Produkte miteinander ausgetauscht werden.

Marxistische Vorstellungen von der Wirtschaft nach dem Kapitalismus sehen anders aus. »Jede*r nach seinen/ihren Fähigkeiten. Jede*r nach seinen/ihren Bedürfnissen«, so soll die entwickelte kommunistische Gesellschaft funktionieren. Was im Grunde heißt, der Beitrag aller Menschen ist für die kommunistische Gesellschaft wertvoll, ohne das eine Autorität bestimmt wie wertvoll diese Beiträge verglichen mit anderen sind. Ob man ein Buch schreibt; ein Gedicht verfasst; ob man hilft, ein Haus zu bauen oder die Ernte einzubringen – all diese Tätigkeiten sind in der Ideenwelt von Marx und Engels sinnvolle Beiträge zur kommunistischen Gesellschaft. Und diese Beiträge, geleistet nach den eigenen Fähigkeiten, legitimieren allein schon zur Konsumtion anhand der eigenen Bedürfnisse. Kein Geld, kein Äquivalent, kein Tausch Wert gegen Wert. Wer etwas zur kommunistischen Gesellschaft beiträgt, der hat auch das Recht zu verbrauchen. Möglich macht das nur eine Wirtschaft, deren Produktivität ein so hohes Niveau erreicht, dass der Mangel besiegt ist.

Ausgenommen von diesen Überlegungen sind jene Menschen, die zeitweise oder lebenslang aufgrund objektiver Einschränkungen nichts oder nur wenig beitragen können. Selbstverständlich haben auch sie Anspruch auf Schutz und Hilfe der gesamten Gesellschaft.

Im Endeffekt entwerfen Most und Kropotkin ein kapitalistisches System auf der Basis genossenschaftlichen Eigentums. Sollte Machno wirklich versucht haben dasselbe innerhalb des Aufstandgebietes Wahrheit werden zu lassen, scheiterte er selbst mit diesem Versuch. Denn was immer Machno ökonomisch umsetzte, es war sicher nicht das, was der Anarchismus vor ihm anvisiert hatte.

Die Wirtschaft der Machnowschtschina

Der Herbst brach herein um Guljajpole. Seine Stürme trieben die fallenden Blätter über die leer geernteten Felder; seine kürzer werdenden Tage legten alle denkbaren Farben und Schattierungen auf Sträucher und Bäume und seine nächtliche Kälte schien wie eine dunkle Vorahnung dessen, was der Winter bringen würde. Die Landarbeiter*innen und Bäuerinnen und Bauern, die in und um Guljajpole lebten, kannten diesen steten Wechsel seit Kindertagen. Noch nie war es anders gewesen und wieso sollte es denn auch jemals anders werden? Viel mochte sich verändert haben und doch war Vieles gleich geblieben.

Die Machnowzy hatten begonnen das Land umzugestalten. Alle sollten nun gleich sein. Eine schöne Utopie, aber hier im Gebiet des Batiko Machno war es eben auch nur das – eine Utopie. Welche Hoffnungen hatte man in die Enteignung der Kulaken gesteckt und wie bitter war man enttäuscht worden.

Nein, ein Fehler waren die Expropriationen nicht. Höchstens wie man sie durchgeführt hatte. Wer zuerst kam, der bekam das beste und das meiste, so viel er eben tragen konnte. Und schon gab es wieder welche, die waren besser, die waren reicher. Und die waren es, die nun auch in den Sowjets hier vor Ort den Ton angaben und die Machnowzy ließen sie gewähren, sprachen sie ihnen doch nach dem Munde. Und weiter machten die armen Bäuerinnen und Bauern den Rücken krumm: Hoben die reifen Früchte unter den Bäumen auf, pflückten Äpfel und Pflaumen ab oder brachten die Saat für das Wintergetreide aus. Sie mochten Land haben, aber sie drohten es von Neuem an Stärkere zu verlieren.

Die Bolschewiki versuchten - nicht selten durchaus erfolgreich - in den von ihnen beherrschten Gebieten mit den Komitees der Dorfarmut die nach den ersten Enteignungen 1917 entstandenen neuen Ungleichheiten zu nivellieren. Die Machnowzy stellten sich dieser Aufgabe eben nicht.

Gerade jene Bäuerinnen und Bauern und Landarbeiterinnen und Landarbeiter, die sich bedroht sahen, suchten ihr Heil im Zusammenschluss. Wer sich vereint, der musste doch stärker sein, der musste den neuen Gefahren, die doch die alten waren, widerstehen können. Ausgehend vom Zentrum der Machno-Bewegung, von Guljajpole, schlossen sich Bauernfamilien zu Genossenschaften zusammen.

Die ersten waren arme Bauernfamilien beim Dorf Pokrowskoje in der Nähe von Guljajpole.[316] Vereint sei man stärker, so ihre schlichte Hoffnung. Und diese Hoffnung zog an: Aus wenigen dutzend Bäuerinnen und Bauern wurden schnell mehr als 300.[317] Was sie von den Machnowzy und ihrer Form des »Anarchismus« und der Idee der Bildung von Kommunen und Genossenschaften hielten, zeigten sie schon in der ersten Sitzung der Kommune. Bei der Suche nach einem Namen erhob sich einer der abgearbeiteten Gestalten und schlug den Namen »Rosa-Luxemburg-Kommune« vor. Eine Diskussion blieb aus, der Antrag hatte genau ins Schwarze getroffen. Ausgemachte Anarchisten wie Pjotr Arschinow waren erschüttert und wütend. Wussten denn diese Bauern in ihrer *»[....] volkstümliche[n] Schlichtheit und Großzügigkeit [...]«* nicht, wofür Rosa Luxemburg stand? Eine Märtyrerin – ohne Zweifel – aber wie konnten sie ihre eigene, ihre freie Kommune nur nach ihr benennen. *»Das innere Leben der Kommune«* so Arschinow, *»hatte aber nichts mit jener Lehre gemein, für die Rosa Luxemburg gekämpft hatte. Dieses Leben gründete sich auf Prinzipien, die von keiner Regierungsgewalt wussten.«*[318]

Es war nicht Naivität oder Unwissen, das die Mitglieder der Kommune dazu brachte, sich diesen Namen zu geben. Das anzunehmen hieße die enorme Politisierung der russischen und ukrainischen Bevölkerung in den Jahren unmittelbar

316 Vgl.: Arschinow: S. 92.

317 Vgl.: Ebd. Volin übernimmt ohne Angaben der Quelle die Darstellung Arschinows fast wortgleich {Vgl.: Volin: 505f.].

318 Ebd.

nach der Oktoberrevolution zu unterschätzen. Sie wussten sehr wohl, was sie taten.

Den Machnowzy passte der Name scheinbar ebenso wenig wie die Entwicklung der Kommune. Ausgerechnet sie wurde zur Vorzeigegenossenschaft im Gebiet der Machnowschtschina. Eine Bewegung vermochte auch sie nicht zu entfachen. Die Ursachen dafür mochten vielfältig sein: Ohne landwirtschaftliche Geräte konnte auch eine Kommune den Produktivitätsrückstand gegenüber reicheren Bauernwirtschaften nicht aufholen. Zum Anderen stellte sich schnell heraus, dass sich die Machnowzy immer dann, wenn sie für einen ihrer Feldzüge Proviant benötigten, sich an genau dieser Kommune bedienten. Sie nahmen, was sie bekamen.[319] Beide Seiten – die Machnowzy ebenso wie die Bäuerinnen und Bauern der Kommune – hatten die Kampfansage verstanden: Rosa Luxemburg, das war unverzeihlich!

Trotz der ständigen Betonung auf die Bereitschaft freie Kommunen zu bilden, entstanden im Umkreis von Guljajpole im Ganzen drei weitere Kommunen. Gut je zehn Bauernfamilien lebten in ihnen.[320] Damit vereinten diese Kommunen lediglich einen verschwindenden Anteil der Bäuerinnen und Bauern in und um Guljajpole. Entgegen den meisten anarchistischen Darstellungen leitete die Machnowschtschina keinen Siegeszug der Kommunen ein und entgegen eben jenen Darstellungen waren die Mitglieder dieser Kommunen nicht etwa gleich. Und ohne Regierung waren sie ebensowenig.

Ganz im Gegenteil: Die Leitung der Kommunen oblag jeweils einem Rat der Ältesten.[321] In den hineinzukommen war nicht abhängig von einer Wahlentscheidung, sondern lediglich von der Höhe des eigenen Alters. Was unter den Augen der Machnowzy seine Rückkehr feierte war nicht etwa eine neue Art zu produzieren, sondern lediglich der alte »Mir«, die

319 Vgl.: Peters: S. 39ff.

320 Vgl.: Danyluk: S. 102.

321 Vgl.: Dahlmann: S. 124. Ebenso: Danyluk: S. 102.

Bauerngemeinschaft, die der in Russland entstehende Kapitalismus in der zweiten Hälfte des 19. Jahrhunderts langsam begonnen hatte zu zerstören.[322] All das war kein Fort-, sondern eher ein Rückschritt.

Es zeigte sich schnell, dass die Machnowzy keinerlei Programm oder auch nur vage Idee für den Umgang mit ökonomischen Herausforderungen hatten: Das Mantra, wonach nun in jeder denkbaren Hinsicht frei entschieden werden könne, sollte im Grunde lediglich die schlichte Wahrheit bemänteln, dass sich die Machnowzy nach der Befreiung von Städten von den Truppen Denikins oder Petljuras als unfähig erwiesen bei der Reorganisation von Wirtschaft, Handel und Austausch, den Arbeiter*innen bzw. den Bäuerinnen und Bauern Hilfestellung zu geben.

Die Wirtschaftspolitik der Machnowzy glich einem Flickenteppich anarchistischer Maßnahmen, einem sehr löchrigen Flickenteppich noch dazu. Und so manche klar berechnete Maßnahme wurde späterhin gern als allzu menschlich dargestellt.

Im Sommer 1919 näherte sich Moskau ein Zug aus der Ukraine. Entladen wurde er von Bahnarbeitern, deren Magen schon seit Wochen nur noch sehr unzureichend gefüllt wurde. Ihre Kinder hungerten. Ganze Belegschaften von Betrieben in der neuen Hauptstadt Sowjetrusslands erstarben unter einem Mantel von Lethargie, die der Hunger heraufbeschworen hatte. Er war schlimmer als alle Feinde der Revolution zusammen. Gegen Kornilow hatte man 1917 kämpfen können, ebenso wie jetzt gegen Denikin und all die anderen Generäle. Sie alle hatten gemordet und gehaust.

Doch der Hunger war schlimmer. Er raffte ganze Straßenzüge dahin. Er schwächte Menschen und ließ sie zu Opfern grassierender Seuchen werden. All der revolutionäre Elan, all die Hoffnung der ersten Monate nach dem Oktober 1917 drohte an Unterernährung zu vergehen.

322 Vgl.: Ebd.

Die Bolschewiki versuchten dagegen zu halten und organisierten öffentliche Kantinen, in denen man essen konnte. Aber auch diese waren nur schwer zu beliefern.

Der Zug mit Getreide, den die Machnowzy nach Moskau sandten, erbeutet von den Weißen, geschickt trotz des eigenen Hungers, er sollte eine Aufwartung an das heldenhafte Proletariat Moskaus sein. So stellte es die Führung der Machnowzy dar – gegenüber den eigene Leuten, die in die Schlacht ritten, gegenüber der Moskauer Arbeiter*innenklasse, gegenüber der ganzen Welt! Und ihre Anhänger*innen tun es bis heute.

Doch Machno erwartete eine klare Gegenleistung. Das Getreide war kein Liebesdienst für Moskau, vom eigenen Munde abgespart. Es war für den Batiko ein Zahlungsmittel, nichts weiter. Er verlangte als Gegenleistung Industriewaren von den Bolschewiki und fühlte sich besonders gut, dass er diesen Handel – mehr war es nicht – ohne Geld abschloss.[323]

Was hier, hinter sehr viel Propaganda, zum Vorschein kommt, ist eines jener Versatzstücke anarchistischer Wirtschaftspolitik – der Tauschhandel. Machno versuchte mittels solcherart Aktionen diesen zu etablieren. Unterstützt wurde er hierbei von Anarchisten wie Volin und Arschinow. Doch waren diese Versuche zum Scheitern verurteilt. Der laufende Bürger*innenkrieg liefert dafür nur einen kleinen Teil der Begründung.[324] Weitaus entscheidender war, das Nestor Machno und die seinen, die Komplexität von Volkswirtschaften dieser Zeit bei Weitem unterschätzt haben. Unter Beibehaltung des Wertgesetzes, geldlos in Austausch zu treten entpuppte sich im Praxistest als weitaus schwieriger als gedacht.

Die Machnowzy verlangten bei jedem Tausch ein gleichwertiges Gut. Allein der Versuch dieses zu bestimmen, war an sich schon äußerst schwierig und erinnerte an antike Warenwirtschaften. Selbst Machno muss es in den Sinn gekommen sein, dass man sich nicht vorwärts vom Kapitalismus wegzu-

323 Vgl.: Ebd.
324 Vgl.: Ebd.

bewegen drohte, sondern eher rückwärts. Wobei man dessen grundlegende Charakteristika nie wirklich bedrohte.

Teilweise hielt die Tauschwirtschaft auch innerhalb des Gebietes der Machnowzy Einzug. Irgendwann schien die Führung innerhalb des Aufstandsgebiets festzustellen, dass von der Umstellung der Wirtschaft kaum etwas zu spüren war. Dem Kapitalismus rückten die Machnowzy eben nicht zu Leibe. Somit musste ein Zeichen her, welches weithin bewies, dass sie genau das doch taten. Und so wurde in einigen Gegenden des Aufstandsgebietes das Geld komplett abgeschafft. Das sei nun der Schlag gegen Kapitalismus und Armut. Doch da die Machnowzy nicht die Verantwortung für die Umgestaltung der Ökonomie annahmen, bedeutete die Umstellung auf Tauschwirtschaft in diesen Gegenden, dass die Marktteilnehmer*innen nach einem Tauschgeschäft Ausschau hielten, dass ihnen den größten erdenklichen Nutzen bringen würde. Gerade Arbeiter*innen hatten es bei dieser Art von Geschäften schwer. Was hatten sie schon beim Tausch zu bieten? Eisenbahnarbeiter*innen konnten mit keinen Produkten aufwarten, die sich einfach so tauschen ließen. Aber damit waren sie dem Hunger ausgeliefert.

Eisenbahnarbeiter*innen hatten in allen von den Truppen des Batiko besetzten Orten große Probleme mit der Aufrechterhaltung des Zugbetriebs.

Das hatte zunächst mal wenig mit der Partisanenarmee Machnos zu tun. Die Zerstörungen durch den Bürger*innenkrieg waren immens. Mensch und Material waren derart verschlissen, dass der Transport von Personen und Gütern kaum noch möglich war. Zudem benötigt gerade die Organisation von territorial weitreichenden Unternehmungen wie Verkehr oder Infrastruktur Gremien, deren Reichweite über eine Stadt oder ein Gebiet hinausgehen. Genau derartige Strukturen weigerten sich die Führungsfiguren um Machno aufzubauen. Die diesbezüglichen Klagen und Bitten der Bahnbeschäftigten ignorierten die Machnowzy ein- ums andere Mal.

In Alexandrowsk entschloss sich daher eine gewählte Abordnung von Eisenbahnarbeitern den Batiko aufzusuchen.

Hinter einem Schreibtisch eines schmucken Büros sitzend, empfing sie der Batiko, dem sie – besonders zu Beginn sehr vorsichtig – ihre Schwierigkeiten und Befürchtungen schilderten. In der rauen Sprache ihres Alltags versuchten sie dem kleinen Mann in seiner Fantasieuniform klar zu machen, dass es dringend notwendig war zu handeln, dass die Machnowzy in der Pflicht seien zu helfen. Man müsse den Bahnverkehr überregional wieder aufrichten, auf nicht-kapitalistischer Grundlage. Dafür müsse die Zusammenarbeit verschiedener Städte und Dörfer organisiert werden. Man brauche dringend Geld. Die Kassen der Bahn, aus der sich die abwechselnd herrschenden Atamane jeder für sich bedient hatten, waren leer. Es gab weder Geld für den Kauf von Ersatzteilen, noch für die Auszahlung der Löhne. Und selbst wenn man Finanzmittel zur Verfügung gehabt hätte, was hätte man damit anfangen sollen, wenn man nicht wusste wo man die benötigten Güter hätte kaufen sollen. Wo wurde überhaupt noch für den Bedarf der Eisenbahn produziert. Ohne ein übergeordnetes Gremium – war das nicht feststellbar.

Der Batiko hörte sich die Reden der Eisenbahnarbeiter ruhig an. Es überkam ihn kein Wutausbruch, so wie bei zahlreichen ähnlichen Gelegenheiten in der Vergangenheit. Machno stand auf, lief im Zimmer umher, schaute aus dem Fenster und präsentierte dann einen Einfall, der ebenso herausragend wie lapidar erscheinen solle. Die Bahnarbeiter sollten den Bahnverkehr einfach selbst organisieren. Ja, das sei die Lösung der Probleme: Sie sollten Preise verlangen, die die Kosten des Transports decken und gleichzeitig die Lohnkosten und sie sollten genügend Geld für nötige Investitionen über die Fahrpreise erwirtschaften. Die Leute sollten für den Transport mit der Eisenbahn endlich wieder Geld bezahlen.

Das war nicht besonders kreativ. Im Grunde forderte er die Bahnarbeiter auf, kapitalistisch zu wirtschaften. Einigermaßen verwirrt erhoben sich die müden und hungrigen Kollegen und begannen das Büro des Batiko zu räumen, als dieser sich noch einmal anschickte ihnen seine Anregungen mitzuteilen: Sie sollten doch den Verkehr seiner Truppen kostenlos bewerkstelligen. Das sei ja wohl das Mindeste!

Kaum, dass die Abordnung von dannen getapst war, muss es Machno jedoch klar geworden sein, dass seine Vorschläge allein nicht helfen würden. Und so forderte er aus dem im Krieg erbeuteten Vermögen 20.000 Rubel an, die er den Arbeiter*innen der Eisenbahn zur Verfügung stellte, um erstmals wieder Löhne auszuzahlen.

Von anarchistischen Autor*innen wird Machno dafür bis heute gelobt. Er habe, so die Meinung eines dieser Historiker*innen, die Wurzeln des modernen Sozialstaats gelegt. Welch erschreckende Bilanz: Nach dem halbfeudalen Armutsstaat des Zaren kam in der Ukraine der kapitalistische Almosenstaat des Batiko. Sollte das Anarchismus sein?

Auch im Angesicht von Bürger*innenkrieg und wechselndem Erfolg muss die ökonomische Bilanz der Machnowzy als äußerst kritisch angesehen werden.

Ergebnis der Wirtschaftspolitik der Machnowzy war vorrangig nicht die Verankerung des Gedankens von Kollektivwirtschaften, sondern vor allem der Aufstieg einer neuen Schicht von Bäuerinnen und Bauern, die mehr und mehr zur sozialen Stütze des Machno-Regimes wurden. Entstanden aus den Kleinbäuerinnen und -bauern, die von den Expropriationen der Kulaken der Jahre 1917 und 1918 profitiert hatten. Vor dem Hintergrund der Liquidierung der Kulaken durch Machno, ausgestattet mit militärischer Macht, befähigt sich zu nehmen was sie wollten auch wenn Kleinbäuerinnen und -bauern die Opfer waren, stiegen die neuen Herren auf. Und was die Machnowzy und deren Anhänger bis heute übersehen ist, dass sich diese Schicht von Mittelbauern ihren Staat schuf. Einen Staat, der keine Gnade kannte, der naturgemäß weder die kulakische Konterrevolution Denikins begrüßen konnte, noch die Revolution der armen Bäuerinnen und Bauern und Landarbeiter*innen, die die Bolschewiki auf dem Land organisierten. Und weil das Großbauerntum die Bauernschicht, die hinter Machno stand, weitaus mehr gefährdete, als – wenigstens zunächst - die bolschewistische Revolution verarmter Heerscharen, konnten Machnos Gefolgsleute mit Denikin keinen Frieden schließen, mit den Bolschewiki hingegen zumindest zeitweise.

Die neue Mittelbauernschicht arbeitete sich hoch. Sie wurde nicht reich, aber sie wurde wohlhabender als die Kleinbauernfamilien in Machnos Einflussgebiet. Sie klammerte sich an ihre Besitzungen, an ihren Hof, ihr Land. Sie beherrschten die Landwirtschaft der Machnowschtschina und sie hatten anders als die Kleinbäuerinnen und -bauern kein Interesse daran Kollektiven ins Leben zu rufen. Und genau deshalb gab es diese Form der Produktionsweise in Machnos Teil der Ukraine weitaus weniger, als man es hätte erwarten können.

»Das gesellschaftliche Sein bestimmt das Bewusstsein«, Marx` Halbsatz stimmt auch hier. Und die Tragik dürfte kaum zu überbieten sein. Ohne es selbst zu merken, näherte sich die Schicht der machnowschen Mittelbäuerinnen und -bauern in ihren sozialen Interessen und ihrem Handeln den von ihnen einst so verhassten Kulaken an, deren Gewährsmann sie weiterhin bekämpften. Sehr bald schon kannten sie kein Erbarmen mehr. Kein Erbarmen mit den hungernden Städten und den Landarbeiter*innen. Wer Getreide haben wollte, der sollte zahlen oder – angesichts der einfachen Tatsache, dass man mit Geld kaum noch etwas kaufen konnte – etwas tauschen. Nur was sollten die Städte tauschen?

Die Forderung nach Freiheit des Handels, von vielen anarchistischen Gruppen in der ganzen Sowjetrepublik gestreut und von den Machnowzy laut hinausgerufen, hätte unter den Umständen, in denen sich die Revolution befand bedeutet, den Hunger noch mehr zu vergrößern. Denn Freiheit des Handels bedeutet eben Marktgesetze. Was begehrt ist, wird teurer. Ob der Verkaufende nun Geld verlangt oder Waren bleibt sich gleich. Das war es im Grunde, was hinter der Machnowschtschina stand. Die Forderung einer neuen, aufstrebenden Schicht auf dem Lande zum Markt zurückzukehren. Deshalb fürchteten die Machnowzy die bolschewistischen Komitees der Dorfarmut und taten alles, um deren Gründung in ihrem Einflussgebiet zu unterbinden.

Genau dieses Verhalten musste bei den Bolschewiki, allen voran bei Trotzki, der die Machnowschtschina als bolschewistischer Kriegskommissar aus nächster Nähe erlebte, ab einem gewissen Punkt den Eindruck erwecken, dass es sich bei den Machnowzy um kulakische Konterrevolutionär*innen handelte. Das war selbstverständlich zu einfach, aber in der Situation, in der sich gerade Trotzki als Kriegskommissar befand, auch kein vollkommen unlogischer Schluss.

Minderheiten in der Machnowschtschina

Machno zuckte mit den Schultern. Kaltschnäuzig erklärte er nicht zu wissen, worum es denn überhaupt gehe. Die Frau, die vor ihm stand war verzweifelt. In seinem Hauptquartier in Guljajpole wirkte Machno noch bedrohlicher. Lag das an ihm oder an den hunderten bewaffneter Anhänger, die in den Gängen und auf den Treppen campierten? Die Frau ließ sich nicht beirren. Immer wieder bat sie die Leichen abholen zu dürfen. Doch der Batiko antwortete wie ein Automat, dass er nicht wisse, was sie meine. Ohne jede Hoffnung auf Einsehen flehte sie immer wieder und bat und bettelte. Der schwarze Ataman blieb gleichgültig und schickte die Frau aus dem Raum. Sie zögerte zu gehen, aber der Wille des Batiko war nicht infrage zu stellen und so schickte sie sich an, sein Haus zu verlassen.[325]

Plötzlich rief er sie zurück. Von was für Leichen habe sie gesprochen?[326] Und die Frau erzählte. Sie erzählte von Schtjuss, einem der engsten Vertrauten des Batikos. Sie erzählte, obwohl sie Angst hatte. Sie erzählte wie er vor drei Tagen in ihr

325 Vgl.: Zak, Mark: »Erinnert Euch an mich. Über Nestor Machno«, Hamburg: Edition Nautilus GmbH, 2018 [nachfolgend: Zak], S. 93.
326 Vgl.: Ebd.

Dorf, nach Jablowka, gekommen war, wie er Kontributionen von den Dorfbewohner*innen verlangte.[327] Und wie er ihnen Stiefel abnahm – acht Paar.

Der Batiko entsann sich des Befehls, den er gegeben hatte.[328] Er hatte Schtjuss losgeschickt, um aus der deutschen Kolonie 50.000 Rubel zu holen. Der Batiko hatte sich noch gewundert, dass er erst tags darauf zurückgekehrt war.[329] Es hatte Geld in der Kasse der Machnowzy gefehlt und die Mennonit*innen in Jablowka würden es schon haben, so die feste Meinung des Umfelds um den Batiko. Deren Vorfahren waren vor religiöser Verfolgung in Deutschland während der Reformationszeit geflohen. Sie waren Verfolgte - immer und überall. Sie folgten den Ideen des friesischen Theologen Menno Simons. Ihre Forderungen waren radikal, weit radikaler als die der Anhänger*innen Luthers. Trennung von Staat und Kirche, mitunter sogar gemeinschaftliches Leben und Wirtschaften ganzer Dörfer. Der Zusammenhalt dieser Kommunen war aufgrund der langen Verfolgung enorm. Auf wen man von außen einschlägt, der rückt zusammen.

Alles, alles hätten sie ihm gegeben, erklärte die Frau dem Batiko. Alles wonach er verlangt hatte. Bedachte man, was Schreckliches in Jablowka geschehen war, wirkte die Frau sehr gefasst. Selbst, als sie berichtete, dass Schtjuss, nachdem ihm widerstandslos die geforderten Dinge ausgehändigt worden waren, kurzerhand acht Einwohner*innen des Dorfes hatte erschießen lassen.[330] Dann verstummte die Besucherin.

Die Mennonit*innen wurden auch in ihrer neuen Heimat immer kritisch beäugt. War die Ukraine in den hunderten von Jahren überhaupt so etwas wie ihre Heimat geworden? Was wollten die denn hier? Ging es ihnen nicht besser als den ukrainischen Bäuerinnen und Bauern? Das Zarenregime streute genau diese Gerüchte. Und der Batiko und mit ihm sein nä-

327 Vgl.: Ebd.
328 Vgl.: Ebd.
329 Vgl.: Ebd.
330 Vgl.: Ebd.

heres Umfeld waren diesen aufgesessen. Und so wies Machno Schtjuss an, Geld von den mennonitischen Familien zu besorgen. Und nun hörte der Batiko etwas von Leichen…

Nach einigem Überlegen erlaubte Machno der Frau die Toten mit nach Hause zu nehmen. Der Batiko war außer sich.[331] Er rief Alexej Tschubenko, seinen Adjutanten, zu sich.[332] Wutschnaubend forderte der Batiko, man solle sofort Schtjuss suchen.

Der kam nach einer Weile selbstbewusst angetrabt und hörte sich sofort eine geschriene Strafpredigt des Batiko an.[333] Machno vergaß sich, wie häufig bei solchen Gelegenheiten. Er überschüttete Schtjuss mit allerlei deftigen Schimpfworten. Der fuhr auf, fiel dem Batiko ins Wort und brüllte ihn ebenso an. Beide versuchten einander zu übertönen. Die Bewohner*innen des Dorfes seien samt und sonders Ausbeuter gewesen. Sie zu töten sei rechtens, reklamierte Schtjuss für sich.

Dann drehte er sich um und lief schwungvoll fort. Sein Anhang folgte ihm. Für gut zwei Tage verschwand er, entzog sich jedem Kommando. Einfache Machnowzy hätte man wahrscheinlich für solch eine Insubordination erschossen.

An irgendeinem der folgenden Tage stieß er die Türe zu Machnos Büro auf und platzte in eine Sitzung. Ohne jede Frage warf er 100 000 Rubel in gebündelten Scheinen auf den Tisch neben dem Batiko und verkündete stolz auch noch 14 weitere Paar Stiefel besorgt zu haben.[334] Machno ahnte, was geschehen war. Er sprang auf Schtjuss zu und begann ihn mit wütenden Fragen zu bombardieren: Wo er das Geld und die Stiefel herhabe? Wieso er einfach so verschwunden wäre? Was er sich denke? Schtjuss verkündete überlegen lächelnd, dass all das aus der Kolonie Jablokowo sei. Von reichen Bäuerinnen und Bauern, deren Reichtum sich im Übrigen darin erschöpfte Stiefel zu besitzen.

331 Vgl.: Schnell
332 Vgl.: Zak: S. 93.
333 Vgl.: Ebd.
334 Vgl.: Ebd.

Und diese hatten sie sich geweigert herzugeben, ebenso wie das Geld. Erst einen Tag nach seiner, Schtjuss', Aufforderung seien sie dem nachgekommen.[335] Der Batiko verstand... Sofort fragte er, ob Schtjuss wieder Bäuerinnen und Bauern erschossen habe. Der durchkämmte sein schulterlanges, welliges Haar mit den Händen und gab trocken bekannt: *»Nein!«*[336] Er habe sie gefesselt, mit Knüppeln auf sie eingeschlagen und dann in eine Scheune gezerrt und dies angezündet.

Machno explodierte: Er tobte und brüllte, er gestikulierte wild und warnte Schtjuss, was ihm passieren würde, wenn er weiterhin Tötungen ohne sein Einverständnis vornahm. »Bist Du etwas Besseres?« konterte Schtjuss. *»Hast selber einen lebenden Popen in die Feuerung einer Dampflokomotive gesteckt.«*[337]

Den Anwesenden standen plötzlich wieder die Bilder dieses Vorfalls vor Augen: Wie Schtjuss auf Machnos ausdrücklichen Befehl hin den Pfarrer Kopf voran in den Kessel geschoben hatte. Wie dessen Arme ruderten; wie er gequiekt hatte, als sein Gesicht Feuer fing; wie Schtjuss gehöhnt hatte und den Popen mit Tritten ins Gesäß immer tiefer in den Kessel geschoben hatte. Der dunkle Rauch, der süßliche Geruch brennenden Menschenfleischs und das bestialische Kreischen des Traktierten hatte den ganzen Bahnhof erfüllt. Zumindest hatte der Pope die Verwundeten, die auf dem Bahnsteig lagen aufgefordert den bewaffneten Kampf einzustellen, was den Sieg der Konterrevolution nach sich gezogen hätte. Man hatte ihm etwas vorwerfen können. Und dennoch hatte sich Mancher gefragt, ob eine Kugel nicht erbarmungswürdiger gewesen wäre. Hatten Machno und Schtjuss und all die anderen führenden Anarchisten Freude an derlei Quälereien?[338]

---

335 Vgl.: S. 94.

336 Zit. nach: Ebd.

337 Zit. nach: Ebd.

338 Geschildert wird der Vorfall bei Zak: S. 83f. Ebenso, allerdings im Detail anders, bei Schnell: S.327.

Der Batiko atmete hektisch. Was erlaubte sich Schtjuss da, ihn für diesen Vorfall zu kritisieren. Er schnappte sich sein großes Fernglas und schleuderte es in Schtjuss' Richtung, der geistesgegenwärtig auswich und mit einem Lächeln im Gesicht durch die Tür ging. Es würde lange dauern, bis beide sich wieder etwas zu sagen haben würden.[339]

Im Gegensatz zu jenem Popen, der lediglich die Machnowzy, nicht hingegen die Gegenseite, zum Niederlegen der Waffen aufforderte; konnte man den Mennonit*innen nicht viel vorwerfen. Sie waren einfach Bäuerinnen und Bauern, deren Wurzeln eben in Deutschland lagen. Allein dafür mussten sie bezahlen.

Der Bürger*innenkrieg, hatte Leo Trotzki einmal erklärt, habe *»bekanntlich seine eigenen Gesetze, und sie haben noch niemals als Gesetze der Humanität gegolten.«*[340] Und der Kriegskommissar der russischen Sowjetrepublik wusste, wovon er sprach. Weiße Armeen ließen ganze Landstriche verdorren, wie Heuschreckenplagen fielen sie über wehrlose Dörfer her, ermordeten einfache Bäuerinnen und Bauern, richteten antisemitische Pogrome an und schlachteten jeden ab, der ihnen irgendwie verdächtig vorkam. Die Rote Armee kämpfte sich Meter um Meter voran, verlor ganze Landstriche wieder und eroberte sie von Neuem.

Millionen Tote bedeckten den Boden der russischen Steppe. Brutalität gab es auf beiden Seiten, auch wenn die der Weißen die der Roten um Längen schlug. Trotzki versuchte dem Einhalt zu gebieten: Immer wieder warnte er davor Gefangene schlecht zu behandeln. Tagesbefehle forderten die Einheiten seiner Truppe dazu auf Menschenleben zu schonen. Als Kommandeur sollte genau das das Beispiel sein, das er vorlebte, in der Hoffnung so Gewalttaten wenigstens zu begrenzen.

Machno sah das anders. Seine eigenen Rohheiten dienten bald schon als Blaupause für seine Gefolgschaft und ließen diese umso hemmungsloser agieren. Schtjuss mit einem blau-

339 Vgl.: Zak: S. 94.

340 Trotzki: »Geschichte der russischen Revolution«

en Auge davonkommen zu lassen war ein Signal an andere. In indirekter Form kam das Verhalten des Batikos in solcherlei Angelegenheiten, sein Hang dazu, Täter*innen aus seinem engsten Kreis mit kaum merklichen Strafen davonkommen zu lassen, einem Aufruf zum Mord gleich. Ein Ort wird noch vor Ende des Jahres 1919 zum Symbol für das, was selbst viele Anarchist*innen als »Schwarzen Terror« bezeichneten: Eichenfeld.

Die Gemeinde, in der vorrangig Nachkommen von Eingewanderten aus dem Heiligen Römischen Reich deutscher Nation lebten, und wenige Jüdinnen und Juden, war am 25. Oktober 1919 in die Hände der machnowistischen Truppen gefallen.[341] Es war ein einfaches Dorf. Sauber aufgereiht, im Wesentlichen entlang einer einzigen Straße, die das gesamte Dorf durchzog, schlängelten sich die Häuser dahin. Die Straße führte nach Petersdorf oder aber zum Dnjepr. Die Bewohner*innen arbeiteten hart für ein kleines bisschen Wohlstand, der sich darin ausdrückte, dass viele Häuser aus Stein gebaut waren. Wirklich reiche Bäuerinnen und Bauern suchte man in Eichenfeld hingegen umsonst.

Die Kolonie war gegründet worden, als Mennonit*innen vor der Verfolgung durch die Gegenreformation hatten fliehen müssen. Das war Jahrhunderte her. Und dennoch galten sie als »die Deutschen«. Ob es sich im Einzelnen nun um Jüdinnen und Juden oder Mennonit*innen handelte, änderte nichts daran, wie sie wahrgenommen wurden.[342]

Als die Rote Armee einst das Dorf eingenommen hatte, hatte sie den Bewohner*innen Waffen ausgehändigt und sie aufgefordert einen Selbstschutz zu bilden.[343] Lenin hatte einmal gesagt, dass eine der schlimmsten Formen der Unterdrückung die nationale ist. Man kann ihr nicht entkommen. Wie man sich auch verhält, was man sagt, wie man sich kleidet,

---

341 Vgl.: Patterson, Jean: The Eichenfeld Massacre: Recontextualizing Mennonite and Makhnovist Narratives«, [nachfolgend: Patterson], S. 156.
342 Vgl.: Zak: S. 94.
343 Vgl.: Patterson: S. 154.

welche Sprache man sich bemüht zu lernen... - all diese Anpassungsrituale helfen nicht. Man bleibt, was man im Auge des nationalistisch gesinnten Gegenübers eben ist.

Die Bolschewiki kannten diese erdrückende Wahrheit. Sie wussten, dass die Mennonit*innen in Gefahr sind, sobald die Rote Armee das Gebiet wieder aufgeben musste. Dass sie es nicht halten konnte, war der Führung der roten Truppen schnell klar geworden und so gaben sie den Bewohner*innen von Eichenfeld zumindest die Möglichkeit in die Hand sich selbst zu schützen. Dann fiel Eichenfeld an verschiedene Seiten in diesem Krieg: An die Weißen und später an die Truppen Nestor Machnos.

Was genau zum Massaker in Eichenfeld führte ist bis heute nicht wirklich geklärt worden: Zahlreiche Umstände spielten in die Ereignisse hinein: Kurz zuvor waren die Truppen Grigorjews in die Machnowschtschina eingegliedert worden, mit ihnen kamen nationalistische und antisemitische Kräfte.[344] Die Vorurteile gegen die Mennonit*innen insgesamt spielten eine kaum zu überschätzende Rolle.[345] Den letzten Beitrag zu den Übergriffen leistete ein Befehl des Kommandeurs Petrenko, der ursprünglich aus Grigorjews Truppe kam:[346] Er forderte die Machnowzy zu umfangreichen Beschlagnahmungen auf.[347] Doch wenn überall Armut regiert, wo sollte man da Material herholen?

Und nun kamen all die Vorurteile ins Spiel, die man auch innerhalb der Armee Machnos nicht bekämpfte, jetzt spielte plötzlich das Verhalten von Schtjuss eine Rolle. Er hatte sich in mennonitischen Dörfern das geholt, was er gebraucht hatte. Warum sollte man also nicht so verfahren?

Die Einwohner*innen Eichenfelds waren spätestens seit dem 4. November 1919 gewarnt. Hoch zu Ross war an diesem Tag ein Kommandeur der Armee Nestor Machnos die Dorf-

344 Vgl.: Ebd.: S. 157.
345 Vgl.: Ebd.
346 Vgl.: Ebd.
347 Vgl.: Ebd.: S. 157f.

straße entlang geritten und hatte die Bäuerinnen und Bauern zusammengebrüllt. Als sie sich um sein scheuendes Pferd versammelt hatten, erklärte er unmissverständlich, nur ab und an vom Wiehern seines Pferds unsanft unterbrochen, dass die Zeit der Neutralität der Menonnit*innen im Kampf des Batiko Machno gegen Denikin nun endgültig vorbei sei.[348] Wenn sie sich nicht augenblicklich der anarchistischen Armee anschlössen, so würde ihr Dorf als feindlich gesinnt verstanden werden.[349] Die Bewohner*innen sahen voller Bitterkeit zum Redner hinauf.

Kein Einwand sollte helfen: Nicht die angebliche Freiwilligkeit bezüglich des Anschlusses an die machnowistische Armee. Nicht der schlichte Fakt, dass Machnos Männer erst kürzlich den von den Bolschewiki mit begründeten Selbstschutz des Dorfes aufgelöst und die Waffen beschlagnahmt hatten. Wobei die lächerliche Begründung war, dass die Menonnit*innen, die unter Waffen standen, allesamt Anhänger*innen Denikins und der Bourgeoise gewesen seien.[350] Womit hätte man also in den Krieg ziehen sollen? Mit Stöcken und Steinen?

Der Machnowzy sagte nichts weiter und ritt davon. Die Eichenfelder*innen blieben zurück und sorgten sich um ihre Zukunft. Was hätten sie tun sollen? In eine Armee eintreten, die sie wiederholt beraubt hatte und deren Mitglieder sie zu großen Teilen hassten? Sie warteten und taten nichts. Sie hofften und bangten – tagelang. Dann, in der klirrend kalten Nacht des 8. November stellten die Machnowzy an den Zugängen des Dorfes Maschinengewehre auf. Noch geschah nichts. Stundenlang herrschte erschreckende Stille. Dann marschierten die Machnowzy in das Dorf ein und danach sollte nichts mehr so sein wie vorher. Der Tag brannte sich in das kollektive Gedächtnis der Mennonit*innen ein.

348 Vgl.: Ebd.: S. 161.
349 Vgl.: Ebd.
350 Vgl.: Ebd.: S. 165f.

Wild gekleidete Räuberhaufen durchstöberten Haus um Haus; nahmen, was sie bekommen konnten; zerrten um ihr Leben flehende Menschen auf die Dorfstraße und machten kurzen Prozess mit ihnen. In einer Scheune des Dorfes wurden Menschen wahllos mit Beilen und Schwertern zerhackt.[351] Das Blutbad war kaum zu fassen. Wer es überstand, der war für immer gezeichnet. Achtzig Menschen blieben in und vor den Häusern liegen, die Kirche war gefüllt mit Leichen.[352] Unter ihnen waren Greise und ebenso Kinder.[353] Vorwerfen konnte man ihnen nichts – zumindest nichts, was dieses Massaker hätte rechtfertigen können.

Es war keine feindliche Einheit, die sich an gefangenen Machnowzy vergangen hatte, die man dort brutal niedermachte; es waren die einfachen Bewohner*innen eines Dorfes.

Was Machno zu den Vorgängen in Eichenfeld sagte, ist nicht wirklich gesichert. Sicher ist hingegen, dass er persönlich den Amoklauf seiner wild gewordenen Soldateska nicht angeordnet hatte.[354] Allerdings nahm er auch keinerlei Bestrafungen der Beteiligten vor, obwohl das Blutbad weithin bekannt war. Und Eichenfeld war beileibe kein Einzelfall: Eine andere mennonitische Gemeinde mit Namen Rozental verzeichnete bei einem ähnlichen Zwischenfall die Ermordung von vierzig Prozent der Einwohner*innen.[355] In einem anderen Ort brachten Machnos Truppen alle 84 Einwohner*innen um.[356] Bestrafungen der Täter oder zumindest der kommandierenden Truppenführer erfolgten in keinem dieser Fälle.

Da auch Jüdinnen und Juden in Eichenfeld lebten, wurde schnell der Vorwurf des Antisemitismus gegenüber Machno laut. Speziell auf den Batiko bezogen scheint dieser Vorwurf

351 Vgl.: Zak: S. 96.
352 Vgl.: Ebd.
353 Vgl.: Ebd.
354 Vgl.: Patterson: S. 162.
355 Vgl.: Schnell: S. 348.
356 Vgl.: Ebd.

nicht haltbar, seine Truppe hingegen, ja selbst sein unmittelbares Umfeld hingegen schien erfüllt von antisemitischen Stimmungen. Machnos Reaktionen darauf waren nicht selten hilflos und brutal. Trotz aller Bemühungen, die man den führenden Machnowzy noch nicht einmal absprechen kann, verhinderte die politische Schwäche der gesamten Bewegung, dass sie eine ernstzunehmende Antwort auf antisemitische Vorfälle fand.

Machno selbst wollte nicht als Antisemit gelten. Dass die Bolschewiki ihm dies häufiger vorwarfen, soll ihn enorm getroffen haben. Dabei entsprang der Vorwurf dem, was die Bolschewiki von der Tagespraxis der Machnowzy erlebten. Der Kampf gegen antisemitische Stimmungen war für die Politik der Bolschewiki stets entscheidend. Vor der Oktoberrevolution waren judenfeindliche Pogrome im Zarenreich an der Tagesordnung gewesen. Die unter direkter Mithilfe der zaristischen Herrschenden gebildeten »Schwarzhunderter« hatten Überfälle auf Jüdinnen und Juden unternommen und sie durch die Straßen der Großstädte Russlands gejagt. Für Nikolaus II. war dies ein Ventil, über das er den Unmut seiner Untertanen gezielt ablassen und von seiner Verantwortung für das Elend ablenken konnte.

Umso bedeutender war es diese Form des Rassismus zu bekämpfen, wenn man – wie die Bolschewiki – die Einheit der Unterdrückten im Kampf herstellen wollte. Umso erschütterter musste Kamenew gewesen sein, als er 1919 zu Gesprächen mit Nestor Machno in das Gebiet der Machnowschtschina einreiste und am Bahnhof antisemitische Plakate vorfand.

Sie wiederkäuten all die widerwärtigen Klischees, die man auch in der zaristischen Propaganda gefunden hatte: Die Jüdinnen und Juden als Unheilsbringer. Und die Urheber dieser Plakate waren nachweislich Machnowzy gewesen.

Der Batiko sprang vergnügt aus seinem Zug auf Kamenew und die mit ihm gereiste Abordnung zu. Anfänglich wunderte er sich über dessen Zurückhaltung, bis Kamenew schwer atmend mit einer ausholenden Kopfbewegung auf das Plakat zeigte. Machno betrachtete es eine Weile, dann wies er einen seiner Kommandeure an, denjenigen sofort ausfindig zu machen, der diesen Fetzen an die Wand des Bahnhofsgebäudes geklebt hatte.

Der Schuldige war schnell ausgemacht. Er war ein sehr junges Mitglied der Machno-Bewegung und schlich beinahe untertänig an den Batiko heran. Der überzog ihn sofort mit wüstem Gebrülle, griff ihn an der Kehle und drückte ihn vor sich auf die Knie. Kamenew verstand nicht, was da, gerade vor ihm geschah. Zumindest begriff er es viel weniger, als der Machnowzy, dem der Batiko inzwischen seinen Revolver an den Hinterkopf hielt. Er flehte um sein junges Leben, versprach Derartiges nie mehr zu tun, haspelte etwas davon, dass auch Vorgesetzte solche Dinge sagten, die er auf Plakaten an Wände leimte…

Kamenew zuckte zusammen, als der Schuss aus Machnos Revolver dem Jungen den Schädel zertrümmerte. Der Oberkörper prallte auf den Bahnsteig, Blut sickerte aus dem geplatzten Kopf und hinterließ eine Pfütze vor Machnos Füßen. Der stieg über den Leichnam hinweg und begrüßte die bolschewistische Abordnung nun stürmisch. Diese war sich nicht ganz klar darüber, was sie von diesem Vorfall zu halten hatten. Auch sie bekämpften den Antisemitismus. Kamenew war mit Leo Trotzkis Schwester verheiratet, die wie der Volkskommissar für Verteidigung selbst, jüdischer Herkunft war. Doch ein derartiges Vorgehen hatten sie nie an den Tag gelegt.

Und noch etwas machte dieser Vorfall unmissverständlich klar. Im Machno-Reich regierte ein bitteres System von Privilegien und Vergünstigungen. Wer in Machnos direktem Umfeld lebte, der musste bei Gewalttaten keine größeren Attacken befürchten oder kam unter Umständen sogar mit einer Belobigung davon – das war nicht selten von des Batikos Stimmung abhängig. Wer hingegen jung und für den Batiko ohne weitere Bedeutung war, der hatte unter Umständen auch den Tod zu fürchten.

Als antisemitische Vorfälle in Machnos Machtbereich Überhand zu nehmen schienen, verfasste der Batiko höchstselbst einen Befehl, der versuchen sollte Jüdinnen und Juden vor Übergriffen durch seine Truppe zu schützen.[357] Dabei war der Befehl nicht allein an antisemitischen Übergriffen orientiert. Er stellte viel mehr einen Versuch dar, das Verhalten der Truppe zu bändigen, indem grundlegende Verhaltensmaßregeln festgeschrieben wurden. Was der Text de facto zum Gesetz werden ließ, wirft ein eindrucksvolles Bild auf Machnos Truppe: Trunkenheit wurde dort ebenso untersagt wie Insubordination.[358] Eigenmächtige Requisitionen waren spätestens mit der Anordnung vom August 1919 tabu.[359]

Immer wieder betonte der Batiko die Wichtigkeit der Disziplin.[360] Aber auch den korrekten Umgang der Befehlshaber mit ihren Untergebenen.[361] Diese wurden wiederum dazu angehalten ihre Kampffähigkeit zu erhalten.[362] Allein diese Punkte zeigen deutlich, dass innerhalb der Armee Machnos ein erschreckender Umgang miteinander zu herrschen schien. Nicht selten war die Disziplinlosigkeit ebenso erschütternd wie der skrupellose Umgang mit Zivilist*innen. Die Hoffnung, dass Machnos Befehl wenigstens die schlimmsten Auswüchse erfolgreich bekämpfte, wurde jedoch enttäuscht. Auch dieser Umstand würde einen nicht zu unterschätzenden Anteil daran haben, die Zustimmung der ukrainischen Bevölkerung zur Machnowschtschina weiter erodieren zu lassen.

Bereits im ersten Punkt seiner Anordnung erklärte der Batiko, dass die Aufstandsarmee gegen jede Form von Unterdrückung kämpfe, weshalb *»[…] wir in unserer Mitte keine Personen dulden wollen, die darauf bedacht sind hinter dem Rücken der revolutionären Aufstandsschaft durch Plünderung oder*

357 Der Befehl kann im Wortlaut nachgelesen werden in: Arschinow: S. 222f.

358 Vgl.: Ebd.: S. 223f.

359 Vgl.: Ebd.: S. 223.

360 Vgl.: Ebd.

361 Vgl.: Ebd.

362 Vgl.: Ebd.: S. 224.

durch Beraubung der friedlichen jüdischen Bevölkerung persönlich zu bereichern.«[363] Das Teuflische an diesen so freundlich zu lesenden Worten ist, dass sie ausreichend Interpretationsspielraum lassen. Was war, wenn man sich formal nicht selbst bereichern wollte, sondern die requirierten Güter der eigenen Einheit einverleibte oder dem Dorf, aus dem man als Machnowzy kam? Zudem, wenn es eine »friedliche jüdische Bevölkerung« gab, gab es dann vielleicht auch eine nicht-friedliche? Und hatte man bei dieser dann angeblich nicht-friedlichen jüdischen Bevölkerung das Recht zu plündern? Und was geschah mit denen, die es taten? Strafen wurden in Machnos Befehl, wenn überhaupt, dann nur sehr undeutlich angedroht.[364]

Und noch eine Hintertür für antisemitische Ausfälle bot Machnos Befehl. Dabei ist nicht nachvollziehbar, ob der Batiko diese bewusst erzeugte oder, weil er sich zu wenig mit den möglichen Konsequenzen seiner Maßnahmen befasste: Waren Jüdinnen und Juden reich, dann hatten sie die Machnowzy ebenso wie reiche Ukrainer*innen und Russ*innen als »*[...] persönliche[] Feinde wie auch Feinde des ganzen Volkes [...]*« zu betrachten.[365] Das mochte sich wie Klassenkampfrhetorik lesen, war jedoch das genaue Gegenteil: Welche Jüdinnen und Juden waren denn in der Ukraine reich geworden? Fast keiner von ihnen hatte größeren Besitz, die allermeisten waren arme Handwerker*innen, einige auch arme Bäuerinnen und Bauern. Sie in einen Topf zu werfen mit reichen Russ*innen, ließ vollkommen außer Acht, dass in den 400 Jahren Romanow-Herrschaft Jüdinnen und Juden derartig benachteiligt worden waren, dass sie vielfach ein erschreckend ärmliches Leben zu führen hatten. Der Befehl des Batiko, der auch judenfeindliche Übergriffe zu verhindern suchte, war also vielfach interpretierbar und konnte damit kaum dazu beitragen solcherlei Gewalttaten abzustellen. Weiterhin blieben Pogrome Teil der Realität im Herrschaftsgebiet der Machnowscht-

363 Ebd.: S. 222.
364 Vgl.: Ebd.: S. 222ff.
365 Ebd.: S. 222.

schina.[366] So wurde beispielsweise die jüdische Kolonie Garkaja Opfer eines Übergriffs machnowistischer Truppen unter dem Befehl von Dermendzi. Mehrere Dutzend Jüdinnen und Juden wurden wahllos niedergemetzelt.[367] Machno überging den Vorfall stillschweigend. Der Kommandeur bulgarischer Abstammung war für den Batiko unersetzlich und so hüllte er sich in Schweigen.[368]

Was für Jüdinnen und Juden galt, galt ebenso für alle anderen Minderheiten im Gebiet Nestor Machnos, die in dem erwähnten Befehl so gut wie keine Erwähnung fanden.

Hatte der Batiko eine Motivation sich in der Frage antisemitischer Ausfälle seiner Truppe bewusst missverständlich zu äußern?

Anna Saksaganskaja, jene Schriftstellerin, die Machno zum Verbleib in seiner Nähe gezwungen hatte, musste ihr Dasein damit fristen, den Tross, der den Batiko umringte, während seiner abendlichen Saufgelage zu bewirten.[369] Laut lachende Männer, deren Atem nach Alkohol stank und die jede revolutionäre Ehre vermissen lassend Frauen behelligten. Sie überboten sich in der Darstellung ihrer Gewalttaten und je länger die Nacht und je leerer die Gläser, desto blumiger die Beschreibungen. Beinahe täglich erstarrte Saksaganskaja das Blut in den Adern, ob der unmenschlichen Schilderungen, die dieser Räuberhaufen lieferte. Ein jeder versuchte sich zu brüsten, doch Anerkennung bekamen nur die, deren Geschichten grausiger waren als die der anderen. Aber auch sie erhielten das begehrte Schulterklopfen oder zustimmende Kopfnicken nur, wenn die prahlerischen Erzählungen der Wahrheit entsprachen. Ein Maulheld durfte man nicht sein, brutal schon.

Plünderungen, Morde, Brandschatzungen – Saksaganskaja bekam alles zu hören und es gab nichts, was es nicht gab. Eines Abends sprang ein schon schwer betrunkener Machn-

366 Vgl.: Schnell: S. 347.
367 Vgl.: Ebd.
368 Vgl.: Ebd.: S. 329.
369 Vgl.: Ebd.: S. 353.

wozy auf und brüllte in den Saal, dass er etwas vorzutragen habe.[370] Der Alkohol lockerte seine Zunge und so brüstete er sich mit Dingen, die er wohl unter anderen Bedingungen kaum erzählt hätte. Dzankoe hätten sie nach einigen Kämpfen eingenommen - ein gottverlassenes Nest. Ein paar verfallene Hütten, ein schlammiger Weg. Zu zwanzig seien sie hinein marschiert und hätten mit ihren Gewehrkolben und Fäusten solange an alle Türen gehämmert, bis die verängstigten Bäuerinnen und Bauern geöffnet hätten. Erschrocken blickten sie die Anarchist*innen an. Sie fragten, in welchen Häusern denn die Reichen wohnen würden.[371] Doch was hätten die verschreckten Einwohner*innen sagen sollen. Reich? Niemand war in solchen Dörfern reich. So schickten sie die selbsternannten schwarzen Rächer zu einem Juden namens Berko. Die Machnowzy wussten, dass es eine jüdische Familie war, die sie da heimsuchten.

Saksaganskaja war erschüttert. Hätten sie doch nur einen Moment ihre Augen geöffnet, hätten sie wissen müssen, was sie da taten. Oder wussten sie es gar?

Die Machnowzy platzten in das Haus Berkos. Die Mutter war allein mit ihren Kindern. Dick sei sie gewesen, ganz dick! Wo das Geld versteckt sei, brüllten die Machnowzy. Denn Juden, so ihre feste Überzeugung, mussten ja wohl Geld haben.

Die arme Frau flehte die Männer an, während sich ihre Kinder weinend im Kreis um sie versammelten, sich fest an sie klammerten und voller Furcht ihre Gesichter in den Gewändern ihrer Mutter vergruben. Unterdessen rissen die Machnowzy die Dielen aus ihren Verankerungen, warfen die wenigen Habseligkeiten der Familie aus den Schränken auf den Boden.

Anna Saksaganskaja hörte mit wachsendem Grausen diese Darstellungen. Der betrunkene Anarchist erzählte weiter voller Hingabe, was er dieser Familie gemeinsam mit anderen angetan hatte. Die Frau, so seine Worte, habe erklärt ihr

370 Vgl.: Ebd.
371 Vgl.: Ebd.

Mann sei in einem anderen Dorf und beschlage dort Pferde. Sie hätten doch nichts. Davon hatten sich irgendwann auch die wild gewordenen Räuber, die sich Revolutionäre nannten, überzeugt. Als es soweit war, trieb einer die Kinder von der Mutter weg, löste das Bajonett vom Lauf seines Gewehrs und schlitzte ihre von einer Seite zur anderen den Bauch auf. Dabei fiel ihr ungeborenes Kind zu Boden.[372] Sie war dick, weil sie schwanger gewesen war. Zwischen ihren panisch schreienden Kindern verblutete die Jüdin. Dass sie die Kinder nicht ebenso noch umbrachten lag lediglich daran, dass einer der Vorgesetzten erklärte, dass es keinen Spaß bereite Kinder abzuschlachten. Und so ließen sie sie in jenem Haus zurück, in dem fortan nichts mehr so sein würde wie zuvor.[373] Saksaganskaja war zutiefst erschüttert, aber der Erzähler erntete im Kreise der engsten Gefolgsleute Machnos für dieses blutrünstige Geschehnis Gelächter. Niemand war da, der diesen Menschenschlächter zur Verantwortung zog. Auch der Batiko nicht, der wusste, was in diesem Kreis vor sich ging. War er deshalb bewusst doppeldeutig im Umgang mit Antisemitismus, weil er wusste, dass viele seiner bedeutendsten Mitstreiter so dachten? Belegen kann man diese Annahme nicht.

Das Verhalten der Machnowschtschina gegenüber Jüdinnen und Juden war durchaus widersprüchlich. Jüdische Bewohner*innen von Dörfern oder Städten hatten beim Einmarsch der Machnowzy nicht automatisch Übergriffe zu fürchten.[374] Auch Juden innerhalb der machnowschen Truppen gehörten durchaus zur Realität ebenso wie eine komplett jüdische Artillerieeinheit. Wie auch bei der Landfrage nahmen die Machnowzy bei der Frage des Umgangs mit Jüdinnen und Juden zwischen Roter Armee, die die armen Bäuerinnen und Bauern unterstützte, und den weißen Truppen Denikins, die auf der Seite der Kulaken standen, eine Zwischenstellung ein.

372 Vgl.: Ebd.: S. 353f.
373 Vgl.: Ebd.: S. 354.
374 Vgl.: Ebd.

Denikin war ohne jeden Zweifel ein Antisemit und organisierte gezielt Tötungen jüdischer Bevölkerungsteile. Die Rote Armee versuchte hingegen aktiv derlei Übergriffe zu unterbinden. Die Machnowzy spielen in widersprüchlicher Art beide Rollen zugleich. Weder systematischer Massenmord kann ihnen unterstellt werden, wie sie ebenso vom Vorwurf der Ermordung von Jüdinnen und Juden nicht frei gesprochen werden können. Machno schien auf ein unmissverständliches Durchgreifen in dieser Frage aus strategischen Überlegungen heraus zu verzichten.

Der Schutz von Minderheiten gehörte nicht zu den verinnerlichten Zielen der Machnowzy. Die häufigen nationalistisch und rassistisch motivierten Übergriffe sprechen dahingehend Bände.

Nestor Machno und Galina

Agafja Andrejewna Kuzmenko war Lehrerin, eine engagierte noch dazu. Das Wohl ihrer Schüler*innen lag ihr am Herzen. Mit ihren langen, brünetten, zu einem Dutt geflochtenen Haaren, ihren großen dunklen Augen und ihrem hohen Wuchs hinterließ sie auf den ersten Blick einen ungemein strengen Eindruck. Dabei war sie alles andere als eine herrische Person. Ihre Klassen liebten die große Frau, die die Kinder zum Lachen brachte. Es war Agafja Andrejewnas ganz persönlicher Feldzug: Der Kampf gegen den Analphabetismus. Lesen, Schreiben, Sprachen sollten sie lernen, ganz egal wie ihre Herkunft war. Der September des Jahres 1918 tauchte die Landschaft bereits in bunte Farben. Die ersten Blätter legten sich auf die Straßen und Plätze. Gelbe, braune, rote Baumkronen vor strahlend blauem Himmel; klirrend kalte Nächte und doch noch immer warme Tage.

Die Revolution hatte Agafja Andrejewna hoffnungsfroh gestimmt. Der Zar war endlich weg, die Massen organisierten sich in jenem unbeschreiblich großen Fleck auf der Weltkarte in jedem kleinen Winkel selbst. Endlich schien es Zuversicht zu geben. Doch in der Ukraine hatte man den Zaren nur eingetauscht gegen die deutsche Besatzung. Nächtliche Überfälle durch Bauern auf Großgrundbesitzer und Rachefeldzüge, deutscher, österreichisch-ungarischer und ukrainischer Truppen wechselten einander ab. Die Menschen verspürten Furcht und Unsicherheit.[375]

Galina betrat den Klassenraum, draußen lief gerade irgendeine Versammlung. Ein Partisan sollte sprechen, der gegen die Besetzung durch ausländische Truppen wettern sollte.[376]

Die Kinder säumten die Fensterbänke. Der Krach auf der Straße war allemal interessanter als alles was Agafja Andrejewna hätte an die Tafel schreiben können. Es kostete einige Mühe die Klasse an die Plätze zu bewegen. Andere hätten einfach den Rohstock gezückt. Agafja Andrejewna hasste diese Erziehung zum Untertanengeist.

Kaum, dass die Schüler*innen endlich auf ihren Stühlen saßen, platzte die Tür auf. Glänzend polierte Stiefel stießen sie in den Raum. Ein Mann, mittelgroß, Sonnenbrille, in eine saubere Uniform gehüllt betrat den Raum.[377] Die Kinder waren still und schockiert. Wie gebannt starrten sie auf die Erscheinung, die sich auf einen freien Platz in der ersten Reihe fallen ließ. Selbst ihre Lehrerin konnte ihren Blick nicht von ihm lassen. Es dauerte eine Weile, bis sie beschlossen hatte sich nichts anmerken zu lassen und die Stunde fortzusetzen. In ihren Augenwinkeln sah sie das Grinsen jenes langhaarigen Mannes, der ihren Unterricht durcheinanderbrachte.

Plötzlich stand er auf: *»Kommen Sie kurz mit raus, Genossin Lehrerin.«*[378] Agafja Andrejewna gehorchte. Die Schüler*innen hielten den Atem an. *»Leise sitzen bleiben«*, flüsterte sie ihnen zu und schlich ängstlich hinter dem bedrohlich wirken-

375 Vgl.: Zak: S. 97.
376 Vgl.: Ebd.
377 Vgl.: Ebd.
378 Zit. nach: Ebd.

den Mann her.[379] *»Komme gleich wieder«*, vielleicht war das mehr Hoffnung als Gewissheit.[380]

Kaum, dass das eigenartige Paar den Klassenraum verlassen hatte, fiel scheppernd die Schusswaffe des Mannes zu Boden.[381] Agafja Andrejewna war klug genug, um zu verstehen, dass das ein Spielchen war. Sie drehte sich zu dem Mann in Uniform, der grinsend abwechselnd sie und den Revolver auf dem Schulboden ansah. *»Heb auf«*, befahl er.[382]

»Er gehört Dir, also heb ihn selber auf!«[383] Die Antwort brachte den Mann nur scheinbar aus dem Konzept. Auf irgendeine Art wirkte er sogar beeindruckt.

»Weißt Du, wer ich bin?«[384] Diese Frage stellte er am liebsten. Normalerweise zauberte sie vom Schreck verzerrte Minen auf die Gesichter seiner Gesprächspartner. Und das war berechtigt, denn nur selten bedeutete diese Frage etwas Gutes. Hingegen blieb Agafja Andrejewna äußerlich ganz unberührt und gab trocken zurück: *»Wenn Du es sagst, werde ich es wissen.«*[385]

Der Mund des Mannes formte plötzlich ein überlegenes Lächeln. *»Ich bin Nestor Machno«*, mit sich selbst spürbar zufrieden setzte er hinzu, *»und Du bist von jetzt an meine Frau.«*[386] Schon war Machno wieder in seiner gewohnten Rolle, die Reaktionen der Frau hatten ihn nur für kurze Zeit beeindruckt. Nun bellte er wieder Befehle. *»Lass uns zum Direktor gehen.«*[387] Wollte eine Frau heiraten, musste sie ja wohl die Erlaubnis einer höheren Macht erhalten, so scheinbar seine feste Überzeugung.

Der Direktor der Schule begrüßte Machno überschwänglich, als er und die Lehrerin, die der für sich herausgesucht

379 Zit. nach: Ebd.
380 Zit. nach: Ebd.
381 Vgl.: Ebd.
382 Zit. nach: Ebd.
383 Zit. nach: Ebd.
384 Zit. nach: Ebd.
385 Zit. nach: Ebd.
386 Zit. nach: Ebd.
387 Zit. nach: Ebd.

hatte sein Büro betraten. Anarchismus hin oder her, hier hatte alles noch seine Ordnung. Die Schule hatte einen Direktor, der unumschränkt über seine Lehrkräfte herrschte; Heiratserlaubnisse ausstellte, die Lehraufträge verteilte; disziplinarisch tätig wurde, wenn es seiner Meinung nach nötig war und den Respekt für sich gern aus seiner Stellung ableitete. Er hörte Machno an, denn es war sicherlich besser zu jenem, der die meiste Macht hatte, auch die besten Beziehungen zu pflegen. Doch als ihm das Anliegen des Anarchistenführers klar wurde, begann der Direktor der Schule nachdenklich zu werden. Tonlos kommentierte er die Forderungen nach einer Heiratserlaubnis mit dem knappen Satz: »*Das ist Eure Sache.*«[388] Ahnte er, was auf Agafja Andrejewna zukam?

Kaum, dass sie das Büro des Direktors wieder verlassen hatten, gedachte Machno seiner Verlobten zu demonstrieren, wer nächstens das Sagen hatte: »*Ab jetzt heißt Du Galina.*«[389] Danach wies er sie an in ihrem Zimmer, dass sie gemietet hatte, auf ihn zu warten. Denn Anarchismus hin oder her, Wohnungen wurden weiterhin gemietet, von privaten Vermietern. Die Beschlagnahmung und bedarfsorientierte Verteilung von Wohnraum, wie in jenen Gebieten, die die Bolschewiki kontrollierten, nahmen die Anarchist*innen in der Ukraine lediglich im absoluten Ausnahmefall vor.

Galina, wie Agafja Andrejewna ab sofort zu heißen hatte, dürfte der Vorfall in ein kaum zu beschreibendes Gefühlschaos gestürzt haben. Machno, der allseits bekannte anarchistische Partisan, der Batiko, der sie heiraten wollte. Der Mann, der für Brutalitäten bekannt war, der herrschsüchtig und doch überall angesehen war, wollte sie.

Knapp ein Jahr später heirateten beide in dem kleinen Dörfchen Pischtschanyi-Brod.[390] Schüsse aus ungezählten Gewehrläufen prasselten in die Luft. Als habe man keine Munitionsprobleme ballerten betrunkene Machnowzy aus

388 Zit. nach: Ebd.
389 Zit. nach: Ebd.
390 Vgl.: Peters: S. 88.

Maschinen- und Repetiergewehren in den stechend blauen ukrainischen Himmel.[391] Die Straßen des Ortes waren mit roten Teppichen ausgelegt, woher sie kamen, fragte niemand. Die feinen Fußbodenauslagen schmückten die staubigen Straßen bis zur Kirche, in der Galina und Nestor den Segen eines Geistlichen für ihre Ehe einholten – Anarchismus und Antitheologismus hin oder her![392]

An allen Ecken und Enden des Städtchens waren Bänke und Tische aufgestellt worden. Auf vielen lagen schwer betrunkene Machnowzy, die sich über die Schnapsvorräte hergemacht hatten. Gegessen wurde, als würde es kein Morgen und vor allem keine Hungerkatastrophe in weiten Teilen der Ukraine geben.[393] Machnos Anhänger, in Feierlaune und benebelt vom Alkohol, hatten Essen in rauen Mengen aufgeboten. Ihr Führer, ihr König, ihr Heiland schloss schließlich den Bund der Ehe. Weshalb sollte da ein Proviantspeicher voll bleiben?

Musikkapellen spielten auf, Männer und Frauen tanzten und zuckten nur kurz zusammen, wenn wieder in die Luft geschossen wurde.

Machno war in ihrer Ehe genau das, was er auch außerhalb derselben war, ein brutaler, ungezügelter Alkoholiker, dessen unvermittelt hereinbrechende Raserei Galina andauernd zu erdulden hatte. Nicht selten trug Galina Spuren dieser Mater.[394]

Machno führte seine Frau in den Kreis seiner Entourage ein; er lässt sie – ähnlich wie sich selbst – umjubeln und hochleben. Galina wird fortan in Liedern besungen. Wo auch immer sie auftauchte, schmetterten ihr Männerchöre aus bewaffneten Partisanen die Verse entgegen: *»Hurra, Hurra, Hurra / Wir ziehen gegen den Feind / Für das Mütterchen, Galina / Für den Batiko – für Machno.«*[395]

391 Vgl.: Ebd.
392 Vgl.: Ebd.
393 Vgl.: Ebd.: S. 88f.
394 Vgl.: Ebd.: S. 90.
395 Zit. nach: Schnell: 339.

An Galinas Verzweiflung über ihre Situation änderte das nicht viel. Das Benehmen ihres Mannes ihr gegenüber wäre in jeder Ehe unzumutbar gewesen. Vor dem Hintergrund von Machnos Schwüren auf »den Anarchismus« oder »die befreite Gesellschaft«, war es bestenfalls noch grotesk. Irgendwann hatte sich Galina genug beschwert, genug geklagt und Machno hatte sich breit schlagen lassen, sie zu einem Dorffest mitzunehmen.

Der Batiko und die seinen setzten sich laut pöbelnd an einen der Tische. Galina war das Verhalten der Gruppe sichtlich unangenehm. Sie schlugen wie eine gewöhnliche Räuberbande ihre Fäuste auf die Tische und brüllten nach Schnaps. Der Wunsch des »Führers« war den Umstehenden natürlich Befehl. So brachten sie ihm reichlich Selbstgebrannten, den Machno und seine engsten Anhänger flaschenweise durch ihre Kehlen rinnen ließen.[396]

Plötzlich und unvermittelt begann Machno Galina in aller Öffentlichkeit zu begrapschen. Sie wehrte sich, die Besoffenen ringsum lachten über die Frau, die solche Anstalten machte.[397]

Machno kannte keine Grenze. Während Galina ihr Gesicht in ihren Händen vergrub, sprang er auf und schrie herum. Seine Leute nahmen dies als Aufforderung und zogen provozierend durch das Dorf. Wer sollte ihnen auch etwas anhaben? Sie randalierten und drangen in Häuser ein. Keine junge Frau war vor ihnen sicher. Näherte sich das Häufchen Anarchisten, rannten sie davon und die Männer ihnen nach.[398] War das der Wirklichkeit gewordene anarchistische Traum von der Abschaffung des Patriarchats?

Wie mochte es an solchen Tagen in Galina aussehen? Wie wird sie sich gefühlt haben? Sie, die Frau des von allen gefürchteten Batiko… Sie, die seine ständigen Grenzüberschreitungen allzu oft miterleben und ihn ertragen musste.

396 Vgl.: Ebd.: S. 342.
397 Vgl.: Ebd.
398 Vgl.: Ebd.

Gewiss, Machno versuchte sie zu beschwichtigen. Er beschenkte sie mit Posten innerhalb der Bewegung.

War der Batiko nicht eben an der Front, kam er meistens sturzbetrunken zu Galina nach Hause. Krakeelte herum, schlug Möbel in zwei und beschimpfte seine Ehefrau. Das Leben mit Machno bedeutete psychische – und häufig sogar physische – Folter. Es bedurfte keines schlagenderen Beweises für den von anarchistischer Seite nach wie vor mitunter bestrittenen Alkoholismus Machnos, als sein Benehmen gegenüber Galina. Zum Erscheinungsbild des Alkoholikers gehören immer wieder Grenzüberschreitungen. Und von denen erlebte Galina mehr als genug.

In einem Fall randalierte er in der gemeinsamen Wohnung. Im nächsten, im Stab, bewarf er seine engsten Vertrauten mit Gegenständen und allem, was ihm in die Hände geriet, weil sie – seiner Meinung nach – zu wenig Einsatz zeigten. Dann machte er sich über gefangene Rotarmisten her und ließ sie zu seiner Erbauung massakrieren. Alkohol spielte dabei stets eine Rolle. Und niemand wagte es, sich dem Batiko in den Weg zu stellen.

Galinas Leben muss ein Alptraum gewesen sein. Eine Achterbahnfahrt zwischen Aufwartungen und Erniedrigungen; zwischen Angst und Freude; zwischen Geschenken, aus der auf Machnos Kriegszügen gemachten Beute und dem destruktiven Verhalten des Batiko, das er an ihr und der gemeinsamen Unterkunft ausließ. Galina erging es nicht anders als den vielen geprügelten Ehefrauen und Partnerinnen. Nur, dass ihr Ehemann ein unumschränkt herrschender Despot war, dessen häusliche Unberechenbarkeit auch seine Politik bestimmte. Wohin hätte sie entkommen können? Wohin hätte sie fliehen sollen? Wer hätte ihr helfen können?

Machnos ungezügeltes Benehmen unter Alkohol wurde noch verstärkt durch seine innerlich empfundene Ablehnung gegenüber Frauen. Wie oft hörte Galina von ihm Erklärungen dafür, dass er am Abend noch einmal zu einem wichtigen Termin müsse. Sie ließ ihn gehen, schaute ihm nach, wie er die

Straße in dem kleinen Städtchen entlang marschierte, fester Tritt, selbstsichere Erscheinung. Und sie wusste, wo ihr Ehemann hinging. Auf eine jener Feiern, die man für und mit ihm organisiert hatte. Dort flossen reichlich Wodka und besonders ausgesuchte Frauen hatte Machno und seinen Kommandeuren zu Diensten zu sein.[399] Waren sie nicht gefügig, wurden sie gefügig gemacht. Es waren Feiern mächtiger Männer, auf denen Vergewaltigungen einfach dazu gehörten.[400] War das der »Kampf gegen die Unterdrückung von Frauen«, den die Anarchist*innen der Ukraine unter Machno angeblich kämpften?

Galina wandte sich in ihrer Verzweiflung an Volin. Sie erzählte ihm alles und berichtete von diesen Ungeheuerlichkeiten. Er kannte sie längst alle. Doch was hätte er tun sollen? Er hatte Machno einen Bonapartisten genannt und dürfte damit seinen anhaltenden Zorn erregt haben. Ihn stoppen konnte nur jemand, der mit einem Revolver umzugehen verstand und dazu auch bereit war.

Was Galinas Leben hingegen unmissverständlich beweist - Anarchismus hin oder her – Gleichberechtigung zwischen Männern und Frauen schuf die Machno nicht.

Nestor Machno – Revolutionär oder Diktator?

Ein Offizier der Roten Armee, den man als Abgesandten in Machnos Hauptquartier geschickt hatte, rieb sich verwirrt die Augen, als er während seines Zusammentreffens mit Nestor Machno dessen Hauptquartier in Guljajpole betrat.[401] So müsste man sich wohl die Lager von Dschinghis Khan vorstellen. Ein wilder Haufen von in Phantasieuniformen gekleideten Männern bevölkerte Treppen, Flure, Fenstersimse und die staubige Straße vor dem Gebäude. Der eine oder andere raffte sich zu willkürlichen Kontrollen derjenigen auf, die es wagten dieses Haus zu betreten. Die Luft war zum Schneiden:

399 Vgl.: Volin: S. 635.
400 Vgl.: Ebd.
401 Vgl.: Ebd.: S. 335.

Zigarettenqualm, der stechende Geruch von Schweiß, Alkoholgestank und das Aroma des letzten Mittagessens vermischten sich mit Pulverdampf. Überall musste man über Waffen und schmutzige Militärmäntel steigen.[402] Zu hunderten hatten sich die Männer hier platziert, taten nichts, warteten ab und wann immer sich einer bemüßigt fühlte auf die entscheidende Frage nach seiner Beschäftigung zu antworten, donnerte er mit tiefer Stimme heraus, man beschütze den Batiko. Man beschütze ihn vor einfach allem. Gut 300 Leute sollen zu diesem fürstlichen Hofstab gehört haben.[403] Chef der Palastwache war ein gewisser Ljaschtschenko, ein hochgewachsener Mann, der sich überall mit seinem geraubten Pelz zeigte.[404]

Den roten Offizier störte weniger das an sich katastrophale Chaos, als die Szenerie als solche. Damals war es in der Sowjetrepublik alles andere als üblich selbst höhere Würdenträger*innen stärker zu bewachen. Und es stellte sich die Frage, weshalb Machno ihm das zeigte. Es konnte dafür nur einen Grund geben: Nestor Machno, der Batiko, wollte aller Welt seine enorme Bedeutung demonstrieren. Seine Eitelkeit war kaum zu übersehen.

Es wurden Fotos des Batiko verbreitet, auf denen er auf einem Stuhl thronte oder seine zahlreichen Waffen präsentierte.[405]

Der Batiko war der Mittelpunkt – so wurde er gesehen und so sah er sich auch selbst. Er war der unumschränkte Herrscher über die Geschicke der machnowistisch beherrschten Gebiete. Und er wollte das es alle genau wissen, dass sie es sehen und sich dessen in jeder Situation bewusst sind.

In allen Zeiten war die bedeutendste Eigenschaft eines Herrschers immer die nicht in Zweifel zu ziehende Entscheidung über Leben und Tod. Ein Privileg, welches zur Machtausübung wichtiger ist als viele andere. All die Vorrechte, die

402 Vgl.: Ebd.
403 Vgl.: Peters: S. 51.
404 Vgl.: Ebd.
405 Vgl.: Schnell.: S. 335ff.

es zu verteidigen gilt, können nur gesichert werden, wenn die Untertanen in Angst und Schrecken versetzt werden, wenn jeder Gedanke zum Widerstand schon im Aufkeimen durch Furcht weggeschwemmt wird. Jede Gesellschaft, die auf Herrschaft begründet ist, muss Furcht verbreiten. Und Furcht war das Geschäft des Batiko Machno. Seine Bereitschaft brutale Gewalt anzuwenden trug pathologische Züge; seine selektive Weitergabe dieses Privilegs an andere seines Umkreises kam dem Ritterschlag im Mittelalter gleich. Machnos Bonapartismus, dessen ihn Volin bezichtigte, war an dieser Stelle so deutlich zu spüren, dass er greifbar wurde.

Mehr noch: Die Bereitschaft Gewalt anzuwenden qualifizierte innerhalb der Machnowschtschina zum Führen auf untergeordneter und übergeordneter Ebene. Wer zu einem Führer ernannt wurde, der hatte das Recht sich unumschränkt gehen zu lassen. Doch nur, wer skrupellos war das auch zu tun, konnte führen. Fedor Schtjuss, der rot gekleidet wie ein französischer Dragoner mit Matrosenmütze und allzeit gut gestutztem Oberlippenbart, in die Schlacht zu ziehen pflegte, war in seiner grenzenlosen Brutalität noch weitaus unberechenbarer als der Batiko selbst.[406] Er befehligte seine eigene Einheit und sammelte überall Anhänger*innen.[407] Schtjuss wollte Machno beiseite schieben, das war der Sinn seiner organisatorischen Bemühungen.[408] Und um dieses Ziel erreichen zu können musste Schtjuss in der rüden Gemeinschaft verrohter Männer zum Äußersten bereit und in der Lage sein. Für die Menschen, die im Bereich der Machnowschtschina lebten, hieß all das nichts Gutes. Denn in dem unheilvollen Konkurrenzkampf zwischen jenen zwei bedeutenden Köpfen der Machno-Bewegung zählte nichts als die eigene Profilierung. Hierbei war der Batiko nur sehr schwer zu übertreffen. All die Jahre, in denen die kapitalistische Gesellschaft auf ihn eingeschlagen und immer wieder auf ihn eingeschlagen hatte,

406 Vgl.: Zak: S. 113.
407 Vgl.: Ebd.
408 Vgl.: Ebd.

hatten einen Sadisten aus ihm werden lassen.[409] Er war nicht nur unfähig das Leid anderer zu empfinden, er genoss es.[410]

Nachdem die Machnowzy ein Dorf eingenommen hatten, brachten Machnos Befehlshaber die Dorfwächter zu ihm. Sie bildeten so etwas wie die Miliz des Dorfes und arbeiteten auch als Polizeitruppe. Innerhalb der Dorfgemeinschaft nahmen sie jedoch kaum eine privilegierte Stellung ein. Machno und seine Anarchisten sahen dies naturgemäß anders. Die Dorfwächter waren im Beisein ihrer Familien zum Batiko gebracht worden. Machno veranlasste, dass man sie von ihren Frauen und Kindern trennte, seine Männer umringten ihn. Die Männer verbeugten sich vor ihm und entblößten zum Zeichen ihrer Unterwerfung ihre Häupter. Sie schworen ihm ewige Treue. Je mehr sie ihn anflehten, desto irrsinniger wurde das Lächeln des Batiko, bis er irgendwann brüllte: *»Zerhackt sie!«*[411]

Plötzlich sprang einer seiner Männer auf die Dorfwächter zu und begann wie wild geworden auf die Todgeweihten einzuschlagen.[412] Die Kinder und Frauen begannen zu brüllen und zu weinen. Doch erst die körperliche Erschöpfung ließ Machnos Mann von ihnen abfallen. Klirrend fiel der Säbel neben ihn, während er sich schwer atmend ausruhte. Doch schon stand der nächste bereit, um das Werk zu vollenden. Der neue Peiniger war Ljaschtschenko, der Chef von Machnos persönlicher Schutztruppe.[413]

Ein blutiger Klumpen zerstückelter Leichen lag vor den Stiefeln Machnos. Die Kinder bejammerten ihre toten Väter, die Frauen ihre Männer.[414] Doch dem Batiko war dieses apokalyptische Bild nicht monströs genug. Er sprang auf die Leichenteile und trampelte vor den Augen der Familien auf den sterblichen Überresten herum.[415] Irgendwann hatte der ewig

409 Vgl.: Peters: S. 120.
410 Vgl.: Ebd.
411 Zit. nach: Ebd.
412 Vgl.: Ebd.
413 Vgl.: Ebd.
414 Vgl.: Ebd.
415 Vgl.: Ebd.

grinsende Batiko genug von dieser Beschäftigung und ließ die Hinterbliebenen mit den blutigen Klumpen, die er von ihren Angehörigen übrig gelassen hatte allein.

Leo Trotzki, der Oberbefehlshaber der Roten Armee, kannte auf derlei Vergehen durch Angehörige seiner Streitmacht nur eine Antwort, die Todesstrafe. Hier war es der Anführer höchstselbst, der Batiko, der solche Dinge anordnete und darin verstrickt war. Denn in Machnos Armee ergab die Anwendung erschreckendster Gewalt, wie dargestellt, Sinn.

Machnos Verhalten lieferte seinem engsten Umkreis ein bei seinem Untergebenen ebenso beliebtes wie erschreckendes Vorbild. Beliebt, weil sie wussten, dass sie sich alles erlauben konnten, solange ihr Handeln einen Bogen um die Interessensphären ihres Batiko machten. Erschreckend, weil sie alle wussten, dass die Gnade des Batiko das sprichwörtliche Schwert an einem seidenen Faden darstellte.

Irgendwann, mitten in der Nacht, donnerte es an Machnos Tür, der schlaftrunken und schlecht gelaunt öffnete. Einer seiner Untergebenen schilderte ihm voller Aufregung einen Vorfall: Prawda, einer der Vertrauten des Batiko, hätte mit seinem Bruder Mitjka im Stabsquartier der Machno-Truppe gefeiert.[416] Und zu feiern gab es immer etwas. Und selbstverständlich wurde bei diesen Gelegenheiten viel getrunken.

Bis dahin war die Geschichte für Machno wenig interessant, es war der üblich Tratsch wegen der üblichen Vergehen. Doch was er dann hörte, ließ den Batiko schlagartig wach werden. Er warf sich seinen Uniformmantel über und zog seine Stiefel an. Dann trommelte er eine Handvoll Leute zusammen, die sich jede auf die Schnelle verfügbare Waffe griffen und hinter Machno hertrabten. Ziel war das Haus von Prawda. Sie umstellten es und brüllten immer wieder Prawdas Namen, er solle herauskommen.[417] Es vergingen einige Minuten, dann stand Prawda plötzlich mit einem Revolver in jeder Hand vor seiner Hütte.

416 Vgl.: Ebd.: S. 44.
417 Vgl.: Ebd.

Er war aufgebracht, noch immer betrunken und fürchtete ganz offensichtlich um sein Leben. Der Batiko beschimpfte ihn. Wieso er seinen Bruder im Stabsquartier erschossen habe. Ausgerechnet im Stabsquartier! Und doch willigte Prawda ein die 20 Leute zu begleiten. Im Hauptquartier angekommen setzte der Batiko seine Befragung fort. Prawda schwor, dass sein Bruder ihm Schwierigkeiten gemacht habe, dass er nicht gehorcht habe.[418] Das war offenkundiger Unsinn, beide hatten sich betrunken gestritten und waren hiernach aneinander geraten. Der Batiko hingegen lächelte bei diesen Schilderungen zufrieden, legte Prawda seine Hand auf die Schulter und erklärte sehr zufrieden: »*Schon gut, man muss gehorchen lernen.*«[419]

Während der Beerdigung seines Bruders Mitjka, wenige Tage später, legte Prawda dem von ihm Ermordeten einen Revolver auf den Sarg, damit er im Jenseits nicht unbewaffnet ankomme.

Batiko Machno war bei diesem Vorfall Vieles zugleich: Er war Polizist, Staats- und Rechtsanwalt, ebenso wie Richter. Er erhob Anklage, beschuldigte und begnadigte – ganz nach seinem Gutdünken. Die Entscheidung über Leben und Tod lag bei ihm und bei jenen Menschen wie Prawda, denen Machno das Recht einräumte zu töten, so wie er. Das entscheidende Prinzip der Herrschaft des Batiko war seine Fähigkeit und seine Bereitschaft jederzeit einen Menschen auszulöschen. Oder aber ihn zu schonen, ganz so wie es dem Batiko beliebte.

Noch etwas zeigt dieser Vorfall beispielhaft: In jener Gemeinschaft des Schreckens, die den äußeren Gegner durch die offen zur Schau gestellte Bereitschaft zum blutrünstigen Mord, einzuschüchtern gedachte, existierte kein Binnenklima der Geborgenheit. Das ist mehr als nur die Abwesenheit von Nestwärme. Das Bild der Machnowschtschina als der verschworenen Gemeinschaft der ehemaligen Sklavinnen und Sklaven, die ihre Peiniger abgeschüttelt hat und dafür gezwungener-

418 Vgl.: Ebd.
419 Zit. nach: Ebd.

maßen zur Gewaltanwendung bereit hatte sein müssen, ist nicht deckungsgleich mit der sozialen Realität der Herrschaft des Batiko. Würde das Bild stimmen, die Machnowschtschina wäre im Inneren erfüllt gewesen von Solidarität und Nähe der Mitstreiter*innen. Entgegen dem herrschte in ihr Kälte, Hass und Faustrecht vor: Wer im Konfliktfall lebte und wer starb wurde durch die Beantwortung zweier simpler Fragen entschieden: Wer ist stärker und wer hatte das Wohlwollen des Batiko als Legitimation auf seiner Seite.

Wenn Machno eine Stadt einnahm, ließ er Willkür walten und niemand wagte ihn oder den engeren Kreis um ihn herum daran zu hindern. Einzig Machno konnte die Machnowzy stoppen und das tat er stets nur dann, wenn es ihm die Laune befahl oder er in dem Handeln seiner Untergebenen eine Gefahr für seine eigene Macht erblickte. Und die Lust der Machnowzy am Plündern, Rauben und Morden kannte kaum eine Grenze. Wen ihr Terror traf, interessierte sie nicht. Und der Batiko höchstselbst legte gern Hand an.

Gerade in der ersten Zeit nach der Einnahme einer Stadt herrschte nicht selten blanker Terror gegen alles und jeden. Es soll ein Nachmittag gewesen sein, die Sonne brannte entsetzlich auf den Marktplatz, als die machnowschen Truppen Denikins Soldaten endgültig aus einer Stadt vertrieben hatten.[420] Machno spazierte mit seinen Getreuen durch die Straßen, trat Türen ein, zog Menschen auf die Straße und erschoss sie. Wagte es doch einer zu fragen, was denn bitte der Grund für diese Taten sei, bekam er im günstigsten Fall zu hören, dass es sich um Ausbeuter handle. In einigen Fällen mochte das sogar zutreffen.

Ohne jede Rücksicht auf die grundlegenden Lebensinteressen der Menschen vor Ort plünderten die Machnowzy Geschäfte und Läden.[421] Keine Bestandsaufnahme, keine Erfassung der in dem Ort angehäuften Lebensmittel und Industrieprodukte. Die marodierende Truppe nahm, was sie bekam.

420 Vgl.: Ebd.: S. 45.
421 Vgl.: Ebd.

All die schwülstigen Schwüre auf die absolute Freiheit bei der Abgabe von Produkten an die Armee Machnos wurde durch das Vorgehen der Truppe immer wieder konterkariert.

Es war nicht so, dass Machno pflichtvergessen zuließ, was geschah. Er stand häufig daneben, grinsend, die Sonnenbrille lässig mit einer Hand nach oben schiebend und genoss was da vor sich ging.[422] Reiche Beute für seine Truppe, für ihn, für seine Entourage. Wer hingegen in seine eigene Tasche plünderte, der war des Todes, wenn der Batiko davon erfuhr und es sich nicht gerade um einen Freund des Batiko handelte.

Doch manchmal wurde ihm das passive Zusehen einfach zu langweilig, dann machte er sich ohne Vorwarnung auf, trommelte ein paar Leute zusammen. Wies sie an, Kisten und andere sperrige Dinge, die sie im Begriff waren, aus den Geschäften herauszuschleppen, fallenzulassen. Berge von Gerümpel säumten den Weg der selbst ernannten anarchistischen Räuber.

Entschlossen marschierten sie hinter dem Batiko her, der unbeirrt mit seiner Faust gegen hölzerne Wohnungstüren trommelte, bis einer der verängstigten Bewohner*innen ganz blass hinter ihr erschien.[423]

Dann gefiel sich der Batiko in seiner Rolle, dann bellte er seinen Opfern gern den immer gleichen Satz in die verängstigten Augen: »*Kennen Sie mich?*«[424] Und nachdem er eine Weile die furchterfüllten Blicke genossen hatte, setzte er das ohnehin offensichtliche hinterher: »*Ich bin Machno.*«[425] Dann schob er den Hausherren mit einer ebenso streng wie gelangweilt wirkenden Armbewegung beiseite und rief die anderen zu sich. Kaum, dass sie sich im ausgesuchten Haus breitgemacht hatten, ließen sie sich bewirten.[426] Sie verschlangen was die Vorräte hergaben: Schinken, Käse, Milch, Brot,

422 Vgl.: Ebd.
423 Vgl.: Ebd.
424 Zit. nach: Ebd.
425 Zit. nach: Ebd.
426 Vgl.: Ebd.

Fleisch und natürlich Unmengen von Alkohol. Bewirteten die Hausherren die ungebetenen Gäste nicht, mussten sie mit Übergriffen rechnen; taten sie es doch, erlebten sie die Grausamkeit der Bewaffneten sobald der Alkoholpegel nur hoch genug war. Die Machnowzy misshandelten oder demütigten sie; ließen sie »Kunststücke« vorführen.

Machnos Stimmungsschwankungen waren unberechenbar und seine Launen trugen allzu häufig sadistische Züge. Was er tat war in den unpassendsten Momenten irrational. Kaum, dass er den Rausch in fremdem Haus wenigstens soweit ausgeschlafen hatte, dass er sich wieder auf den Beinen halten konnte, entschied er sich ins Krankenhaus des Ortes zu fahren und alle Patient*innen unterschiedslos mit Geschenken zu überhäufen.[427] Die Bedachten fürchteten den mächtigen Mann, der da mit Paketen lächelnd von Bett zu Bett ging. Doch die unerwartete Freundlichkeit schien dessen Image und jenes seiner Gefährten aufzuwerten.

Standesgemäß wollte er mit großer Pose das Hospital verlassen, das bereitstehende Automobil besteigen und wie ein gnädige Kaiser der Armen davonbrausen. Doch während er sich gönnerhaft auf der Rückbank des Wagens platzierte, versuchte sein Chauffeur alles, um das Gefährt zum Laufen zu kriegen. Nur ging das gleichmäßige Tuckern des Motors jedes Mal nach kurzer Zeit in einem langen Kreischen unter. Der Chauffeur wurde nervös, man konnte förmlich spüren, wie sich Machnos Laune verschlechterte. Irgendwann legte er seinem Fahrer die Mündung seines Revolvers auf den Hinterkopf, drückte ab und lief zu Fuß zu seiner Unterkunft.[428]

Ähnlich wie viele seiner Kommandeure, die sich antisemitischer Übergriffe schuldig gemacht hatten oder die Bevölkerung drangsalierten; ähnlich wie Prawda, war Machnos Fahrer ein Ärgernis. Aber ganz anders als diese Kommandeure und ganz anders als Prawda, war sein Bediensteter ersetzbar. Und so konnte der Batiko ihn kaltherzig abschlachten. Das er

427 Vgl.: Ebd.
428 Vgl.: Ebd.

noch immer zumindest angetrunken war, mochte bei diesem Vorfall ebenso eine Rolle gespielt haben. Doch er erklärt ihn nicht. Für Machno, den großen Helden der Unterdrückten, waren seine eigenen Untertanen Freiwild; Opfer seiner Launen; wertlos, sobald sie nicht in seinem Sinne funktionierten. Und wer hätte den Batiko auch zur Verantwortung ziehen sollen?

Der Batiko konnte sich alles erlauben und das tat er auch. Eines Tages fasste er den Beschluss Verwundete in einem der wenigen Lazarette, die Machno hatte anlegen lassen, zu besuchen. Vorher wollte er sich noch dem Anlass angemessen neu einkleiden. So brach er die Tür zur Wohnung eines Popen auf, der direkt gegenüber seines Stabs lebte.[429] Es dauerte einige Zeit, dann erst trat der Batiko gut gelaunt und gut gekleidet wieder auf die Straße. Ein paar Machnowzy sahen ihn. An seinem Leib trug ihr Anführer einen neuen Anzug.[430] Hatte er das Leben des Popen geschont? War der Anzug der Preis für sein Davonkommen? Wer hätte sich schon getraut den Batiko zu fragen?

Mit einer ledernen Tasche unter dem einen Arm und einer Reitpeitsche in der anderen Hand stolzierte Machno in feinem Zwirn die staubige Straße entlang zum Krankenhaus. Die Männer sahen ihm nach, dann widmeten sie sich wieder ihren Gesprächen. Irgendwann unterbrach ein Schuss die Unterhaltungen der Machnowzy.[431] Wenig später marschierte der Batiko wieder lächelnd an ihnen vorbei und ging in den Stab.

Sie alle wussten, dass das nichts Gutes zu bedeuten hatte. Erst später kam ein anderer Machnowzy und berichtete der Gruppe Herumlungernder, wie der Batiko das Lazarett besucht hatte. Dort legte er eine Hand auf; da sprach er Mut zu und einen anderen fragte er nach seinem Befinden. Einer seiner Männer beklagte, dass der Wundarzt ihn nicht korrekt be-

429 Vgl.: Ebd.
430 Vgl.: Ebd.
431 Vgl.: Ebd.: S. 46.

handeln würde.[432] Der Batiko sprang auf, ging ohne zu zögern oder auch nur kurz zu überlegen zu jenem Mann und erschoss ihn.[433] Jenen Schuss hatten die Männer vor dem Stab gehört.

Dann war Machno seiner Wege gegangen, dabei hatte es ihn nicht interessiert, dass es im ganzen Lazarett nur einen Wundarzt gegeben hatte.[434] Jeder ahnte nun, was der Mord, den Machno da begangen hatte, für die Verletzten im Lazarett bedeutete. Den Batiko hatte das nicht weiter beschäftigt. Seine dauernden Grenzüberschreitungen und Kontrollverluste, gepaart mit seinem häufig exzessiven Alkoholkonsum wuchsen sich zur Gefahr für alle in Machnos Umkreis aus.

Und dennoch schildert Arschinow den Batiko als sei er unfehlbar. Besonders vor dem Hintergrund von Machnos Brutalität wirken seine hagiographischen Darstellungen bis heute verstörend und erscheinen wie eine frühe Version stalinistischer Lobpreisungen. *»Er ging ganz auf in seiner Sache«*, formuliert Arschinow über Nestor Machno.[435] *»Alle seine Bewegungen zeugten von Klugheit, Willenskraft und durchdringendem Verstande.«*[436] Tage-, ja wochenlang sei er an der Front gewesen und habe dann unermüdlich im Stab gearbeitet.[437] *»Diese Arbeiten dauerten täglich bis ein Uhr nachts und länger. Erst nach Abschluss dieser Arbeiten begab sich Machno zur Ruhe. Am andern Tage sah man ihn wieder zwischen 5 und 6 Uhr morgens durch Guljajpole gehen und an die Fenster klopfen, um die säumigen Stabsangehörigen zu wecken. Dabei beteiligte er sich täglich an Meetings und Versammlungen.«*[438]

Und natürlich liebten ihn die »einfachen« Menschen. Ob bewusst oder nicht setzte Arschinow die Bäuerinnen und Bauern der Ukraine durch die endlos scheinenden Lobhudeleien in seinem Buch über die Machnowschtschina herab.

432 Vgl.: Ebd.
433 Vgl.: Ebd.
434 Vgl.: Ebd.
435 Arschinow: S. 227.
436 Ebd.
437 Vgl.: Ebd.
438 Ebd.

Naive, verschwatzte, leichtgläubige Menschen, deren geringer Bildungsgrad und Armut sie quasi religiösen Wunsch nach einem unfehlbaren Erlöser verspüren ließen – so erscheinen in Arschinows »Geschichte der Machno-Bewegung« die ukrainische Landbevölkerung und ihr Batiko: »*Unter den Arbeitern und Bauern der Ukraine sind zahllose Legenden über Machno im Umlauf – in diesen Legenden erscheint er als fabelhaft kühn, verschlagen klug und als der stets Siegreiche. In Wirklichkeit aber überzeugte man sich bei genauer Betrachtung, wenn man sich in seine Taten vertieft, bald davon, dass Machno legendarischer ist als alle über ihn verbreiteten Legenden.*«[439] Arschinows Darstellung des Batiko beeinflusst bis heute die Sichtweise vieler junger Anarchist*innen auf Nestor Machno. Dabei ist sie nichts als die Fortsetzung des bereits in der Ukraine zwischen 1917 und 1921 von den Machnowzy praktizierten Personenkult.

Machno, der Einzigartige, der Unverwechselbare: »*Fast scheint es, als wäre dieser kleine Mann aus einem ganz besonders hartem Material geschnitzt.*«[440] Nie gab er auf, nie war er verzweifelt: »*Es gab keine Hindernisse, vor denen er zurückgeschreckt wäre, wenn er sich einmal vorgenommen hatte, sie zu überwinden.*«[441] Er war ein Held, unerschrocken und kaltblütig - eine Kampfmaschine: »*Seine Ruhe war tatsächlich erstaunlich. Er kümmerte sich überhaupt nicht um die Kugeln und Geschosse, welche die aufständischen Truppen buchstäblich in Stücke rissen […].*«[442] Mochten die anderen auch Feiglinge sein, Machno war es nicht, ihn kennzeichnete die Entschlossenheit »*echter Helden.*«[443]

Dafür, dass Anarchist*innen ganz gern als die Antiautoritären gesehen werden, legten sie vielfach schon damals und eventuell heute noch mehr grenzenlose Ergebenheit in ihre

439 Ebd.
440 Ebd.: S. 228.
441 Ebd.
442 Ebd.
443 Ebd.

Sicht auf den Batiko: »*Er hat es verdient, wenn ihm von der Armee, aber auch von der großen Masse der Bauernschaft Liebe und Ergebenheit gezollt wird. Unter diesen Leuten gilt er als einer von ihnen, als der Einzige, als etwas ganz Besonderes.*«[444] Und selbstverständlich zeichnete den Batiko nicht nur Liebe und Güte; sondern auch »*[...] die strenge, harte Hand des Führers [...]*« aus.

Die hier zitierten Phrasen sammelte Arschinow auf nur wenigen Seiten seines Buches. Aber die götzengleiche Verehrung, die er mit jenen Zeilen zu erzeugen versucht, schreit einem das gesamte Buch hindurch regelrecht an. Man könnte solche Worte hier endlos weiter zitieren. Auch könnte man auf den kuriosen Umstand hinweisen, dass die Machnowzy stets versuchten in ihrer Verehrungspropaganda die Lücke zu schließen zwischen dem sanftmütigen und freundlichen Machno, der alle Menschen liebte und von ihnen wenigstens ebenso geliebt wurde und seinen zahlreichen und weithin bekannten Gewalttaten, denen beileibe nicht nur die Repräsentanten des alten Systems zum Opfer fielen, sondern auch vollkommen Unschuldige oder gar eigene Anhänger*innen. Dieser Spalt war nicht zu überbrücken auch und nicht zuletzt, weil der Batiko auch in der Propaganda ganz bewusst beide Rollen spielen sollte: Der gutherzige Beglücker der Armen und der teuflische Despot, der sich nicht unter Kontrolle hatte.

Stellt man dieser Art der Darstellung die Monstrositäten der machnowschen Handlungen gegenüber, stellt sich nicht nur die Frage nach seiner Persönlichkeit, sondern auch die Frage, wie weit die anarchistische Propaganda zu gehen bereit war und ist, um Machno und seiner Politik den Anschein von Integrität zu verleihen. Allein, die Betrachtung von Machnos Taten verunmöglichen bei vorurteilsfreier Analyse – soweit diese überhaupt möglich ist – dieses Unterfangen.

Die entgrenzte Anwendung von Gewalt durch Machno und die Seinen war nicht nur einfach Herrschaftsmethode

444 Ebd.

und Machtausübung, sie war auch Prämiensystem innerhalb der machnowschen Entourage: Je höher man aufstieg, desto mehr Gewalttaten waren einem auch erlaubt. Machno selbst entzog sich dabei jeder Kontrolle. Selbst pro forma gebildete Gremien, die de jure den Batiko wenigstens hätten zur Rechenschaft zwingen müssen erwiesen sich de facto als unwirksam. Dass sie jemals als gesellschaftliches Organisations- oder zumindest Kontrollorgan gedacht waren, darf getrost bezweifelt werden. Machno war nicht der Typ, der sich etwas vorschreiben ließ - seine Gefolgschaft ebenso wenig.

Nestor Machno – Revolutionär oder Diktator? Im Grunde weder noch. Der von ihm stark inspirierten Umgestaltung den Namen Revolution und somit ihm das Prädikat Revolutionär zu verpassen, würde bedeuten außer Acht zu lassen, was Revolutionen zu leisten haben. Allenfalls die Entmachtung der Kulaken könnte man in diese Richtung interpretieren, inwieweit dazu Nestor Machno notwendig war oder ob er sich nicht vielleicht einfach an die Spitze einer Bewegung gesetzt hat, die gänzlich unabhängig von ihm, nämlich im gesamten ehemaligen Zarenreich und nicht nur in Machnos Ukraine, durch die radikalisierten Massen ablief, ist hierbei die entscheidende Frage.

Doch auch der Begriff des Diktators passt genau genommen nicht auf Machno. Diktatoren waren Machthaber, denen man im Römischen Reich der Antike Sondervollmachten auf Zeit einräumte, um bestimmte Krisensituationen zu bewältigen. Das an sich ist schon schauderhaft und lediglich aus der Macht der herrschenden Klasse im alten Rom zu erklären. Machnos unumschränkte Macht hingegen konnte ihm niemand nehmen und sie war längst nicht zeitlich befristet.

Machno war ein Gewaltherrscher, der sich mittels Gewalt an die Spitze einer Bewegung gehievt hatte und sich auch mittels Gewalt an der Spitze eines von ihm erschaffenen Staates hielt. Nestor Machno war, wenn man so will, ein despotischer Autokrat. Eine frühe Mischung aus Gaddafi und Pol Pot.

TEIL 4: Bolschewiki und Machnowzy

Ein Gebiet für die Anarchisten

Die Zeiten waren hart. Der Bürger*innenkrieg in Sowjetrussland war in den meisten Regionen mit dem Sieg der Bolschewiki beendet worden. Doch wer glaubte, man könne nun systematisch und strukturiert an den Aufbau gehen, der irrte. Es fehlte an allem: Eisenerz, Kohle, Getreide, Futtermittel, Schmierstoffen und gut ausgebildetem Personal. Immer wieder hörte Grigorow den Ausspruch, die Besten der Revolution seien gefallen. Die Reihen der Bolschewiki hatten sich gelichtet und wurden von Neuem aufgefüllt - durch alte Menschewiki und Sozialrevolutionäre auf der Suche nach einer Karriere. Wo es ihnen möglich war, sicherten sie sich Privilegien.

Grigorow, der Bolschewik, den die Machnowzy in Jekaterinoslaw aus dem Gefängnis der Weißen befreit hatten, studierte in Moskau.[445] Ausgezehrt schleppte er sich in die Vorlesungen. Manches Mal schien es, als würden nicht die Bolschewiki das Land regieren, sondern der Hunger. Vor ein paar Monaten war während einer Sitzung des Rates der Volkskommissare, also der Regierung, einer der Volkskommissare vor Hunger zusammengebrochen. Es war ausgerechnet der Volkskommissar, der Minister, für Ernährungsfragen.[446] Das war kein Wunder. Zu allem Übel hatte auch noch eine unbarmherzige Dürre das ganze Land in der zweiten Jahreshälfte 1921 heim-

445 Vgl.: Grigorow: S. 68.

446 Vgl.: Joffe, Nadeshda A.: »Rückblende. Mein Leben, mein Schicksal, meine Epoche. Die Memoiren von Nadeshda A. Joffe«, Essen: Arbeiterpresse Verlag, 1997, S. 127.

gesucht.[447] Auch die Studierenden, die mit Grigorow in den Sälen saßen, waren vom Mangel gezeichnet. Und dennoch lernten sie, so gut es nur irgend ging.

Unter ihnen war auch eine Studentin mit Namen Olga Lepeschinskaja. Sie wohnte mit ihrer Familie im Kreml, Tür an Tür mit Lenin. Grigorow und sie besuchten dieselben Veranstaltungen und hatten bald schon dieselben Freund*innen. Grigorow mochte ihre offenherzige Art und sie zeigte sich von den Erzählungen über seine Erlebnisse während des Bürger*innenkrieges enorm beeindruckt. Als Silvester bevorstand lud sie Grigorow ein, den Beginn des Jahres 1922 mit ihr gemeinsam im Kreml zu begehen.[448] Allerdings hatte sie auch eine Bitte, die ihr auszusprechen sichtlich schwer fiel: Vielleicht könnte er ja einen kurzen Vortrag über Nestor Machno und die Machnowschtschina halten?

Die Feier an diesem Abend war fröhlich, aber nicht überschwänglich. Wie im ganzen Land, gab es auch auf dieser Feier zu wenig zu essen, dafür jedoch jede Menge Hoffnung, dass es im nächsten Jahr ganz sicher besser werden würde.

In einem Nebenzimmer hielt Grigorow seinen Vortrag. Da saßen Menschen vor ihm, überzeugte Bolschewiki, Revolutionär*innen, die seinen Worten lauschten, versuchten zu verstehen und zu begreifen. Sein Freund Wolodja Jazek, Sekretär des Parteikomitees der Moskauer Universität, war darunter.[449] Während seines Vortrages lächelte er ihm unentwegt zu. Er war ein enger Bekannter von Leo Trotzki. Natürlich gehörte auch Olga Lepeschinskaja zu den Zuhörer*innen. Und doch ahnte niemand in diesem Raum, dass es eine Versammlung lebendig Begrabener war. Noch ein paar Jahre würden ins Land gehen, dann würde der Großteil der Zuhörer*innen Grigorows dem Terror Stalins zum Opfer fallen. Jazek würden Stalins Häscher einfach erschießen. Wer konnte das 1921 oder 1922 schon wissen?

447 Vgl.: Serge, Victor: »Leo Trotzki. Leben und Tod«, Wien: Deutscher Taschenbuch Verlag GmbH & Co KG, 1981, [nachfolgend: Serge], S. 139.
448 Vgl.: Grigorow: S. 68.
449 Vgl.: Ebd.

Grigorow berichtete von seinen Erlebnissen, von der schrecklichen Gefangenschaft bei den Weißen, den Glücksgefühlen bei seiner Befreiung und von den Diskussionen in Jekaterinoslaw, von seinen Erfahrungen während der Polonski-Affäre, er sprach von anständigen Machnowzy und von jenen, die wie marodierende Räuberbanden hausten. Die Genoss*innen um den Tisch herum hörten zu, schrieben mit, stellten Fragen und hörten wieder zu.

Plötzlich, ganz leise und sachte öffnete sich die Tür zu dem Raum, der ganz von Grigorows Stimme erfüllt war. Lenin trat ein, schlich zu einem der Stühle an der Seite und setzte sich leise wie ein Schüler, der das Klassenzimmer zu spät betrat und den Zorn des Lehrers fürchtete, in eine Ecke.[450] Dass Lenin oder andere bedeutende Bolschewiki an alltäglichen Debatten teilnahmen gehörte vor der Machteroberung durch Stalins Clique zum normalen Parteialltag.

Lenin hörte sich den Vortrag und das anschließende Gespräch an. Er sagte kein Wort, aber er hörte zu. Als sich die Debatte dem Ende näherte stand er ebenso leise wie er gekommen war auf und bewegte sich so still zur Tür, dass man hätte meinen können, er würde schweben. Dort blieb er schließlich stehen und bemerkte kurz: *»Sehr schade, dass es uns nicht gelungen war, Machno auf unsere Seite zu ziehen.«*[451] Die Worte unterbrachen die Stille, die Lenin in den Raum hineingetragen zu haben schien und nicht zuletzt deshalb wirkten sie auf die Anwesenden wie ein Schlag. Dann öffnete Lenin entschlossen die Tür und marschierte den langen Flur entlang.

Woran wird er gedacht haben auf dem Weg zurück zu jener kleinen Feier im Kreml? Daran, dass er all das nicht gewollt hatte? Daran, dass er dieses Ende für die Machnowschtschina nicht vorgesehen hatte? Dachte er an all die Briefe Trotzkis von der ukrainischen Front? Wie sie zu Beginn der militärischen Kooperation mit Machno durchaus positiv gestimmt waren und wie sie plötzlich anfingen anders über die Mach-

450 Vgl.: Ebd.

451 Zit. nach: Ebd.

nowzy zu sprechen? Dachte er an Trotzkis Erklärung, dass man durchgreifen müsse? An dessen Schilderungen, dass die Anarchist*innen in Alexandrowsk und Jekaterinoslaw Bolschewiki ermordeten?

Oder war es anders und Lenins Gedanken führten ihn zu jener Unterredung, die er mit Machno vor ein paar Jahren im Kreml hatte. Mit jenem Anarchisten, der nach Lenins Auffassung so viel Unsinn erzählt und der ihn dennoch auch tief beeindruckt hatte. Er, Lenin, hatte dem Bündnis mit der Machnowschtschina seinen Segen erteilt.[452] Im Grunde hatte er nur eine Bedingung gestellt: Machno solle den Vertrag einhalten. Lenin hatte darauf gehofft, doch der Batiko hatte genau das nicht getan.

Waren das Lenins Gedanken auf dem Weg zurück vom Vortrag Grigorows? Wer »A« sagt, der müsse auch »B« sagen. Wenn die Machnowzy loyal an der Seite der Bolschewiki fochten, so käme man nicht umhin ihnen für das Gebiet, das sie von den Weißen befreit hatten, Autonomie einzuräumen. Auch dafür müsse in der Revolution Platz sein, so die übereinstimmende Überzeugung Lenins und Trotzkis in verschiedenen Gesprächen bezüglich des Umgangs mit der Machnowschtschina.[453] Den Anarchist*innen sollte ihr Gebiet zugesprochen werden, um dort ihre Vorstellungen in der Praxis ausprobieren zu können.

Vielleicht waren Lenins Gedanken von all diesen Erwägungen erfüllt. Vielleicht dachte er über das vergangene Jahr nach und vielleicht hoffte er auf ein besseres 1922, als er den Raum betrat, in dem eine müde Gesellschaft versuchte dem neuen Jahr entgegenzufeiern. Oder dachte er an den Anschlag auf ihn selbst oder den auf Uritzki, der für diesen Genossen tödlich endete. Oder an all die anderen – nicht selten ebenfalls tödlichen – Terrorakten anarchistischer Glücksritter. Menschen wie Fanja Kaplan, die - aus anarchistischen Kreisen kommend - zwischenzeitlich Sozialrevolutionärin geworden

452 Vgl.: Serge: S. 139.
453 Vgl.: Ebd.

war und für die Einberufung einer konstituierenden Versammlung schwärmte. Die Bolschewiki hatten diese aufgelöst, die Revolution hatte die Idee des bürgerlichen Parlamentarismus längst hinter sich gelassen. Kaplan hingegen nicht und sie verwandelte ihre Wut darüber in zwei Kugeln, die Lenin am Hals und der Schulter trafen. Es waren auch diese Ereignisse, die die Revolution ihre Güte verlieren ließen, wie Trotzki in den letzten Monaten immer wieder bitter gesagt hatte.[454]

Was war geschehen? Wie wurden die Machnowschtschina und die Sowjetrepublik zu Feinden? Der Terror der Machnowzy gegenüber politischen Gegner*innen, Angehörigen von Minderheiten und der Zivilbevölkerung mochte Einiges dazu beigetragen haben. Den einzigen Grund lieferte er nicht. Viel mehr mussten Lenin und Trotzki erkennen, dass Machnos Verhältnis gegenüber den Bolschewiki und der Roten Armee einzig durch strategische Erwägungen, gewürzt mit einer gehörigen Prise Egoismus, gezeichnet war. Und doch war der Ausgang der ganzen Angelegenheit nicht allzu zufriedenstellend. Die Bolschewiki waren 1917 nicht angetreten, um einen jahrelangen Bürger*innenkrieg zu führen. Erst recht nicht gegen anarchistische Einheiten. Doch Machno und seine Rebellen ließen die Lage immer wieder eskalieren.

Ein Jahr war es nun her, dass der Machnowschtschina der Todesstoß versetzt worden war. Der Roten Armee gaben Anarchist*innen die Hauptverantwortung für das Geschehene. Und auch das war mehr als ungenau.

Die Feier blieb so ruhig, wie sie bisher gewesen war. Um Mitternacht schossen Rotarmisten in der Stadt Leuchtmunition in den Himmel und ließen ihn rhythmisch aufhellen. Es würde ein gutes Jahr werden, ganz bestimmt. Zumindest konnte man das hoffen.

---

454 Vgl.: Trotzki, Leo: »Über Lenin. Material für einen Biographen«, Essen: Arbeiterpresse Verlag, 1996, S. 120.

Machnos strategisches Verhältnis zu den Bolschewiki

Die Nachrichten, die Trotzki und seinen Stab von der Krim erreichten, waren zufriedenstellend. Akribisch wurden die Positionen der Truppen auf der Karte eingetragen, feindliche Einheiten herausgestrichen und die Lage von Neuem eingeschätzt.

Die Krim war der Rückzugsort der Armee Wrangels gewesen. Der konterrevolutionäre General, der Denikin beerbt hatte, schickte seine Truppen stets ohne jede Bedenken in aussichtslose Kämpfe. Auf beiden Seiten der Frontlinie sorgte er damit für sinnlose Opfer. Doch er war getrieben vom Hass auf die Bolschewiki und sozialistische Ideen.

Diesmal war er nicht entkommen. Man hatte ihn auf der Krim in die Enge getrieben und war gemeinsam mit der Reiterei der Machnowzy wie ein warmes Messer durch einen Block Butter geglitten. In einer militärischen Operation wie aus einem Lehrbuch einer Militärakademie hatte die Rote Armee Wrangels Truppen aufgerieben und in alle Winde verstreut. Seine Soldaten waren frustriert und hungrig. Was die Soldaten der Armee der Revolution durch den Glauben an die Sache, für die sie fochten, ausgleichen konnten, blieb für eine Truppe wie die Wrangels ein nicht kompensierbarer Mangel. Es hatte nicht lange gedauert, dann waren die letzten Einheiten Wrangels zerschlagen und überall auf der Krim feierten die Kämpfer der Roten.

Nun, der Bürger*innenkrieg schien im europäischen Teil Sowjetrusslands endlich beigelegt zu sein, kämpfte man plötzlich wieder. Diesmal gegen einen einstigen Verbündeten. Es galt die Einheiten Machnos zu entwaffnen, auseinanderzujagen und dort, wo das nicht anders zu erreichen war, festzusetzen. Der Batiko selbst saß unterdessen in Guljajpole. Und auch diese Operation verlief ohne große Zwischenfälle. Weder auf der Krim, wo die Machnowzy weitab ihres angestammten Gebietes operierten, noch um Guljajpole herum, verursachte das Vorgehen der Roten Armee große Widersprüche. Abgesehen von einigen erklärten Anhänger*innen Machnos schien es kaum jemanden zu interessieren, dass die schwarzen Truppen liquidiert wurden.

Nach ein paar Stunden war es geschafft. Die Machnowschtschina war Geschichte. Formal gab Machno in der Region um Guljajpole noch den Ton an, doch das spielte kaum noch eine Rolle, denn er verfügte kaum noch über Truppen, um sein Reich zu halten. Und jetzt begann entlang der gesamten Grenze zum Imperium des Batiko die Rote Armee mit dem Beschuss seiner Stellungen. Auch Guljajpole, Machnograd, wie es irgendein namenloser Rotarmist getauft hatte, lag unter dem Feuer roter Artillerie.[455]

In der Entscheidung, die Machnowzy zu entwaffnen, widerspiegelte sich all das, was in den Jahren zuvor geschehen war: Viermal hatten die Bolschewiki mit den Machnowzy einen Vertrag zur Zusammenarbeit unterzeichnet und dreimal hatten diese ihn gebrochen. Unmittelbar nach der Einnahme von Jekaterinoslaw hatten Trotzki und die Rote Armee Machno gar den Befehl über rote Truppen in der Ukraine übertragen.[456] Zusammen mit den Machnowzy bildeten sie die 45. Division der Roten Armee.[457] Wieso auch nicht? Sie waren doch Verbündete…

Doch schon damals war Trotzki das Gebaren Machnos schnell zuwider. Zwei Züge mit Getreide hatte der Batiko erobert.[458] Die europäischen Gönner der weißen Truppen hatten sie entsandt, um die unablässig anwachsenden Heere der Konterrevolution zu versorgen. Nun, in der Kornkammer Europas, wie die Ukraine genannt wurde, wirkten diese Züge wie die berühmten Eulen in Athen und so wies Machno persönlich an, die Transporte nach Moskau fahren zu lassen. Selbstverständlich war der Adressat nicht etwa der Rat der Volkskommissare, sondern die örtlichen Sowjets.[459]

455 Vgl.: Stowasser: S. 104.
456 Vgl.: Ebd:: S. 52.
457 Vgl.: Peters: S. 54.
458 Vgl.: Stowasser: S. 61.
459 Vgl.: Ebd.

Machno verlangte bei jeder Gelegenheit Trotzki, Lenin, die Bolschewiki und die Rote Armee hätten ihn, den Batiko anzuerkennen. Den Revolutionären Kriegssowjet in Guljajpole ebenso, wenngleich der lediglich von Machnos Gnade existierte. Jede zentrale Behörde, die Machno schuf, hatten die Bolschewiki gefälligst als legitimiert zu betrachten. Schon die bloße Frage, wie es denn zur Bildung dieser Gremien kam, wurde als Blasphemie und als Hetze gegen den fast heiligen Batiko hingestellt. Doch der Rat der Volkskommissare war für Machno nur Luft.

Natürlich waren die örtlichen Sowjets in der Zeit des Hungers glücklich über diese Lieferung. Sie bedankten sich überschwänglich, auch das war nicht überraschend. Was kaum jemand verzeichnete, Machno verlangte für diese beiden Züge, die Beute aus weißen Beständen waren, eine Gegenleistung.[460] Er verlangte nach Industriegütern und erhielt diese auch.[461] Machno schaute darauf, ob sich die Getreidelieferung für ihn lohnen würde. Doch er stellte sich als großer Humanist dar. Dabei handelte er nach den Grundsätzen von Angebot und Nachfrage – nicht mehr!

Nun, im Angesicht der Aktion der Roten Armee, waren die Machnowzy überall auf dem Rückzug und die örtliche Bevölkerung schien keinen Finger für sie zu rühren. Die südliche Ukraine stöhnte wie ein Gesundender, der im Begriff war eine schwere Grippe loszuwerden. Gerade die Bäuerinnen und Bauern, die die Machnowzy immer wieder vorgaben befreien zu wollen, reagierten mit Gleichgültigkeit auf die Operation der Roten Armee. Noch vor zwei Jahren wäre das undenkbar gewesen.

Machno war gerade für die Mittelbäuerinnen und -bauern ein Held gewesen. Den Armen hingegen hatte er nicht viel zu bieten. Deshalb hatte Trotzki auch Dybenko, den Ehemann der legendären Alexandra Kollontai, nur zum Kommandeur

460 Vgl.: Dahlmann: S. 125.
461 Vgl.: Ebd.

der Truppen in der Ukraine ernannt.[462] Für Machno, der damals ganz offiziell seine Truppen der Roten Armee angeschlossen hatte, war das eine schwere Enttäuschung gewesen und Trotzki dürfte geahnt haben, dass er damit seine empfindsame Eitelkeit kränken würde. Denn der Batiko war der festen Überzeugung gewesen, dass man ihm den Befehl über alle revolutionären Einheiten in der Ukraine übertragen würde.[463]

Trotzki war bei Weitem zu rational veranlagt, um für derlei infantiles Gehabe, wie verletzten Stolz, eine Antenne zu haben. Es ging darum einen Krieg zu gewinnen, der das Land und mit ihm die gesamte Revolution zu erwürgen drohte! Doch im Rückblick sieht man Manches klarer. Er hatte damals Dybenko instruiert eine Unterredung mit Machno zu führen und mit ihm das weitere gemeinsame Vorgehen zu besprechen. Doch dieser Riese mit den beeindruckend großen Händen hatte Machno zu sich in den Stab einbestellt, ließ ihn Ewigkeiten warten, nur um ihn dann zu sich ins Zimmer zu bitten und ihm ohne Begrüßung knapp und herablassend mitzuteilen: *»Ich habe Ihnen, Genosse, schon Fachleute gesandt. Auf Wiedersehen!«*[464] Selbst mit viel Mühe hätte man kaum mehr Porzellan zerschlagen können. Trotzki dürfte wenig erfreut über Dybenkos harsches Auftreten gewesen sein..

Hätte ein anderes Auftreten Dybenkos irgendetwas am weiteren Verlauf verändert? Wohl kaum! Machno war der, der er war!

Nur wenige Tage nach diesem Gespräch kamen die Fachleute, die Dybenko entsandt hatte zu ihm zurück. Verdutzt schaute er sie an, als sie unangemeldet sein Zimmer betraten. Sie waren von den Machnowzy beleidigt und geschlagen worden. Man hatte sie in eine Scheune gesperrt, wie sie Dybenko berichteten. Als der Batiko von dem kurzen Gespräch mit Dybenko eintraf, hatte er den Ranghöchsten der Spezialisten

462 Vgl.: Peters: S. 54.
463 Vgl.: Ebd.
464 Zit. nach: Ebd.

zu sich bringen lassen. Der Bolschewik erklärte Machno, dass in dem Schuppen Fachleute für Artillerie, Verwaltung, operative Planung und Spionageabwehr saßen und sich darauf freuen würden den Batiko kennenzulernen.[465] Großschnäuzig schickte er sie zurück.

Mit diesem Vorfall dürfte Trotzki klar gewesen sein, dass die Beziehungen zu Machno wohl kaum gut enden würden. Als Trotzki die Meldung überbracht worden war, Grigorjew, ein anderer ehemaliger Anarchist, den man ebenfalls in die Rote Armee integriert hatte, sei mitsamt seinen Truppen zu den Weißen übergelaufen, bat er Machno um eine Stellungnahme.

Machno hatte Grigorjews Fahnenflucht nicht verurteilt. Das war ein schlechtes Vorzeichen. Schon damals hatte Machno überlegt, wie er sich diese Konstellation zunutze machen könnte, um gerade gegenüber der Roten Armee an Stärke zu gewinnen.[466]

Das Treffen mit Grigorjew im Juli 1919, der Mord an dem Ataman und das Aufsaugen fast aller seiner Truppen in die Machnowschtschina, waren eine direkte Folge dieser Überlegungen des Batikos.[467] Dass er damit auch zahlreiche aggressive Antisemiten in seine Reihen integrierte, schien Machno kaum zu stören. Sein Geheimdienst ging fortan mit aller Härte gegen Bolschewiki vor, Grigorjewzy hingegen ließ er vielfach gewähren.

Der zweite Pakt mit Machno, auch er sollte scheitern. Als ihm die Rote Armee Kommissare sandte, die ihm helfen sollten die eklatanten Mängel in seiner Armee abzustellen; Mängel, die auch Machno als solche ansah, sperrten getreue Gefolgsleute auch diese Abgesandten ein, misshandelten sie und schickten sie erst nach Tagen wieder zurück.[468] Und während dieser Vorfälle bewohnte Machno einen Panzerzug mit

465 Vgl.: Ebd.
466 Vgl.: Ebd.: S. 55.
467 Vgl.: Ebd.
468 Vgl.: Ebd.: S. 69.

einem Kommandeur der Roten Armee, mit Woroschilow.[469] Er sprach über diese Vorfälle kein Wort. Hätte man so miteinander Krieg führen sollen? Hätte man es können?

Trotzki hatte deswegen nach Moskau geschrieben. Doch der Brief, den Lenin zurücksandte, war erstaunlich: Man müsse verhandeln, man müsse eine Lösung finden! Die Übereinkunft müsse halten, unbedingt. Trotzki wusste, dass Lenin sich mit Machno persönlich im Kreml getroffen hatte. Mit Kropotkin stand er vor dessen Tod in Briefkontakt und ab und an trafen sie sich, um zu diskutieren; anarcho-syndikalistische Gruppen wurden zu den Kongressen der Komintern eingeladen und hielten dort bissige Koreferate. Aber Machno? Wie hätte man mit dem zusammenarbeiten sollen? Trotzki war einigermaßen ratlos in dieser Sache. Lenin entsandte Kamenew und Trotzkis engen Freund Antonow-Owsejenko.[470] Sie sollten das poröse Fundament dieses Abkommens sichern.

Bei der Entwaffnung der machnowschen Kavallerie war ein kleiner Rest durch die Sperren der Roten Armee gebrochen und schien im Galopp Richtung Guljajpole auszuweichen.[471] Es waren ihrer wenige, die der Entwaffnung entgangen waren, vielleicht 250 Mann.[472] Das Überbleibsel der stolzen Reiterei Machnos. Als der gemeinsame Angriff auf die Truppen Wrangels auf der Krim geplant worden war, hatte Machno das Blaue vom Himmel versprochen, wie stark die Verbände seien, die er schicken würde. Schon diese Zahlen hatten alle bezweifelt. Dann kamen 1.500 Kämpfer in die Bereitstellungen[473], kaum fähig die Schlacht gegen den weißen General zu schlagen. Nun waren noch 250 Mann übrig. Es galt auch dieser habhaft zu werden.

Trotzki wusste, dass ein großer Teil der russischen Anarchist*innen ihn aus ganzem Herzen verabscheute. Er hatte

---

469 Vgl.: Ebd.
470 Vgl.: Ebd.
471 Vgl.: Stowasser: S. 105.
472 Vgl.: Ebd.
473 Vgl.: Ebd.

sich daran gewöhnt in den Propagandablättern der Weißen in antisemitischer Pose dargestellt zu werden: Dicke Lippen, große Nase, heimtückischer Blick, so sah man ihn dort. Diese Stereotype sollten seine jüdische Herkunft karikieren. Was Trotzki mit wachsendem Unverständnis wahrnahm war, dass er in manch schwarzem Blatt inzwischen genauso abgebildet war. Wie würden diese Anarchist*innen nun auf Entwaffnung der Machnowzy reagieren?

Trotzki entsann sich der Berichte Kamenews über seinen Besuch bei Machno. Über die antisemitischen Plakate, die in Machnos Namen an den Bahnhöfen prangten; an den Batiko, wie er einen jungen Machnowzy vor Kamenews Augen erschoss, weil er diesen Schmutz geklebt hatte. Sie alle, Kamenew, Dybenko und er, Trotzki, hatten damals über diese Reaktion nur den Kopf schütteln können. Als würde das etwas ändern. Als wäre dieser Machnowzy der einzige mit antisemitischen Vorurteilen. Als müsste man eine solche politische Herausforderung nicht politisch beantworten!

Zu dieser Zeit focht die Rote Armee Seite an Seite mit anarchistischen Einheiten. Gleichzeitig bereiteten Anarchist*innen hinter dem Rücken des gemeinsamen Abkommens Anschläge vor und führten sie oft genug auch aus. All das wurde geplant und vorbereitet auf dem Gebiet der Machnowschtschina!

Mehr noch, Machno forderte die Lieferung von Waffen, Munition und Ausrüstung. Die Rote Armee hatte zu wenige Gewehre, kaum Stiefel und benötigte eine Einheit Munition, trieb Trotzki sie nicht selten in Himmelfahrtskommandos hinein, um sich an gegnerischen Beständen zu bedienen.

Und dennoch lieferte die russische Sowjetrepublik Waffen an die Machnowschtschina. Wieso das nötig war? Die Machnowzy waren unfähig eine eigene Kriegsindustrie aufzubauen. Dazu hätte man zentralisierte Schritte unternehmen müssen und das lehnten Machno und die seinen unter dem Deckmantel libertärer Grundsätze in der Wirtschaft ab. Und als das Material immer knapper wurde, weil die Rote Armee dem Druck der Weißen und der auf ihrem Gebiet hausenden westeuropäischen Truppen oft genug nicht standhielt und Industrieanlagen in die Hände des Feindes fielen, da beklagte sich Machno lautstark, die Roten würden ihn im Stich lassen.

Gleichzeitig verbreiteten die Machnowzy allerorten ein gefälschtes Zitat, das angeblich von Trotzki stammen sollte. Er hatte es gegenüber dem Politbüro und dem Zentralkomitee der Bolschewiki geäußert, beklagten sie sich. *»Es ist besser, die gesamte Ukraine an Denikin abzutreten, als eine Weiterentwicklung der Machnowschtschina zu dulden.«*[474] Wie konnten sie nur? Wie konnten sie nur ihm, der sich um seine jüdische Familie sorgte, weil er wusste, was die Weißen mit Jüdinnen und Juden taten, ein solches Zitat unterstellen? Niemals würde er einen solchen Satz gesagt haben. Was er vor dem ZK und dem Politbüro voller Entrüstung geäußert hatte, war, dass die Führung der ukrainischen KP abgesetzt gehöre. Man brauche einen Parteitag, um sie abzuwählen und zu ersetzen. Denn in diesem Gremium hatte man in seiner Gegenwart geäußert, es sei besser Denikin beherrsche die Ukraine als Machno.[475] Trotzki hatte das immer wieder zurückgewiesen. Solcherlei Gedanken waren ihm völlig fremd.[476]

Und während die Machnowzy sich in haltlosen Unterstellungen übten, jagte ihr Batiko persönlich oder mit Hilfe seines Geheimdienstes Bolschewiki in Alexandrowsk und Jekaterinoslaw. Der Mord an Polonsky war nur eines von ungezählten derartigen Verbrechen.[477]

Wie hätte man unter diesen Umständen zusammenarbeiten sollen? Das Bündnis zerfiel. Die führenden Machnowzy trugen die Verantwortung dafür. Ihr Herangehen an die Bolschewiki und die Rote Armee war immer nur strategisch ge-

474 Zit. nach: Stowasser: S. 77.

475 Vgl.: »Kronstadt und Machno-Bewegung«: S. 18.

476 Die Legende, Trotzki habe einen Verlust der Ukraine an Denikin begrüßt, in der Hoffnung so würde er die Machnowschtschina los, hält sich in einigen anarchistischen Kreisen weiterhin hartnäckig. Vgl.: Stowasser: S. 77ff.

477 Siehe Artikel zu Alexandrowsk

wesen. Wenn sie sie brauchten, dann sollten die roten Einheiten eben für die Machnowschtschina bluten.

Nun rückte die Rote Armee auch gegen die Reste der Truppen Machnos vor und die Bevölkerung unterstützte die Machnowzy so gut wie gar nicht mehr. Auch das konnte man nur positiv bewerten. Einen Bürger*innenkrieg gewinnt man politisch…

Dass die Bäuerinnen und Bauern so wenig zu den Machnowzy standen, hatte viele Ursachen: Die Armut war geblieben, dort wo Machno herrschte; Überfälle und Plünderungen kamen nicht gerade selten vor; die weißen Truppen konnten immer häufiger auch tief in das Gebiet Machnos vorstoßen; Übergriffe auf Minderheiten waren nicht gerade selten… Und dann war da noch etwas – der Typhus.

Im März 1920 hatten die Bolschewiki versucht ein drittes Abkommen mit den Machnowzy umzusetzen. Trotzki rief die Machnowzy um Hilfe gegen die polnische Invasion, doch Machno hatte sich geweigert zu helfen, obwohl seine Truppen nicht im Kampf gestanden hatten. Seine Begründung gegenüber dem Oberkommando der Roten Armee war die Typhusepidemie in seiner Truppe. Und ja, die wütete ebenso wie so oft in den Reihen der Truppen Trotzkis. Die Hälfte der Kämpfer Machnos war dahingerafft worden, lag von Fieberkrümpfen geschüttelt in den Hütten der Bäuerinnen und Bauern der einzelnen Orte oder starb nach unerträglichem Siechtum, das den Tod zu Erlösung werden lies.[478] Selbst Machno war erkrankt.

Dennoch, wussten alle, Pjotr Arschinow voran, dass diese Erklärung eine Lüge war. Er selbst erklärte, dass es ein Schachzug Machnos war, die Truppen nicht für die russische Sowjetrepublik kämpfen zu lassen.[479] Auch die Rote Armee hatte immer wieder mit dem Typhus zu kämpfen, doch sie stellte weder ihre Tätigkeiten als Armee noch die Lieferungen an die Machnowzy ein. Und wieder zerfiel ein Bündnis mit der Machnowschtschina um das die Bolschewiki ersucht hatten.

---

478 Vgl.: Stowasser: S. 75ff.
479 Vgl.: Arschinow: S. 176ff.

Doch die Typhusepidemie entzog Machno wahrscheinlich endgültig die Unterstützung durch die letzten Teile der Bauernschaft, die ihn bisher noch Vertrauen entgegengebracht hatte. Machno hatte sich geweigert ein Lazarettwesen aufzubauen, wie es die Rote Armee getan hatte. Die Begründung für diese Unterlassung war die, die man andauernd zu hören bekam: Das müsse doch wohl selbstorganisiert in den Dörfern geschehen. Nun sollten die Bäuerinnen und Bauern nicht mehr nur Kämpfer und Verpflegung, Futter und Pferde stellen, sie sollten neben ihrer täglichen Arbeit auch noch Krankenhäuser errichten. Das Fehlen von Gesundheitsversorgung war einer der Gründe für die Revolution 1917 gewesen. Wo sollte man all das jetzt auf einmal herzaubern: Geschultes Personal, OP-Säle, Medikamente…

Im Ergebnis lagerten die Machnowzy ihre an Typhus Erkrankten in den engen Bauernhütten, wo sich Viren und Bakterien rasend schnell vermehrten und von einem zum nächsten sprangen. Unversorgt starben unzählige von ihnen und zogen ganze Dörfer mit ins Verderben.[480] Trotzki hatte genau solche Erscheinungen immer versucht zu verhindern und er hatte klug daran getan.

Die Machnowzy nun zu entwaffnen, die Machnowschtschina auf diese Weise auszuschalten, war sicher keine Geschichte für das Poesiealbum. Doch in der Ukraine weinte ihr schon längst niemand mehr eine Träne nach. Das vierte Abkommen mit Machno hatte er, Trotzki, nicht eingehalten. Aber war das nach all dem ein Wunder? Die Machnowschtschina war Geschichte. Selbst wenn man in Rechnung stellte, dass sich Machno aufgrund seiner unbestreitbar außergewöhnlichen Fähigkeiten als Partisanenführer unter Umständen noch mehrere Monate halten würde.

Im folgenden Halbjahr führte Machno einen gnadenlosen Guerillakrieg. Noch einmal eroberte er Guljajpole zurück. Doch die Unterstützung der Bevölkerung blieb aus. Das von

480 Vgl.: Peters: S. 52f.

ihm beherrschte Gebiet schmolz unaufhaltsam zusammen. Im August 1921 übertrat Machno mit einigen Gefolgsleuten, schwer verletzt, die Grenze nach Rumänien. Noch einen Monat sollte es dauern, bis dann auch die letzten Machnowzy ihre Waffen streckten. Erstmals seit 1914 erlebte die vollkommen verwüstete Ukraine nun so etwas wie Frieden.

Das Ende

Nestor war wütend. Er griff sich einen Fetzen Papier, eine Feder und Tinte und begann zu schreiben. Seit fast zwei Wochen saß er in dieser Wohnung in Danzig fest und niemanden schien es zu interessieren. Vor vier Jahren war er aus der Ukraine nach Rumänien geflohen und hatte seither eine Odyssee hinter sich gebracht. Mochte sein, dass die Danziger Anarchist*innen über ein beeindruckendes Untergrundnetz verfügten. Mochte sein, dass sie ihn in dieser konspirativen Wohnung versteckt hatten und mochte sein, dass sie ihn versorgten. Aber Nestor wollte raus und dazu reichten die Verbindungen der Danziger bei Weitem nicht aus. Paris, ja da wollte er hin. Er beherrschte die Sprache nicht, aber das würde sich finden, wenn er erst dort war. Seine Frau war dort, Galina. Und seine Tochter, Elena, keine vier Jahre alt. Und er hatte sie nach ihrer Geburt kaum gesehen. Er musste nach Paris! Nur, dazu benötigte er Hilfe von außen. Und die war zugesagt worden, mehr als nur einmal!

Der Adressat des wütenden Pamphlets, dass er da aus seiner Feder tropfen ließ war Volin. Er hatte Hilfe zugesagt immer wieder, aber es geschah nichts.[481] Und den anarchistischen Gruppen wuchs die ganze Angelegenheit langsam aber sicher über den Kopf. Sie wollten Nestor los werden. Doch als sie Volin schrieben, er solle endlich in dieser Sache aktiv werden, hatte er geantwortet, dass er sich im Moment außerstande sehe etwas zu unternehmen.[482] Volins Brief hatten sie

481 Vgl.: Zak: S. 145.
482 Vgl.: Ebd.

Nestor überreicht. Er erkannte die Handschrift und den Stil wieder. Kein Zweifel, diese Zeilen kamen von Volin. Er ließ ihn, den einstigen Batiko, im Stich. Er ließ ihn allein. Wieso auch nicht? Er war ja in Sicherheit… Hockte in Berlin…

Nestor schrieb sich seinen ganzen Frust von der Seele, nannte Volin in seinem Brief »Großväterchen« und schnauzte ihn an, er habe seine *»[…] Versprechungen und deren Nicht-Erfüllung satt […]«*.[483] Patzig erklärte Nestor, Volin solle sich aus der Sache seine Flucht zu planen zurückziehen.[484] Nur das Geld, dass Anarchist*innen für ihn, für Nestor, gesammelt hatten, hätte er gefälligst nach Danzig zu transferieren.[485] Dann legte er die Feder beiseite. Volin und er, das war schon in der Ukraine kein harmonisches Miteinander gewesen. Sie hatten einander angeschrien und Volin hatte Nestor einen »Bonapartisten« genannt. Auf diesen Mann konnte man nicht zählen!

Der Brief Nestors erreichte Volin in der deutschen Hauptstadt, wo er sich zwischenzeitlich aufhielt. Er las ihn zweimal, weil er kaum glauben konnte, was dort stand. Was nahm sich dieser Mann nur heraus! Volin versuchte nicht nur Mittel für Nestors Flucht aus Danzig zu beschaffen, sondern auch dessen Familie zu versorgen. Und dann so etwas! Aber wie man die Sache auch drehte und wendete, man musste ihm irgendwie helfen. Nestor war zu einer Belastung der Anarchist*innen in Danzig geworden. Er musste weg von dort!

Volin ließ seine Kontakte spielen. Danzig, seit dem Ende des Weltkriegs unter internationaler Verwaltung des Völkerbundes, war weit weg. Nicht unbedingt geografisch, aber doch organisatorisch. Es kostete Volin einiges an Anstrengungen, dann stand der Plan, wie man Nestor aus Danzig herausholen konnte. Das Unternehmen strotzte nur so von Unsicherheiten, aber auf die Schnelle war es kaum besser vorzubereiten.

483 Zit. nach: Ebd.
484 Vgl.: Ebd.
485 Vgl.. Ebd.: S. 145f.

In Hamburg kannte Volin einen Anarcho-Individualisten – keine enge Bekanntschaft, aber es müsste reichen.[486] Verschlüsselte Briefe gingen hin und her, die Zeit drängte! Volins Überredungskünste, vorgetragen im schlechten Deutsch eines Migranten, der zu jedem Überfluss auch noch jede Nachricht kodierte, reichten doch aus, um den Mann dazu zu bringen mit einem Bündel Geldscheinen und dem Namen eines Kontaktmannes im Gepäck nach Danzig zu fahren. Volin atmete auf, das war ein Wunder!

Der Hamburger fragte sich in Danziger Kneipen und Treffpunkten radikaler linker Aktivist*innen durch. Von einem zum anderen – Kleinarbeit. Irgendwann bekam er einen Tipp, an wen er sich wenden sollte. Der brachte ihn endlich zu Nestor in die konspirative Wohnung.

Tage hatte der Hamburger Zeit, um sich den einstigen Batiko vorzustellen, sich seine Gesichtszüge, seine Statur und sein Auftreten auszumalen. Was er hingegen erlebte, war nicht das, was er sich vorgestellt hatte. Der Mann, der ihm öffnete, war klein, ein geschwungener Bart zierte seine Oberlippe. Sein Gesicht wirkte aufgedunsen und er verlor wenig Zeit, bis er den Mann, der ihm helfen wollte, zurechtstutzte. Er hatte weder gefälschte Papiere für ihn, noch eine wirklichen Fluchtplan.[487]

Und ja, Volins Idee wirkte wie eine Art Rochade beim Schach: Sie bringt vorerst Entlastung, befreit einen aber nicht unbedingt aus der Umklammerung des Gegners. Nestor sollte nachts mit einem Boot von Danzig nach Stettin verfrachtet werden. Was danach kommen sollte war unklar. Doch Nestor willigte ein, was hätte er auch sonst tun sollen?

In irgendeiner verkommenen Spelunke am Hafen fand der Hamburger auch einen Bootsbesitzer, der keine Fragen stellte. Er wollte das Geld haben, alles andere interessierte ihn kein bisschen. Damit war er für den Job bestens geeignet. Noch in derselben Nacht sollte der Transfer geschafft werden.

486 Vgl.: Ebd.: S. 146.
487 Vgl.: Ebd.

Nestor und seine zwei Begleiter warteten am Hafen bis die Frühjahrssonne ihre Strahlen gegen die nächtliche Kälte, die noch immer an den Winter erinnerte, ausschickte. Statt des Bootes schlurfte ihnen eine weinende Frau mit Schürze auf dem Weg entlang der Anlegestellen entgegen. Ihr Mann, dieser Säufer, er habe das Geld in Alkohol umgesetzt. Fahren könne er sie doch gar nicht. Dann ging sie vor sich hin schimpfend, was für einen Nichtsnutz sie doch zum Mann habe, fort. Nestor explodierte und tobte. Dieser Volin!

Sie nahm einfach kein Ende diese ewige Flucht. Als Nestor 1921 mit einer Handvoll Getreuer und Galina die rumänische Grenze überquert hatte, hatte sie begonnen. Und nun, nach vier Jahren war sie immer noch nicht beendet. Inzwischen irrte er fast länger durch Europa als die Machnowschtschina gedauert hatte.

Die rumänischen Behörden hatten Nestor und seine kleine Schar in ein Internierungslager gesteckt.[488] Ihnen fehlte die nötige Phantasie, um die Frage zu beantworten, was man mit den Anarchist*innen aus der Ukraine anfangen könnte. Nach fast acht Monaten entließ man die Gruppe, jedoch mit der Auflage umgehend das Land zu verlassen.[489]

Polen… Das war das neue Ziel. Man übereignete sich dort freiwillig der Polizei. Die steckte Nestor und Galina direkt in eine zu einem Gefängnis für politische Gefangene umgewidmete mittelalterliche Festung.[490] Das Jahr 1922 ging ins Land, bis ihm endlich mitgeteilt wurde, was die Herrschenden in Polen mit Nestor vorhatten. Damals erblickte Elena, die Tochter von Galina und Nestor das Licht der Welt.

Als man Nestor die Anklage mitteilte, traute er seinen Ohren nicht. Man warf ihm allen Ernstes vor, in Ostgalizien einen Aufstand angezettelt zu haben, um dieses Gebiet Sowjetrussland anzugliedern.[491] Das war Irrsinn. Oder war es die Ironie

---

488 Vgl.: Palij: S. 242.
489 Vgl.: Ebd.
490 Vgl.: Ebd.
491 Vgl.: Ebd.

der Geschichte? Der Regime des ehemalige Sozialdemokraten Pilsudski, der sich mehr und mehr zum protofaschistischen Diktator Polens mauserte, den Trotzki 1920 bekämpft und gegen den Nestor sich geweigert hatte in die Schlacht zu ziehen, klagte Nestor der Beihilfe für die Sowjetregierung an. Es war zynisch, aber wahr.

Die Verhandlung verlief im Sande. Nestor und seine Frau wurden frei gesprochen.[492] Doch man stellte beide unter strenge Polizeiaufsicht, aus der sie fliehen konnten. Sie schafften es bis Danzig, wo Nestor schwer erkrankt wieder in Haft genommen wurde. Damals wie heute waren Geflüchtete stets im Visier der Staatsmacht.

Nestors kranke Lunge meldete sich zurück. Die Tuberkulose legte sich auf seinen Atem wie ein dunkler Schatten. Sein Zustand war derart schlecht, dass die Danziger Polizei ihn in ein Krankenhaus entließ.[493] Dort drang irgendwann nachts ein anarchistisches Kommando ein, welches Nestor befreite und in eine eigens für ihn bereitgestellte konspirative Wohnung brachte.[494] Und nun stand er hier, am Danziger Hafen und schrie seine Verwünschungen für Volin heraus, während die Frau des geheimnisvollen Trunksüchtigen halblaute Flüche auf ihren Ehemann ausbringend davonlief. Nichts mehr lief nach Plan – schon seit Jahren nicht mehr. Einst war er der Batiko und nun stand er in Danzig und starrte auf die Ostsee. Was jetzt?

Nestor war sich im Klaren darüber, dass die konspirative Wohnung, die er von Gnaden der Danziger Anarchist*innen bewohnte, irgendwann aufgedeckt werden würde. Die Polizei der Stadt suchte nach ihm und langsam ging das Geld aus. Er musste weg!

Noch auf dem Weg zurück entschloss er sich es zu Fuß zu versuchen. Sein Gesundheitszustand erlaubte ihm eigentlich keine längeren Wanderungen und erst recht keine Übernachtungen im Freien. Aber was sollte er denn in dieser Lage tun?

492 Vgl.: Ebd.: S. 243.
493 Vgl.: Ebd.
494 Vgl.: Ebd.

In seiner Unterkunft angekommen packte Nestor hastig ein paar Sachen zusammen. Viel nannte er ohnehin nicht sein eigen. Wechselsachen, etwas Verpflegung, er griff, was gerade da war. Gemeinsam mit einem anderen Anarchisten, der sich im Untergrund befand marschierte er querfeldein auf die Grenze zu.[495] Die Angst vor der polnischen Polizei war allgegenwärtig, aber die Angst zu bleiben war noch größer. Es dämmerte bereits als sie losliefen.[496] Die Nacht brach herein, noch immer wurde es kalt, wenn es dunkel wurde. Die Stadt lag längst hinter ihnen. Nach einem stundenlangen Gewaltmarsch erreichten die beiden die Grenze zu Deutschland und schlichen im Mondschein über die unsichtbare Linien zwischen den beiden Ländern. Für Nestor sollte es das letzte Unternehmen seines Lebens sein, dass er erfolgreich abschließen sollte.

Schon seine Ankunft in Berlin war alles andere als fröhlich. Er war vollkommen erschöpft. Seine Krankheiten und Verletzungen wollten einfach nicht heilen. Wochenlang schleppte Volin ihn von einem Anarchisten Berlins zum nächsten. Es ging darum eine sichere Unterkunft zu finden, politische Unterstützung und Geld. Rudolf Rocker stand auf ihrer Adressliste. Der bekannte Libertäre war von Nestors Auftritt zunächst alles andere als überzeugt.[497] Den dunklen, tief sitzenden Augen, sah man die Erschöpfung an. Nestor wirkte müde und doch zog er seinen Gegenüber bald in seinen Bann.[498] Das gelang ihm erstaunlicherweise immer wieder.

Doch trotz aller Mühen wurde die Luft für Nestor in Berlin allmählich und doch spürbar dünner. Es fehlte an Wohnraum und Geld und einem Unterstützernetzwerk. Schon vor ein paar Jahren hatte Nestor in einem Gedicht eine Situation beklagt: »*Weshalb fühle ich mich so einsam? Ich kann's nicht*

495 Vgl.: Zak: S. 146.
496 Vgl.: Ebd.
497 Vgl.: Rocker, Rudolf: Rocker glaubt mit Machno 1922 oder 1923 zusammengetroffen zu sein. Das kann jedoch nicht der Realität entsprechen, das Machno zu diesem Zeitpunkt noch nicht in Deutschland war, wo Rocker in getroffen haben will (Vrgl: Palij: S. 242ff. Bzw. Zak: S. 145ff.].
498 Vgl.: Ebd.

verstehen noch sagen.«[499] Daran hatte sich seit den Tagen, in denen er diese Worte niederschrieb nicht viel verändert. Die anarchistischen Kreise in Deutschland kümmerten sich wenig um den eigenbrötlerisch wirkenden Ukrainer, der mit seiner aufbrausenden Art selbst tief sitzenden Sympathien im Zeitraffer den Todesstoß versetzte. Niemand lud Nestor zu Vorträgen ein, niemand setzte ihn auf Podien, auf denen um den Charakter der Sowjetunion oder der Oktoberrevolution und das Verhältnis libertärer Gruppen dazu gestritten wurde. Nestor fristete ein Randdasein. Die Entscheidung endgültig nach Paris zu gehen, wo Galina und seine geliebte kleine Tochter lebten, fiel im alles andere als schwer.

Nestor musste sich wie ein Fremdkörper fühlen, als er nach all den Jahren in jene muffige kleine Wohnung im Pariser Vorort Vincennes zog, die seine Frau und seine Tochter gemeinsam bewohnt hatten.[500] Die dunkle Enge aus einem Zimmer und der Küche widerhallte seinen kratzenden Husten. Die Toilette lag im Treppenhaus.[501]

Die wenigen Arztbesuche, die Nestor und seine Familie sich leisten konnten verhießen nichts Gutes. Immer, wenn die Mediziner ihm ihren Befund mitteilen wollten, schwiegen sie zur Einleitung und ratterten dann eine Aufzählung seiner Leiden herunter, die allein schon in ihrer erschütternden Länge klar machten, wie es um den Patienten bestellt war. Einen Lungenflügel hatte ihm die Haft in der Butyrka genommen, der zweite war befallen. Unsichtbare kleine Heere von Tuberkeln machten sich mit unerschöpflicher Ausdauer daran den letzten Rest seiner Lunge zu zerfressen.[502]

Inzwischen hatte sich die Krankheit längst auf die Knochen gelegt. Zwei Rippen waren andauernd mit Eiterbeulen übersät.[503] Eine immer wieder aufbrechende Schusswunde machte

499 Zit. nach: Zak: S. 158.
500 Vgl.: Zak: S. 154.
501 Vgl.: Ebd.
502 Vgl.: Ebd.
503 Vgl.: Ebd.

Nestor zu einem humpelnden Krüppel.[504] Es war, als würde Monat um Monat das Leben Stück um Stück aus Nestor entweichen. Seine Tochter erlebte in der räumlichen Enge der elterlichen Wohnung all das mit.

Nestor liebte Elena abgöttisch. Vielleicht war sie, abgesehen von seiner Mutter, der einzige Mensch für den er je dieses Gefühl empfand. Aber er liebte sie! Wann immer es ihm gesundheitlich möglich war spielte er mit ihr, brachte sie zur Schule und holte sie ab.

Elena ihrerseits war froh über den neuen Gefährten in ihrem Leben. Und doch lernte sie auch den anderen Nestor kennen. Ihre Mutter und ihr Vater konnten sich kaum aus dem Weg gehen. Immer wieder eskalierte die Situation. Nestors Temperament war nicht zu zügeln. Er warf Galina ein Verhältnis mit dem von ihm so gehassten Volin vor, der sich inzwischen ebenfalls in der französischen Hauptstadt aufhielt. Nestor brüllte seine Frau an und oft genug schlug er zu. Galina trug eine tiefe Wunde an ihrem Hals aus einem dieser Kämpfe davon, die nicht zu heilen schien.[505] Das hatte diese mit all den Wunden an ihrer Seele gemein, die ihr Mann ihr in den letzten Jahren zugefügt hatte.

Als Nestor mit einer tiefen Schnittwunde im Gesicht, die von seinem Kinn bis zu seinem Ohr reichte, auf den Treffen anarchistischer Gruppen ankam, fragte niemand nach. Allen war klar, dass sich die geschundene Ehefrau gewehrt hatte. Und doch, hätte Solidarität nicht anders aussehen müssen? Wieso fragte denn eigentlich niemand nach? Reichten räumliche Enge, die erlittene und tief empfundene Niederlage, zwei aufbrausende Charaktere und die erschütternde Armut als Erklärungsmuster aus? War das den Anarchist*innen in Nestors Umfeld genug an Argumenten, als das die deutlich sichtbaren Vorfälle häuslicher Gewalt für sie nachvollziehbar waren? Hatten sie schlicht kein Interesse an den Problemen anderer?

504 Vgl.: Ebd.
505 Vgl.: Peters: S. 90.

Nestor versuchte Geld in die klamme Familienkasse zu bringen. Er bewarb sich als Hilfsarbeiter in den Renaultwerken. Die giftigen Dämpfe in den Fabrikhallen verätzten seine kranke Lunge noch mehr. Die heißen Metallrahmen, die er hin- und hertrug, brannten Striemen in die Haut seiner Unterarme. Er war ein Ungelernter und noch schlimmer, ein Ausländer, der die Sprache nicht beherrschte. Für einen solchen Schlag Menschen kennt der Kapitalismus nur die widerwärtigsten Arbeiten. Schon für gesunde Arbeiter*innen waren diese Bedingungen kaum zu ertragen. Nestor hielt ihnen nicht stand.

Gemeinsam mit alten Bekannten und einer kleinen Auswahl neuer Mitstreiter*innen versuchte Nestor eine eigene anarchistische Gruppe zu formieren. Selbst eine Zeitung gaben sie heraus. Ida Mett, Alexander Berkman, Emma Goldman, Volin und Pjotr Arschinow – Nestor kannte sie alle gut und sie ihn. Von Anfang an verging sich die Truppe in wüsten Streitereien.[506] Dennoch erstellte sie eine beachtliche Zahl von Veröffentlichungen und Artikeln. Auch Nestor ratterte in dem dunklen Zimmer Texte in eine Schreibmaschine und übergab sie der Gruppe.

Über den Gehalt seiner Zeilen herrschte schnell tiefe Zerrissenheit. Nestors Heftchen »ABC des Anarchismus«, eigentlich gedacht als kurze und übersichtliche Einführung in grundlegende Gedanken des Anarchismus, enthält neben pseudo-religiöser Formeln wenig wirklich Brauchbares für den alltäglichen politischen Kampf.

Nestor versuchte sich in philosophischer Wortwahl. Doch was die metallenen Buchstaben der Schreibmaschine durch das Farbband hindurch auf das Papier schlugen, wurde von den meisten, die es in der Gruppe Korrektur lasen, eher mit einem Achselzucken quittiert. *»Indem sich der Mensch von dieser Schmach befreit, erfasst er sich selber, hat der Mensch sich aber erfasst, erschließt sich ihm die Karte seines Lebens,*

506 Vgl.: Palij: S. 244.

auf der zuvörderst und an erster Stelle sein vergangenes, widerwärtig gemeines, niederträchtiges, geknechtetes Leben gewahr wird, ein Leben das, da es in künstliche Rahmen gespannt ist, in einen knechtischen Rahmen, in ihm alles Reine, Lichte und Makellose, womit er zur Welt gekommen ist, erstickt hat […]«, heißt es dort in bewusster oder unbewusster Anlehnung an Jean-Jacques Rousseaus Glorifizierung des *»guten Naturmenschen.«*[507] Der Mensch, so Nestors in dieser Arbeit redundant vorgetragene feste Überzeugung, werde quasi automatisch zur Anarchistin bzw. zum Anarchisten:

> *»Je bewusster der Mensch ist, je tiefer er auf dem Gebiete des Denkens in sich selbst eindringt und die ihm aufgebürdete Schmach erkennt, desto revolutionärer wird in ihm der anarchistische Geist des Willens […].«*[508]

Das mochte sich lapidar lesen und anarchistischen Aktivist*innen im täglichen Kleinkrieg gegen die Herrschenden im Grunde nichts an die Hand geben. Doch es war in seiner idealistischen Belanglosigkeit auch nicht schädlich. Doch es mischten sich auch bedenkliche Töne in diese Schrift. Neben einer götzenhaften Anbetung der Gewalt, nicht als ultima ratio, also als letztes Mittel, als die sie Rosa Luxemburg einmal dargestellt hatte, sondern als allgemein gesellschaftsformendes Instrument;[509] las man in Nestors Schrift auch nationalistische Passagen. Da wird unterschiedslos vom *»[…] revolutionären Volk[ ] der Ukraine […]«* gesprochen, das wie der auserwählte Heilsverkünder daherzukommen scheint.[510] Fähig alles Leid zu ertragen, um anderen die Erlösung zuteil werden zu lassen.[511] Das war bedenklich und mit den immer wieder präsentierten anarchistischen Grundsätzen kaum zu vereinen.

507 Machno, Nestor: »ABC des Anarchismus«, ohne Angaben zu Verlag, Ort oder Jahr, S. 15.
508 Ebd.: S. 12.
509 Vgl.: Ebd.: S. 41f.
510 Ebd.: S. 11.
511 Vgl.: Ebd.

Doch für Furore sorgten weniger Nestors Texte, als mehr die eines anderen Mitglieds der Gruppe: Arschinow. Ein ganzes Jahr hatte er in Belgien verbringen müssen, weil ihn die Behörden ausgewiesen hatten. Nun war er zurück und wirkte auf unheimliche Art motiviert. Eines Abends, bei einem Treffen seiner Gruppe schlug er vor, man sollte eine Plattform schreiben, auf deren Grundlage sich alle anarchistischen Gruppen vereinen könnten.

Die Gruppe war gespalten. Es rieche nach der Gründung einer Partei, nach Bolschewismus, nach Plattformismus, jener innerhalb des Anarchismus stark umstrittenen Strömung, die im Grunde das Ziel hatte, anarchistisches Handeln in die Form einer Partei zu bringen.[512] Im Anarchismus galt das weithin als inakzeptabel. Sich auf solch einen Versuch einzulassen war gefährlich. Es war nicht unmöglich, dass einem alle anderen Anarchist*innen auf immer und ewig den Rücken zuwandten. An diesem Abend gingen die Versammelten auseinander und waren noch stärker zerstritten als bisher, aber auch auf eigenartige Weise motiviert.

Nestor traf sich in diesen Monaten häufig mit Ida Mett. Auf ihren lang ausgedehnten Spaziergängen berichtete er ihr ausführlich wie verfahren seine Beziehung zu Galina sei. Dass sie abwechselnd aus- und wieder einzogen. Dass er sich eine junge Frau wünsche und dass er die Ukraine vermisse.[513] Dass sie ein Verhältnis zu Volin habe und dass die beiden planten ihm sein Tagebuch zu entwenden, welches die Grundlage eines Manuskript seiner Autobiografie sein sollte.[514] Und Ida Mett spürte wie sie sich beinahe täglich mehr und mehr in diesen geschundenen Mann verliebte. Es raubte ihr den letzten Nerv, dass er den endgültigen Bruch mit Galina nicht wagte.

Derweil zerriss nun endgültig ein schwerer Streit die anarchistischen Reihen in Paris. Arschinow bestand auf Treffen auf seiner Position, unbelehrbar und uneinsichtig, wie viele

512 Vgl.: Makhno: S. 34ff.
513 Vgl.: Zak: S. 152.
514 Vgl.: Mett: »Makhno«.

fanden. Seine »Organisationsplattform der allgemeinen anarchistischen Union« lief von Hand zu Hand. Kopfschüttelnd lasen die Anarchist*innen in der französischen Hauptstadt seine Zeilen. Emma Goldman, Volin und Alexander Berkman hielten wütend dagegen. Und mitten drin war Nestor, der sich kaum zu helfen wusste.

Politische Streitereien entschied Nestor meistens anhand persönlicher Sympathien. Er konnte Volin nicht leiden und so schlug er sich nach einigem Hin und Her auf Arschinows Seite. Und nun war er noch weitaus mehr isoliert als bisher.

Zudem legte Arschinow noch mehr eigenwillige Texte nach: Als er 1931 die Arbeit »Diktatur des Proletariats und Anarchismus« in den Umlauf brachte, winkten alle nur noch ab. Arschinow gehöre nach Moskau. Ohne Zweifel hatte Arschinow, der Leo Trotzki über alles hasste, seinen Frieden mit dem Stalinismus gemacht.

In anarchistischen Kreisen führte das zu einem Aufschrei. Nestor war außer sich. Wie konnte er nur? Er, Nestor, hatte ihm beigestanden. Wie sah das nun aus? Doch Nestor kannte damals nur die Spitze des Eisberges. Mit den Texten, in denen sich Arschinow Schritt für Schritt von anarchistischen Positionen verabschiedete, hinterließ er eine Visitenkarte. Der Adressat war ein persönlicher Freund Stalins, Ordshonikidse. Ein dumpfer und brutaler Mensch, mit dem Arschinow einst im Zarenregime inhaftiert war. Jetzt hatte er hinter dem Rücken seiner anarchistischen Gesinnungsgenoss*innen, auch vorbei an Nestor, mit ihm Kontakt aufgenommen.

Arschinow wollte in die Heimat. Der ständige Kleinkrieg innerhalb der Anarchist*innen, die rüde Art Meinungsverschiedenheiten auszutragen, die im Grunde dazu führte, dass Arschinow gemobbt wurde, ließen in ihm den Willen reifen, in die UdSSR zurückzukehren. Und dann, 1933, nachdem Arschinow öffentlich mit seinen anarchistischen Positionen gebrochen hatte, siedelten er, seine Frau und seine kleine Tochter in die Sowjetunion über.

Für Nestor war das ein Schlag ins Gesicht. Mit Arschinow beging nicht nur ein Mann Fahnenflucht, der als bekannter Anarchist galt, das wäre halb so schlimm gewesen. Nestor erzählte immer überall, wie er Arschinow in der Butyrka kennengelernt hatte. Dass er von ihm in anarchistischen Grundbegriffen ausgebildet wurde, was für ein Licht warf das nun auf ihn? Doch Arschinows Schritt war weitaus schlimmer: Er war der erste Chronist der Machnowschtschina gewesen. Nun hörte man aller Orten, die Kommentare kommunistischer Stalingegner*innen, die Anarchist*innen würden gegen Trotzki kämpfen, der eine sozialistische Arbeiter*innendemokratie zu errichten gedachte und sich um dieses Zieles willen mit Stalin überworfen hatte, von dem er aus allen Ämtern und der UdSSR verjagt worden war. Doch während die Libertären mit ihm auf Kriegsfuß stünden, könnten sie sich mit Stalin, dem brutalen Herren im Kreml scheinbar ganz gut arrangieren.

Alles schien zwischen Nestors Fingern zu zerrinnen. Statt auf ihn, sang sein ehemaliger Freund nun Lobeshymnen auf Stalin. Die Wortwahl war ähnlich, nur die Namen waren getauscht worden. Seine Frau sei daran schuld, hatte Nestor immer wieder betont. Arschinows Gattin hätte ihn zu diesem Schritt gedrängt. Wo immer es eine Katastrophe gab, musste für Nestor scheinbar eine Frau in der Nähe sein.

Irgendwann, an einem langen, kalten Herbstabend 1933 saßen Nestor, Galina und Elena in ihrer kleinen Wohnung beim Tee. Elena war inzwischen 12 Jahre alt geworden. Nestors Zustand hatte sich in den Jahren deutlich verschlechtert. An diesem Abend erklärte Galina ihrem Mann, dass sie Arbeit gefunden habe. Sie könne als Wäscherin in einem russischsprachigen Internat arbeiten. Dazu müssten sie und Elena wegziehen. Nestor zuckte mit den Schultern. Er wusste selbst, dass die finanzielle Not der drei erdrückend war. Aber es war ihm sehr wohl klar, weshalb Galina eigentlich ging. Sie wollte ihn verlassen und er trug die Schuld daran, Nestor wusste das.

Einem seiner letzten Freunde sagte er damals, er sei nun allein. Umgeben nur von Feinden, die er früher bekämpft habe.[515]

Galina hatte versprochen Nestor zu besuchen, wenigstens am Sonntag. Doch sie kam nur selten. Als der Winter hereinbrach war Nestors Zustand so schlecht geworden, dass man ihn in ein Krankenhaus einlieferte. Operationen und Kuren; Medikamente und Ruhe – nichts half. Die wenigen verbliebenen Freunde wussten, dass es zu Ende ging. Nestor hatte ein paar Unterlagen ins Hospital mitgebracht, weil er wieder einmal versuchte die Geschichte der Machnowschtschina zu schreiben. Doch er war viel zu schwach, um ernsthaft daran zu arbeiten.

Am 27. Juli 1934 stand ein anarchistischer Genosse mit blassem Gesicht vor dem Internat, in dem Galina arbeitete. Sie wusste, was das zu bedeuten hatte. Mit einem angedeuteten Nicken, befahl ihr seine gedämpfte Stimme: *»Mach Dich fertig, Galina, wir müssen sofort los, Nestor stirbt.«*[516] Galina holte Elena und stieg mit der Begleitung in ein Taxi.

Um Nestors Bett im Krankenhaus drängte sich eine kleine Ansammlung der wenigen verbliebenen Freund*innen.[517] Galina und Elena pirschten sich hindurch. Nestor lag auf dem Rücken, sein Gesicht war bleich und eingefallen; seine Augen nur halb geöffnet. Galina küsste ihn auf die Wange. Nestor wandte sich an sein Kind: *»Bleib gesund und glücklich, mein Töchterchen.«*[518] Er hatte den Satz kaum gesagt, als seine Augen zufielen:

> *»Entschuldigt mich, Freunde, ich bin sehr müde, ich möchte einschlafen.«*[519]

---

515 Vgl.: Palij: S. 243.
516 Zit. nach: Zak: S. 157.
517 Vgl.: Ebd.
518 Zit. nach: Ebd.
519 Zit. nach: Ebd.

Nestors Beerdigung sollte eine Art letzter Aufwartung für den anarchistischen Partisan werden. Doch was der Organisator*innenkreis sich so ausgedacht hatte, verfehlte seine Wirkung. Lediglich 400 Menschen begleiteten den Sarg zum Friedhof Pere Lachaise - weit weniger als erhofft. Nur zwei von ihnen waren ukrainischer Herkunft, Galina und Elena.[520]

An diesem Tag schlug Volins große Stunde. Ohne es vielleicht in letzter Konsequenz zu begreifen, akzeptierte er an diesem Tag das Schicksal seines letzten Lebensabschnitts. Er verteidigte den Batiko und die Machnowschtschina. Er sei ein aufrechter Kämpfer für eine befreite Gesellschaft gewesen; trotz aller allzu menschlichen Fehler über jeden Zweifel erhaben; unbestechlich und intelligent. Trotz aller Streitereien, trotz seinem Wutgeschrei von Bonapartismus wird man von Volin fast nur Lobendes über die Jahre in der Ukraine lesen können.

Volin und Arschinow, sie formten mit ihren Schriften aus dem Nestor aus Guljajpole erst den mächtigen Batiko des aufständischen Heeres. Volin wird diese Rolle bis zu seinem Tode spielen. Arschinow wechselte den Adressaten seiner Loblieder und huldigte Stalin. Währenddessen floh sein erklärter Gegner, Leo Trotzki, im Kampf gegen Stalins Herrschaft und seine Verbrechen um den halben Erdball und schrieb gegen den Terror der herrschenden Clique täglich an; organisierte revolutionäre Gruppen und widerlegte die Lügen des Kreml.

Nur vier Jahre nach Nestors Tod wird Stalin Arschinow verhaften und im Zuge der großen Säuberungen ermorden lassen. Der Vorwurf: Er habe versucht im Untergrund eine anarchistische Gruppe aufzubauen. Das war abstrus! Ebenso abstrus wie Ida Metts Vorwurf, Galina habe sich nach Nestors Tod ebenso mit Stalin arrangiert.

Diese Geschichte war eine böswillige Verleumdung. Während des Zweiten Weltkriegs und der Besetzung Frankreichs durch deutsche Truppen war sie zur Zwangsarbeit nach

520 Vgl.: Palij: S. 244.

Deutschland verschleppt worden. Zum Ende des Krieges von der Roten Armee befreit und doch erkannt, verschleppte man sie nach Kiew, wo man sie zu jahrelanger Lagerhaft verurteilte. Erst zu Beginn der 50er Jahre wurde sie im Zuge einer Amnestie auf freien Fuß gesetzt.

EPILOG: Was bleibt von Nestor Machno?

Nestor Machno ist eine Projektionsfläche. Man kann in ihm sehen, was man in ihm sehen will. Einen Vertreter des libertären Sozialismus, der bereit war alles zu geben, um die Menschheit zu befreien; einen sexistischen Despoten, für den Frauen nur dann eine Daseinsberechtigung hatten, wenn sie sich seiner annahmen; einen Verräter anarchistischer Ideen; einen reaktionären Kommunistenjäger, dessen bloße politische Existenz zur Genüge beweist, dass anarchistische Ideen die Steilvorlage für totalitäre Entartungen liefern; einen Kämpfer für die nationale Unabhängigkeit; einen Nationalisten, der bereit war die Frage nach sozialem Ausgleich aufzuwerfen; einen gerissenen Partisanen; einen Feldherren, dem es schwer fiel größere Heere erfolgreich zu führen – irgendwie scheint Nestor Machno alles zu sein. Was man in ihm sieht und was man ausklammert hängt wie so vieles vom politischen Standpunkt ab.

Will man – wie es die grundlegende Auffassung marxistischer Geschichtsbetrachtung ist – aus vorangegangenen Bewegungen und Ereignissen lernen, macht es einem die fortgesetzte Debatte um den Charakter der Machnowschtschina nicht eben leicht. Verstellt sie doch den Blick auf das was gewesen ist. Und so sind die Fragen danach, was man sich aus den Jahren des Aufstandes in der Ukraine mitnehmen kann und was man besser in der Mottenkiste der Geschichte ruhen lässt mitunter äußerst schwer zu beantworten.

Zudem muss man sich bei einer unvoreingenommenen Betrachtung der Machnowschtschina eingestehen, dass die

Bilanz in der Frage nach fortschrittlichen und reaktionären Bestandteilen des Machno-Reiches – vom Ziel einer befreiten Gesellschaft aus gesehen - erschreckend negativ ausfällt. Positiv verbucht werden von Machnos Anhänger*innen die freien Genossenschaften, die es jedoch nur kurzzeitig und auch nicht als Massenerscheinung gegeben hat. Ebenso hebt man die Organisation verschiedener Schulen nach den Ideen des anarchistischen Pädagogen Francisco Ferrer hervor. Jedoch kam man über vergleichsweise abstrakte Planungen kaum hinaus. Und auch diese lagen – glaubt man den Darstellungen Arschinows – im Wesentlichen in der Hand der Lehrer*innen und Eltern. Schüler*innen wurden vor Ort so gut wie gar nicht in die Vorbereitung des modernen Unterrichts einbezogen. Sowjetrussland und die Bolschewiki haben auch diesbezüglich weitaus interessantere Beispiele hinterlassen als die Machnowzy, wie die SchKID (Schulkommune namens Dostojewski) in Petrograd beweist, um nur ein Beispiel zu nennen. Dort wurden Straßenkinder nach Ende des Bürger*innenkrieges beherbergt und unterrichtet. Sie gestalteten den Tagesablauf und die pädagogischen Angebote zu großen Teilen mit dem Lehr- und Erziehungspersonal gemeinsam und gleichberechtigt.

Verglichen mit diesen eher dürftigen Erfolgen stehen ungezählte Erscheinungen – wie die Ausschaltung vieler lokaler Sowjets; den Terror gegen politische Gegner*innen, insbesondere die Bolschewiki; sexistische Vorfälle; Übergriffe auf die Zivilbevölkerung; antisemitische Ausfälle und dergleichen mehr; die ein vernichtendes Urteil über die Machnowschtschina provozieren.

Was Nestor Machno und die Seinen vor allem gezeigt haben ist, wie man es nicht machen darf, dass es ein Fehler ist, sich auf Mittelbäuerinnen und Mittelbauern zu stützen, statt auf Arbeiter*innen und die Landarmut, wie es die Bolschewiki getan haben. Die Machnowschtschina war kein wirklicher Versuch eine Gesellschaft, die auf Ausbeutung, Unterordnung, Unterdrückung und Krieg basiert, durch ein Zusammenleben zu ersetzen, in dem es um die Menschen und nicht um Profit geht. Machnos zur Schau gestellte Technikfeindlichkeit und sein Kulturpessimismus erinnern entsprechend der heutigen Blickrichtung aus der Retrospektive eher an einen bäuerlichen Pseudo-Kommunismus à la Pol Pot denn an eine moderne post- oder wenigstens nicht-kapitalistische Gesellschaft. Wenn er Eisenbahnarbeiter*innen, die Hilfe suchend zu ihm kamen, erklärte, er brauche keine Züge, denn er habe Tatschankas offenbarte er eine ungeheure Kleingeisterei. Wenn er hingegen in nicht selten alkoholgeschwängerten Reden herausposaunte, er sei der Meinung, dass man keine Städte bräuchte, man solle sie abreißen und in die Wälder ziehen, dann gewährte er damit auch einen tiefen Einblick in seine Auffassung von Gesellschaft.

Sein Ziel war die präkapitalistische, russische Dorfgemeinschaft, den Mir, den die parallele Existenz von Privateigentum und periodisch umzuverteilendem Gemeinbesitz auszeichnete. Machnos Weg nach vorn war damit im Grunde ein Weg in die Vergangenheit. Seine dauernden Beteuerungen, den Staat innerhalb seines Herrschaftsbereiches abgeschafft zu haben, wurden konterkariert durch die schlichte Tatsache, dass er einen eigenen und blutigen Unterdrückungsapparat kreiert hatte, in dessen Mittelpunkt immer er, der Batiko, zu finden war.

Was also war die Machnowschtschina und was bleibt von ihr? Sie war mitnichten die befreite Gesellschaft und sie zeigte auch nicht den Weg zu dieser. Aber sie beweist auch nicht, dass der Weg zu dieser unmöglich ist. Sie beweist viel mehr, dass die Abschaffung kapitalistischer Verhältnisse immer dann zum Fiasko zu werden droht, wenn die Protagonist*innen von anderen Zielen angetrieben werden. Machno und die seinen dachten vornehmlich daran einen Weg für sich nach oben zu entdecken.

Und noch etwas beweist die Machnowschtschina auf ihre ganz eigene Art: Die Richtigkeit eines wenn man so will banalen marxistischen Lehrsatzes. Will man den Kampf für eine Gesellschaft befreit von Unterdrückung, Not, Elend, Krieg,

Rassismus und Sexismus erfolgreich führen, kommt man nicht umhin eine Organisation aufzubauen.

Machno ist nicht irgendein charakterschwacher Mensch gewesen. Der Kapitalismus bringt in den Reihen der Unterdrückten viele Machnos hervor. Machno war ein Kind seiner Zeit und seiner Lebensverhältnisse. Wir alle treten in den Kampf um eine bessere Welt mit all den Vorurteilen und belastenden Verhaltensweisen ein, die uns diese Gesellschaft eben mitgegeben hat. Wir werden sie nur schwer abstellen können. Doch das müssen wir wenigstens versuchen, wollen wir nicht von Organisator*innen des Kampfes zur Hypothek desselben werden. Das geht im Grunde nur dann, wenn wir uns bewusst der dauerhaften Kritik der Mitglieder einer Organisation aussetzen.

Die anarchistischen Ideen gaben Machno die Legitimation sich enthemmt zu verhalten und das erschreckende Ergebnis hat man in dieser Schrift lesen können. Die Parallelen zum späteren Stalinismus – die unkontrollierte Herrschaft einer kleinen Clique, der Personenkult um einen Batiko, einen Führer, und der Terror gegen politische Gegner*innen auf der Linken – sind schwer zu übersehen. Und auch Stalin konnte diese Herrschaft nur durchsetzen, weil seine Fraktion innerhalb der Bolschewiki erst alle Demokratie in Gesellschaft und Partei abschaffte und letzten Endes die alte Partei von 1917 zerschlug. Bei genauerem Hinsehen reibt man sich, ob mancher Ähnlichkeiten zwischen Stalinismus und Machnowschtschina, verwundert die Augen.

Der Weg hin zu einer Welt, in der nicht der Profit das bestimmende Element ist, sondern der Mensch, führt nicht auf den Pfaden des Batiko entlang. Aber er muss gegangen werden, wollen wir nicht zusehen wie unsere Welt und mit ihr die Menschheit in ökologischen Katastrophen, Kriegen und Armut zugrunde geht. Insofern ist Rosa Luxemburgs Ausspruch, »Sozialismus oder Untergang in Barbarei«, wenig hinzuzufügen.

Chronologie der Ereignisse

1888 Nestor Machno wird in eine verarmte ukrainische Familie geboren

1905/06 Revolution in Russland wird niedergeschlagen. Sie gilt als Generalprobe für das Revolutionsjahr 1917

1914 – 1918 Erster Weltkrieg

1917 Februarrevolution in Russland. Machno wird aus dem Butyrka-Gefängnis befreit und geht nach Guljajpole zurück, wo er sofort politische Aktivitäten beginnt; Oktober: Revolution unter Lenin und Trotzki in Russland

1918 Friedensvertrag von Brest-Litowsk, die Ukraine fällt an die Mittelmächte unter Führung Deutschlands; im September schlägt Machno eine erfolgreiche Schlacht bei Mariupol und wird damit zum bekanntesten Partisanenführer in der Ukraine

1919 Januar: Machnos Truppen werden Teil der Roten Armee, Machno legt das ihm übertragene Kommando in der Roten Armee im Juni nieder, im Juli tötet Machno Grigoriew und integriert dessen Truppen in seine Einheiten, bei Peregonovka schlägt Machno die Weiße Armee und bringt ihr eine schwere Niederlage bei, ab dem Spätsommer/Herbst geht Machnos Geheimdienst dazu über Bolschewiki zu verfolgen (»Polonsky-Affäre« im Dezember)

1920 Machno lässt die Rote Armee im Kampf gegen die polnischen Interventen im Stich, eine Typhus-Epidemie wütet unter Machnos Truppen und infiziert weite Teile der Dorfbevölkerung in Machnos Herrschaftsgebiet

1921 Nach dem Sieg über die Weißen auf der Krim werden Machnos Truppen durch die Rote Armee entwaffnet. Am Ende weiterer monatelanger Kämpfe gegen die Rote Armee übertritt Machno im August mit einigen Getreuen die Grenze nach Rumänien.

Machno flieht über Polen, Danzig und Berlin nach Paris, wo er gemeinsam mit anderen eine Zeitung herausgab

1934 Machno stirbt nach langer Krankheit an TBC und weiteren Folge- und Nebenerkrankungen. Er wird auf dem Friedhof Pere Lachaise beigesetzt.

Literaturliste

Arschninow, Pjotr: »Geschichte der Machno-Bewegung«, Münster: Unrast-Verlag, 1998.

Azarov, Vyacheslav: »Kontrrazvedka. The story of the makhnovist intelligence service«, Edmonton, Alberta: Black cat press, 2008.

Berkman, Alexander: »Die Tat. Gefängniserinnerungen eines Anarchisten«, Münster: Unrast-Verlag, 2001.

Ders.: »Der bolschewistische Mythos. Tagebuch aus der russischen Revolution 1920 – 1922«, Frankfurt/Main: Verlag Edition AV, 2004.

Cinnella, Ettore: »Machno in der ukrainischen Revolution von 1917 bis 1921«, in: »Archiv für die Geschichte des Widerstandes und der Arbeit. Nr. 17«, Fernwald: Germinal Verlag, 2002

Cotlenko, Mila: »Maria Nikiforova. Die unmittelbare Revolution«, Wien: bahoe books, 2017.

Dahlmann, Dittmar: »Land und Freiheit. Machnovscina und Zapatismo als Beispiele agrarrevolutionärer Bewegungen«, Stuttgart: Franz Steiner Verlag, 1986.

Danyluk, Roman: »Freiheit und Gerechtigkeit. Die Geschichte der Ukraine aus libertärer Sicht«, Lich/Hessen: Verlag Edition AV, 2010.

Engels, Friedrich: »Der Ursprung der Familie, des Privateigentums und des Staates«, in: Institut für Marxismus-Leninismus beim ZK der SED [Hrsg.]:»Karl Marx, Friedrich Engels: Ausgewählte Werke in sechs Bänden. Band VI«, Berlin, Dietz-Verlag, 1973.

Ders.: Einleitung zu »Der Bürgerkrieg in Frankreich« von Karl Marx, https://www.marxists.org/deutsch/archiv/marx-engels/1891/03/vorwburfr.htm, [Stand: 24.05.2018].

Ders.: »Herrn Eugen Dührings Umwälzung der Wissenschaft. Anti-Dühring«, in: Institut für Marxismus-Leninismus beim ZK der SED [Hrsg.]: Karl Marx, Friedrich Engels: Ausgewählte Werke in sechs Bänden. Band V, Berlin: Dietz-Verlag, 1972

Engels, Friedrich; Marx, Karl: »Manifest der kommunistischen Partei«, https://www.marxists.org/deutsch/archiv/marx-engels/1848/manifest/1-bourprol.htm [Stand: 13.02.2018].

Grigorow: Grigori: »Im Herzen der Machnowschtschina«, in: Tschepego, Valentin [Hrsg.]: »Machno. Zeugnisse einer Bewegung. Band 1: Von Freund und Feind«, Lich/Hessen: Verlag Edition AV, 2013.

Hegel, Georg Friedrich Wilhelm: »Grundlinien der Philosophie des Rechts oder Naturrecht und Staatswissenschaft im Grundrisse«, http://www.zeno.org/Philosophie/M/Hegel, +Georg+Wilhelm+Friedrich/Grundlinien+der+Philosophie+des+Rechts [Stand: 13.10.2018].

Höller, Ralf: »Der Kampf bin ich. Rebellen und Revolutionäre aus sechs Jahrhunderten«, Berlin: Aufbau Taschenbuchverlag, 2001.

Initiative Sozialistischer Internationalisten [Hrsg.]: »Kronstadt und Machno-Bewegung«, Köln: ohne Angaben zum Verlag, 1993.

Joffe, Nadeshda A.: »Rückblende. Mein Leben, mein Schicksal, meine Epoche. Die Memoiren von Nadeshda A. Joffe«, Essen: Arbeiterpresse Verlag, 1997.

Klein, Wolfram: »Die russische Revolution 1917«, Berlin: Manifest, 2017.

Kröger, Dieter; Kröger-Vos, Antje: »Ukraine zwischen Zusammenleben ohne Herrschaft und Staatschismus«, http://www.scharf-links.de/44.0.html?&tx_ttnews%5Btt_news%5D=43115&cHash=635cc9bc51 [Stand: 15.12.2018].

Kropotkin, Peter: »Die Eroberung des Brotes«, Aschaffenburg: Alibri Verlag, 2014.

Ders.: »Der Staat und seine historische Rolle«, Münster: Unrast-Verlag, 2008.

Lloyd, John William: »Rache. Ein offener Brief an die kommunistischen Anarchisten Chicagos«, in: Kellermann, Philippe [Hrsg.]: »Propaganda der Tat. Standpunkte und Debatten«, Münster: Unrast-Verlag, 2016, S. 62 – 70.

Luxemburg, Rosa: »Sozialreform oder Revolution«, in: Institut für Marxismus-Leninismus beim ZK der SED [Hrsg.]: »Rosa Luxemburg: Gesammelte Werke: Band 1, 1893-1905. Erster Halbband«; Berlin: Dietz-Verlag, 1982.

Machno, Nestor: »ABC des Anarchismus«, ohne weitere Angaben.

Malatesta, Errico: »Die Tragödie von Monza«, in: Kellermann, Philippe [Hrsg.]: »Propaganda der Tat. Standpunkte und Debatten«, Münster: Unrast-Verlag, 2016, S. 193 - 201.

Malet, Michael: »Nestor Makhno in the russian civil war«, London, Basingstoke: The Macmillan Press Ltd., 1982.

Marx, Karl: »Der Bürgerkrieg in Frankreich«, in: Institut für Marxismus-Leninismus beim ZK der SED [Hrsg.]:»Karl Marx; Friedrich Engels: Ausgewählte Werke in sechs Bänden. Band II«, Berlin, Dietz-Verlag, 1973.

Mett, Ida: »Makhno in Paris«, http://www.nestormakhno.info/english/personal/personal5.htm [Stand: 01.09.2018]

Miller, Frederic P.; Vandome Agnes F.; McBrewster, John (ed.): »Nestor Makhno«, Alphscrpit Publishing, ohne weiter Angaben.

Most, Johann: »Die freie Gesellschaft«, Münster: Unrast-Verlag, 2006.

Ders.: »Die freie Gesellschaft. Eine Abhandlung über Prinzipien und Taktik der kommunistischen Anarchisten«, in: Kellermann, Philippe [Hrsg.]: »Propaganda der Tat. Standpunkte und Debatten«, Münster: Unrast-Verlag, 2016, S. 37 - 40.

Ohne Angaben zur Autorenschaft: »Peter Kropotkin und der Erste Weltkrieg«, in: www.anarchismus.at [Stand: 22.11.2018].

Palij, Michael: »The anarchism of Nestor Makhno 1918 - 1921. An aspect of ukrainian revolution«, Seattle, London: University of Washington Press, 1976.

Patterson, Jean: »The Eichenfeld Massacre: Recontextualizing Mennonite and Makhnovist Narratives«, ohne weitere Angaben.

Peters, Victor: »Nestor Machno. Das Leben eines Anarchisten«, Winnipeg: Echo Books, o.j.

Rabinowitch, Alexander: »Die Sowjetmacht. Das erste Jahr«, Essen: Mehring Verlag, 2010

Ders.: »Die Sowjetmacht. Die Revolution der Bolschewiki 1917«, Essen: Mehring Verlag, 2012.

Rocker, Rudolf: »Auszug über Nestor Machno«, https://www.marxists.org/deutsch/referenz/rocker/19xx/xx/machno.htm [Stand: 13.12.2018].

Rublew, Dimitri: »Die politische Position der Anarchisten in der russischen Revolution 1917 – 1918«, in Kellermann, Philippe [Hrsg.]: »Anarchismus und russische Revolution«, Berlin: Karl Dietz Verlag, 2017, S. 11 - 66.

Schnell, Felix: »Räume des Schreckens. Gewalt und Gruppenmilitanz in der Ukraine 1905 – 1933«, Hamburg: Hamburger Edition HIS Verlagsgesellschaft mbH, 2012.

Schubin, Alexander: »Die Machno-Bewegung und der Anarchismus«, in Kellermann, Philippe [Hrsg.]: »Anarchismus und russische Revolution«, Berlin: Karl Dietz Verlag, 2017, S. 67 – 99.

Serge, Victor: »Leo Trotzki. Leben und Tod«, München: Deutscher Taschenbuchverlag GmbH & Co. KG, 1983.

Sinowjew, Grigori: »Geschichte der KPdSU(B). Schulungsmaterial«, Erlangen: Politladen GmbH, 1972.

Skirda, Alexandre: »Nestor Makhno. Anarchy‘s cossack. The struggle for free soviets in the Ukraine 1917 – 1921«, Edingborgh, Scotland: AK Press, 2003.

Souchy, Augustin: »Reise nach Russland 1920«, Berlin: Verlag europäische Ideen, 1979.

Steinke, Oliver: »Die Flamme der Liebe und des Aufstandes«, Historischer Roman aus revolutionären Zeiten«, Berlin: Karin Kramer Verlag, 2003.

Stowasser, Horst: »Die Machnotschina. Der Kampf anarchistischer Rebellen für eine freie Gesellschaft in der Ukraine, 1917 – 1922«, Wetzlar; An-Archia-Verlag und Rüdenhausen: Winddruck-Verlag, 1979.

Trotzki, Leo: »Geschichte der russischen Revolution. Band 1: Februarrevolution«, Berlin: Manifest Verlag, 2021.

Ders.: »Geschichte der russischen Revolution. Zweiter Teil: Oktoberrevolution«, Berlin: Manifest Verlag, 2021

Ders.: »Revolution in Russland«, Berlin: Manifest Verlag, 2017.

Ders.: »Terrorismus und Kommunismus. Anti-Kautsky«, Berlin: Dietz Verlag Berlin GmbH i.G., 1990.

Ders.: »Über Lenin. Material für einen Biographen«, Arbeiterpresse Verlags- und Vertriebsgesellschaft mbH, 1996.

Tschepego, Valentin [Hrsg.]: »Machno. Zeugnisse einer Bewegung. Band 1: Von Freund und Feind«, Lich/ Hessen: Verlag Edition AV, 2013.

Ders.: »Machno. Zeugnisse einer Bewegung. Band 2: Aus Machnos Feder«, Lich/Hessen: Verlag Edition AV, 2016.

Ulrich, Volker (2018): »Schandfrieden«, https://www.zeit.de/2018/07/friedensvertrag-von-brest-litowsk-deutsches-reich-russland [Stand: 15.12.2018].

Volin: »Die unbekannte Revolution«, Berlin: Die Buchmacherei, 2013.

Zak, Mark: »Erinnert Euch an mich. Über Nestor Machno. Porträt des ukrainischen Anarchisten«, Hamburg: Edition Nautilus GmbH, 2018.